Damaris Kofmehl
Alex – Adrenalin pur

AF286320

Damaris Kofmehl

Alex – Adrenalin pur!

Seine Stärke: Einbrüche.
Seine Leidenschaft: Pferde.
Seine Schwäche: Sybil.

BRUNNEN
VERLAG BASEL·GIESSEN

ABCteam-Bücher erscheinen in folgenden Verlagen:

Aussaat Verlag Neukirchen-Vluyn
R. Brockhaus Verlag Wuppertal
Brunnen Verlag Basel und Gießen
Christliches Verlagshaus Stuttgart
Oncken Verlag Wuppertal und Kassel

Die Deutsche Bibliothek – CIP-Einheitsaufnahme
Kofmehl, Damaris:
Alex – Adrenalin pur!: seine Stärke: Einbrüche, seine
Leidenschaft: Pferde, seine Schwäche: Sybil / Damaris
Kofmehl. –
Basel: Brunnen-Verl., 2001
ISBN 978-3-7655-3717-2

Die Bibelstellen sind der Lutherbibel von 1984 und der
Übersetzung «Hoffnung für alle» entnommen.

4. Auflage 2009
© 2001 by Brunnen Verlag Basel
Umschlag: Stephan Jungck, Wollerau
Fotos Umschlag: Alex Huber
(Fotograf: Stephan Jungck)
Satz: Bertschi & Messmer AG, Basel
Druck: CPI – Ebner & Spiegel, Ulm
Printed in Germany

ISBN 978-3-7655-3717-2

Inhalt

Vorwort

Fünf Tage nachdem ich mein Buch «Shannon – ein wildes Leben» beendet hatte, erwähnte eine Freundin mir gegenüber die umwerfende Geschichte eines jungen Mannes namens Alex Huber, der kürzlich in ihrer Jugendgruppe aus seinem Leben erzählt hatte. Ich war absolut begeistert von der Story und bat meine Freundin, unbedingt die Telefonnummer des Mannes für mich herauszufinden. Und das möglichst schnell, denn in weniger als zwei Wochen ging mein Flug nach São Paulo. Noch nicht mal zwei Tage später gab sie mir die gewünschte Telefonnummer. Ich rief Alex an und kam ohne Umschweife zur Sache:

«Mein Name ist Damaris Kofmehl, ich bin Schriftstellerin und würde gerne ein Buch über Sie schreiben! Könnten wir uns irgendwo treffen?»

Zuerst hörte man gar nichts mehr am anderen Ende der Leitung. Dann antwortete Alex etwas verblüfft, aber spontan:

«Ja, natürlich. Schon viele haben zu mir gesagt, ich solle meine Geschichte endlich mal zu Papier bringen.»

So habe ich Alex Huber kennen gelernt, und als er mir bei einem Waldspaziergang mit seinem Pferd offen und unverblümt seine bewegte Vergangenheit schilderte, wusste ich: Das ist mein Buch!

Noch in derselben Woche lernte ich Sybil und Simone kennen, zwei junge Frauen, die beide eine zen-

7

trale Rolle im Leben von Alex gespielt haben. Sybil stellte mir sogar ein paar Tagebuch-Auszüge zur Verfügung, und so hatte ich bald mein Rohmaterial zusammen und konnte mich an die Arbeit machen.

Am meisten faszinierte mich an der Story die außergewöhnliche Beziehung zwischen Sybil und Alex. Das brachte mich auf die Idee, die Geschichte von Alex aus zwei verschiedenen Blickwinkeln zu beleuchten. Und so ist das vorliegende Buch entstanden.

Erwähnenswert ist noch die Tatsache, dass durch meine Neugier und meine Recherchen ein Treffen zwischen Alex und Sybil zustande kam, bei dem sich die zwei nach mehreren Jahren zum ersten Mal wieder sahen. Von diesem Treffen angeregt, begann Sybil in ihren alten Tagebüchern herumzustöbern. Dort entdeckte sie auf einmal einen wichtigen Grund, warum sie acht Jahre zuvor nach Westafrika hatte gehen müssen. Der Grund hatte einen einzigen Namen: Alex Huber ...

Damaris Kofmehl

1. Nur die Fische sind Zeugen

Es fällt mir wie Schuppen von den Augen. Endlich habe ich den letzten wichtigen Grund meines Afrika-Aufenthaltes herausgefunden! Warum hab ich das all die Jahre hindurch bloß nicht gerafft? Acht Jahre hat es gedauert, um endlich zu verstehen! Immer hab ich meine innersten Beweggründe für diese Reise angezweifelt. Und dabei war es Gottes genialer Plan gewesen. Es ging nicht nur um mich. Nein. Es ging zum Teil auch um ihn! Es ging um Alex! Alex Huber. Seinetwegen musste ich dort sein, seinetwegen musste ich ans Ende der Welt reisen. Unglaublich. Ich bin tief bewegt über diese Erkenntnis. Ich lese meine Tagebuch-Einträge und kann es einfach nicht fassen. Gottes Dimensionen sprengen meinen kleinkarierten Denkrahmen immer wieder aufs Neue. Gott schickte mich nach Afrika, um in Alex' Leben einen Meilenstein zu setzen. Phantastisch.

Es kommt mir vor, als wäre unsere Flucht aus Togo erst gestern gewesen. Auch alles andere, was ich mit Alex erlebt habe: Wie wir in Strengelbach gemeinsam durch die Wälder ritten, wie er mir das Autofahren und das Fischen beibrachte. Mir war vom ersten Augenblick an klar: Mit Alex kannst du Tausende von Pferden stehlen (wie man so schön sagt). Nun ja, dass das mit dem Stehlen mehr als ein Gerücht war, das hab ich erst in Afrika erfahren.

Damals, als die Kruckerbande mit ihren Diebstählen begann, wusste ich nichts davon, obwohl wir im selben Dorf wohnten. Ich war damals fünfzehn, genau wie Alex, und, um ehrlich zu sein, ich hielt zu diesem Zeitpunkt nicht gerade viel von ihm. Für mich war er nichts weiter als ein verrückter Spinner. Ein absoluter Blödmann. Und wenn mir jemand gesagt hätte, dass sich zwischen uns einmal eine dicke Freundschaft entwickeln würde, so wäre das eine totale Beleidigung gewesen. Ja, die Zeiten ändern sich.

Wir haben uns beide geändert, weiß Gott. Und wenn ich heute zurückdenke, kommt es mir vor wie ein irrer Traum. Ein Traum mit einem einzigen Namen: Alex Huber.

Nervenkitzel pur! Genau so hatte ich es mir vorgestellt. Und es war noch viel besser. Wir standen breitbeinig vor dem Dorfrestaurant wie die berühmten drei Musketiere, statt eines Säbels den Bolzenschneider griffbereit unter der Jeans-Jacke versteckt. Es war eine warme Sommernacht; eine jener Nächte, in denen am Lagerfeuer die wildesten Heldengeschichten entstehen und der Übermut ins Unermessliche wächst.

Über uns wölbte sich ein sternenklarer Himmel, ein paar Grillen zirpten und auf der eingezäunten Wiese hinter dem Restaurant hörte man vereinzelt das Gebimmel von Kuhglocken. Die Luft roch nach frisch gemähtem Gras und Sommerblumen. Doch für mich war sie erfüllt vom Duft der großen weiten Welt, einer Welt voller Abenteuer und Dramatik. Und ich bin mir sicher, Dirk und Patrick vibrierten genauso wie ich.

Es war bereits unser zweiter Coup, und es war beinahe ein feierlicher Augenblick. Du spürst, wie dein Herz schneller schlägt, wie dir die Hitze in den Kopf steigt. Es ging uns nicht in erster Linie um den Gewinn. Sonst hätten wir es beim ersten Mal schon nicht mit dem Snack-Automaten neben unserem Tante-Emma-Laden probiert. Viel gab es da sowieso nicht zu holen. Unser ganzer Stolz bestand einfach darin, durch das Wegschrauben eines Plexiglas-Türchens für einen Franken nicht nur *einen*, sondern gleich *zwei* Schoko-Riegel zu erobern. Bestimmt kostete den Besitzer das Ersetzen des Türchens mehr als nur einen Franken.

Aber das war uns schnurzpiepegal. Wir hatten die Technik eines Snack-Automaten überlistet, und das erfüllte uns mit besonderer Genugtuung. Etwa so wie einen Modell-Eisenbahn-Freak, dem es tausendmal mehr Spaß macht, die Berge und Tunnels zu modellieren, als dann mit der Eisenbahn in der fertig gestellten Landschaft herumzukurven. Nicht das Resultat ist das Entscheidende, sondern die Durchführung. Oder, um es so philosophisch hochgestochen auszudrücken wie mein Oberstufenlehrer: Der Weg ist das Ziel. Doch ich schweife ab. Kehren wir zurück zu jener warmen Sommernacht und unserem zweiten Strengelbacherschen Streich.

Als Patrick, Dirk und ich an jenem Freitag vor dem Restaurant «Löwen» standen, um unseren zweiten großen Coup zu landen, zweifelten wir nicht daran, dass wir mit dieser Tat in die Strengelbacher Geschichte eingehen würden. Diesmal hatten wir es nicht auf Schoko-Riegel abgesehen, sondern auf Fische. Ihretwegen hatten wir uns um Mitternacht mit unseren Mofas hinter der großen Eiche beim Schulhaus getroffen und gewartet, bis auch der letzte Betrunkene nach Hause getorkelt war.

Das mit den Fischen ist übrigens Patricks Idee gewesen. Rafael, sein Kumpel, hatte ihn zu einer Grillparty in der Waldhütte eingeladen und ihm gesagt, er dürfe mitbringen, wen er wolle – vorausgesetzt, er bringe etwas zu essen mit. Woraufhin Patrick ihm versprach, ein paar Fische zu besorgen.

Natürlich waren Dirk und ich sofort dabei, als Patrick uns in seinen Plan einweihte. War ganz nach unserem Geschmack. Fische aus dem Aquarium eines Restaurants klauen: Welch grandioser Einfall! Müsste man direkt patentieren lassen, bevor uns einer die Idee stiehlt. Aber auf so was Originelles kommt sowieso niemand außer uns. Dazu sind die Leute hier viel zu fade. Sind alle furchtbar brav und einfallslos. Ohne die Kruckerbande wäre es hier im Dorf richtig öde und langweilig. Die wissen alle nicht, was Spaß macht. Action muss sein! Und Spannung! Und eine tüchtige Portion Adrenalin! *Das* ist Leben! Aber das scheint hier niemand zu kapieren.

Den Bolzenschneider hatte sich Patrick von seiner Arbeitsstelle ausgeliehen. Er macht eine Lehre als Maschinenmechaniker. Ich finde, das passt zu ihm, selbst wenn ich überzeugt bin, dass er eigentlich zu Höherem berufen ist. Patrick ist sechzehn, ein Jahr älter als ich, und er ist mit Abstand der cleverste Bursche, dem ich je begegnet bin (meine Wenigkeit ausgenommen …). Daniel Düsentrieb und Einstein können da glatt einpacken. Wenn Patrick sich hinter seine Formeln verkriecht, kriegt jeder Mathe-Lehrer eine Identitätskrise.

Und dabei kommt er nicht etwa aus noblem Hause. Sein Vater ist einfacher Landwirt und hat einen Bauernhof in Brittnau. Und ansehen tut man ihm das Genie auch nicht, im Gegenteil. Normaler kann man gar nicht aussehen: mittelgroß, ziemlich mager, blondes, schulterlanges Haar, das er sich in einem Pferdeschwanz zurückgebunden hat, braune Augen, Brille, Sommersprossen, verschmitztes Lächeln, Kaugummi im Mund und meistens dasselbe ausgeleierte T-Shirt von den Rolling Stones. Und dazu immer dieselben ausgelatschten Turnschuhe, die nur noch durch ein Wunder zusammenhalten und bestimmt schon bald Sammlerwert haben.

Das ist Patrick, unser Technik-Spezialist, der für jeden Unsinn zu haben ist. Nur beim Fischen war er anfangs eine ziemliche Nullnummer. So hab ich ihn nämlich kennen gelernt: vor einem Jahr beim Fischen an der Aare. Da tat er mir beinahe ein wenig Leid: Eine halbe Stunde kämpfte er verbissen mit einem vermeintlichen Riesenhecht, bis ich mich seiner erbarmte und ihm klar machte, dass sich seine Angel lediglich zwischen den Steinen verfangen hatte. Tja. Jeder muss mal irgendwo anfangen.

Wir setzten uns ans Ufer, fachsimpelten über Fische, Mädchen und Mofas und stellten schon bald fest, dass wir so ziemlich dieselbe Wellenlänge haben. Von da an gingen wir öfter gemeinsam fischen, und heute sind wir unzertrennliche Freunde.

Mit Dirk bin ich nie fischen gegangen. Fischen ist nicht sein Stil. Er angelt sich lieber hübsche Mädchen. Oder macht eine Spritztour mit dem Auto seines Vaters. Ungefragt, versteht sich. Deswegen haben wir ihn überhaupt kennen gelernt.

Das ganze Dorf hat ja davon geredet, als Dirk den Mercedes seines Vaters zu Schrott gefahren hat, mit 120 Sachen außerorts und ohne Führerschein. Das ist vor einem halben Jahr gewesen, drei Wochen nach seinem siebzehnten Geburtstag. Er hat bei dem Unfall keinen Kratzer abgekriegt, der Dirk, ein echtes Wunder. Mich hat das natürlich beeindruckt. Ich meine: nicht, dass er heil davongekommen ist, sondern dass er mit 120 außerorts über die Landstraße gedonnert ist. Hätt ich mich nicht getraut. Ein Teufelskerl.

Eines Nachmittags trafen Patrick und ich ihn zufällig am Bahnhofkiosk. Wir quatschten ihn an, und er erzählte uns bereitwillig und nicht ohne Stolz die Story mit dem Mercedes seines Vaters. Seine coole, überlegene Art faszinierte mich. Wäre er ein Filmstar, würde er sie alle in den Schatten stellen: James Dean, Elvis, Mel Gibson, die gesamte Hollywoodpalette.

(Ein Jammer, dass er noch nicht entdeckt worden ist, sonst könnte ich damit in der Schule angeben!)

Ja, Dirk weiß, wie er auf die Leute wirkt, und er weiß, dass die Leute es wissen. Ich wette, er verbringt jeden Morgen mehr Zeit vor dem Spiegel als ein Top-Model, bis seine schwarze Lucky-Luke-Strähne im richtigen Winkel in die Stirn fällt. Und bestimmt verbraucht er dabei mehr Gel als ein Punker in einem ganzen Jahr.

Ich würde mir das nicht antun. Vor allem nicht, wenn ich den ganzen Tag bei der Montage von Tiefkühlräumen wäre, wo es sowieso keinen interessiert, ob du unter der blauen Latzhose Markenklamotten trägst. Aber in diesem Punkt ist Dirk eitel, und man unterlässt es besser, ihn damit aufzuziehen. Ich hab es einmal getan. Daraufhin hat er mich mit so vielen Schimpfwörtern eingedeckt, dass ich glatt ein neues Wörterbuch hätte veröffentlichen können. Seitdem nenne ich ihn in seiner Abwesenheit nur noch Schicki-micki und erlaube mir zum Thema Snob und Macho nur noch dann bissige Bemerkungen, wenn er in äußerst guter Stimmung ist.

Abgesehen von seiner geschleckten Aufmachung ist Dirk schwer in Ordnung. Der gemeinsame Drang nach exklusiven Abenteuern mit möglichst viel Risiko schweißte uns bereits bei unserer ersten Begegnung zusammen. Wir spürten: Da waren kriminelle Energien vorhanden, die man unbedingt vereinen und weiter ausbauen musste. Und so kam es, dass Patrick, Dirk und ich eine Bande wurden – die berühmt-berüchtigte Kruckerbande.

Anfänglich begnügten wir uns mit Mofas frisieren, der Lieblingsbeschäftigung aller Jungs in unserem Alter. Doch irgendwann suchten wir nach einer neuen Herausforderung. Der Snack-Automat war im Grunde genommen die Generalprobe für unseren Einstieg in die Gesetzlosigkeit, und das Fisch-Aquarium vor dem Restaurant «Löwen» sollte das grandiose Erstlingswerk unserer kriminellen Karriere werden. Unser Markenzeichen, sozusagen.

«Na, dann wollen wir mal», gab ich das Startzeichen.

Wir überquerten die Straße und steuerten auf das frei stehende, zwei Meter lange und ein Meter hohe Aquarium zu, das sich unmittelbar neben dem Eingang des Restaurants befand. Der Deckel war mit einem großen KABA-Vorhänge-Schloss gesichert, um Leute wie uns davon abzuhalten, im Aquarium angeln zu gehen (obwohl bestimmt noch nie jemand ernsthaft mit dieser Möglichkeit gerechnet hat …). Acht prachtvolle Forellen und ein Döbel schwammen ahnungslos in dem schwach beleuchteten Aquarium umher, in eleganter, schillernder Schönheit.

Beim Anblick von Fischen juckt es mich jedes Mal in den Fingern. Das Feeling, wenn du einen zappelnden Fisch aus dem Wasser ziehst, wenn du seinen verzweifelten Überlebenskampf mit jedem Zucken an der Angel spürst, ist einfach unbeschreiblich. Es beflügelt dich, es gibt dir das Gefühl, mit der Natur eins zu sein und sie gleichzeitig zu bezwingen.

Wir warfen einen letzten prüfenden Blick die Straße hinauf und machten uns ans Werk. Jeder wusste, was zu tun war. Patrick holte den Bolzenschneider unter der Jeans-Jacke hervor und knackte das Schloss, als wäre es aus Teig. Dabei grinste er zufrieden und kaute wie ein Weltmeister auf seinem Kaugummi herum.

«Fass mit an, Alex!» sagte er. Patrick und ich klappten den schweren Deckel zurück, während Dirk mit seinen Sperber-Augen die Umgebung beobachtete. Ich kletterte Patrick auf die Schultern und füllte als Erstes die mitgebrachte Plastiktüte mit Wasser. Es kitzelte mich bis in die Fingerspitzen, als ich meine rechte Hand ins Aquarium eintauchte und die erste Forelle aus dem Wasser zog. Dirk übernahm sie und ließ sie in die Tüte plumpsen, wo sie sich rasch beruhigte.

«Schade, dass ich keinen Foto-Apparat dabeihabe», bemerkte er, «das glaubt mir sonst keiner.»

«Nummer zwei!» verkündete ich und überreichte Dirk einen besonders fetten Brocken.

«Wir sollten eine Fortsetzung von Max und Moritz schreiben!» schlug Patrick vor. «Natürlich unter einem Pseudonym. Das wäre *der* Erfolg, glaubt mir.»

«Ich freu mich schon jetzt auf die Grillparty!» sagte ich, während ich Dirk Nummer drei übergab. In wenigen Minuten hatten wir alle acht Forellen und den Döbel in unserer Plastiktüte verstaut, rückten den Deckel des Aquariums in seine Ausgangsposition zurück (Ordnung muss sein) und spazierten gemütlich zu unseren Mofas hinter dem Schulhaus. Dort verscharrten wir den Döbel im Sand des Weitsprungkastens, weil er ja nicht gerade ein bekömmlicher Fisch ist.

«Die werden Augen machen, wenn sie das leere Aquarium vorfinden», amüsierte sich Patrick, und Dirk meinte: «Jetzt hat unser dämliches Dorfblatt wenigstens mal was Interessantes zu schreiben.»

«Und nur die Fische sind Zeugen», ergänzte ich mit einem Blick auf unsere Beute, «und die sind so stumm, wie nur Fische sein können. Und morgen werden sie auf dem Feuer gebraten. Die Ärmsten.»

Wir waren in Hochstimmung. Wir fühlten uns wie Helden. Etwas Verbotenes getan zu haben, beschwingte uns, ja, machte uns stark und irgendwie unantastbar. Noch fühlte ich das Kribbeln in meinem Bauch, spürte meinen Herzschlag von den Zehen bis in den Hals, und ich bin sicher, die andern spürten ihn auch.

16

«Hey, Leute, wir hätten eine Art Slogan hinterlassen sollen, so wie in den Filmen», schlug ich spontan vor, als wir unsere Mofas erreichten. «Zum Beispiel: Zorro, der Rächer der Fische. Oder: Neptun lässt grüßen oder so was.» Dirk zündete sich eine Zigarette an und schwang sich auf sein Mofa.

«Wie wär's damit: Wir klauen wie, wann und wo immer wir wollen.» Er blies den Rauch schräg in die schwüle Nachtluft und sah uns abwartend an. Ich war ehrlich platt über Dirks Kreativität, und Patrick unterbrach sogar für einen Augenblick seine Kaubewegungen, was etwas heißen will.

«Bingo!» murmelte er und streckte den Daumen in die Höhe. «Was meint unser Fischzüchter dazu?»

«Cool», gab ich meine Zustimmung. «Ich klaue wie, wann und wo immer ihr wollt. Einer für alle, alle für einen! Darauf könnt ihr euch verlassen!» Wir schlugen ein, als hätten wir damit einen Schwur besiegelt. Und jeder von uns wusste: Dies war der Auftakt für ein Abenteuer, das weit über Tom Sawyer oder Robin Hood hinausging. Ein Abenteuer, dessen Dimensionen wir zu diesem Zeitpunkt selbst nicht erahnen konnten. Doch wir waren bereit, uns darauf einzulassen – koste es, was es wolle.

2. Mutprobe

«Die Fische schmeckten großartig. Rafael hat gesagt, du hättest sie selbst gefangen?» Patrick hätte sich beinahe an seinem Orangensaft verschluckt.

«Äh, ja, sozusagen», brachte er schließlich hervor. «Fischen ist mein Hobby, in der Tat.»

«Wie aufregend!» quietschte das Mädchen, das die Frage gestellt hatte, während es sich mit einer Gräte abmühte. Ich stand daneben und musste mich zusammennehmen, um nicht loszuprusten. Aber dann fiel mir etwas Besseres ein.

«Das Fischen hab *ich* ihm beigebracht!» verkündete ich kein bisschen bescheiden, legte meinem Freund lässig den Arm auf die Schulter und zwinkerte der unbekannten Schönheit, die uns gegenüberstand, zu. «Wenn du willst, nehmen wir dich mal mit.»

«Wirklich⁈» kam es begeistert aus dem kitschig rosa bemalten Mündchen, die langen Augenwimpern begannen zu klimpern, und ihr knackiger Po in dem schwarzen Mini wedelte verführerisch. Ich steh nicht unbedingt auf derart aufgetakelte Girls. Ich bin überhaupt kein Frauenheld. One-night-stands zu haben würde ich mich nie getrauen. Aber es macht Spaß, mit ihren Gefühlen zu spielen und zu beobachten, wie Bewunderung und Faszination in ihren Augen aufflackern, wenn es mir gelingt, mich als absolut coolsten Typen der Welt darzustellen. Natürlich weiß ich, dass ich das nicht bin, aber bei heißer Musik und noch heißeren Mädchen glaube ich zuweilen tatsächlich selbst daran und wachse über mich selbst hinaus. Ist ein gutes Gefühl, wenn jemand auf dich steht, und sei es auch nur für ein paar flüchtige Augenblicke. Solche Momente muss man auskosten, bis ins Letzte. Sie sind selten genug.

«Klar kannst du mitkommen», wiederholte ich mein großzügiges Angebot und plusterte mich auf wie ein Pfau bei der Brautschau, «nicht wahr, Patrick⁈»

«Keine Frage», nickte Patrick eifrig, und auch er blühte förmlich auf, «wenn dich die Fische sehen, springen sie garantiert freiwillig aus dem Wasser.» Das Mädchen kicherte und wischte sich mit der Linken elegant ihr langes schwarzes Haar aus dem geschminkten Gesicht. Ich muss zugeben, sie hat ein Lächeln, das könnte einen glatt um den Verstand bringen.

«Was fischt ihr denn so?» wollte sie wissen. Meine Herren, eine solche Frage sollte man Profi-Fischern niemals aus Höflichkeit stellen, sondern nur, wenn man mindestens eine Stunde Zeit und *echtes* Interesse an dem Thema hat. Natürlich hatte das Mädchen weder das eine noch das andere, aber das war uns in unserem Übermut nicht wirklich bewusst. Der Startschuss, auf den wir den ganzen Abend vergeblich gewartet hatten, war gefallen: Patrick und ich begannen wie die Wilden übers Fischen zu debattieren, während die Lady die ganze Zeit mit der Zunge in ihrem Mund herumkurvte, um ihre Zähne von der Gräte zu befreien. Zwischendurch nickte sie nett, konzentrierte sich aber je länger je mehr auf die Gräte in ihrem Mund. Weit mehr jedenfalls als auf unseren fachlich hoch stehenden Diskurs, was ich erst bemerkte, als sie völlig aus dem Zusammenhang gegriffen die banale Frage stellte:

«War das eigentlich Hecht?» Patrick und ich hielten mitten in unseren Ausführungen inne und machten wohl beide ein ziemlich gekränktes Gesicht. Es war, als hätte jemand mit einer Stecknadel einen Ballon zum Platzen gebracht.

«Es war Forelle», erklärte ich lakonisch, und auf einmal war mir die Lust am Fachsimpeln vergangen. Banause, dachte ich. Kennt nicht mal den Unterschied zwischen Hecht und Forelle. Typisch Mädchen. Unser Gespräch schleppte sich noch eine Weile dahin, bis sich das Mädchen mit irgendeiner faden Begründung ausklinkte, was mir nur allzu recht war. Wer den Unterschied zwischen Hecht und Forelle nicht kennt, ist unser nicht würdig. Patrick sah das zwar etwas anders.

«Schade», seufzte er und blickte ihr wehmütig nach. «Ich hab schon gedacht, das könnte was werden.» Ich stieß ihn in die Seite und versuchte ihn etwas aufzumuntern:

«Take it easy, Junge. Es gibt ja noch andere.»

«Aber keine mit einem so knackigen Hintern», entgegnete Patrick verträumt, und da musste ich ihm Recht geben. Zudem ging es bereits auf zehn Uhr nachts zu, und wir wussten beide, dass unser Zug, was hübsche Mädchen anbelangte, wieder einmal abgefahren war. Die Pärchen, die sich jeweils bei solchen Partys bilden, hatten sich bereits unauffällig hinter die Waldhütte zurückgezogen. Diese Hütte ist ein beliebter Ort für Feste aller Art. Die öffentliche Feuerstelle mit Tischen und Holzbänken wird an schönen Tagen fast immer von Schulklassen, Familien oder Wanderern belagert, und übers Wochenende ist der Ansturm noch größer.

Von unseren gegrillten Forellen war nichts mehr übrig, und auch sonst hatten die Jugendlichen das gesamte Büffet leer geräumt. Der Platz vor der Waldhütte sah aus, als wäre ein Orkan darüber hinweggefegt. Überall lagen leere Plastikbecher und Teller herum, und keiner störte sich daran. Aus einem Kassettenrecorder drang ziemlich laute Musik, untermalt vom Gelächter der einzelnen Grüppchen, die sich im Verlauf des Abends gebildet hatten. Ich hielt nach Dirk Ausschau, doch der hatte sich wohl schon längst mit irgendeinem scharfen Girl in die Büsche verkrochen. Die Mädchen stehen auf seine Lucky-Luke-Schickimicki-Stirnlocke. Und natürlich auch auf seinen Charme.

Ich habe beides nicht, und das macht die Sache etwas schwieriger. Aussehen tu ich stinknormal, meine Personenbeschreibung passt auf jeden dritten

Schweizer: mittelgroß, braunes, leicht gelocktes (und selten gekämmtes) Haar, braune Augen, Turnschuhe, Jeans und T-Shirt. Und mein Benehmen, nun ja. Ich sag halt gradeheraus, was ich denke, und damit ecke ich so ziemlich überall an. Aber ich bin nun mal so, und ich glaube kaum, dass es jemand schaffen wird, mich in dieser Beziehung zu ändern. Wäre ja auch zu schade. Ohne Querschläger wie mich wäre die Welt total öde. Nur zu dumm, dass das die wenigsten einsehen.

Bei dieser Grillparty wurde mir jedenfalls wieder einmal klar, dass Leute wie ich auf die Gesellschaft wie ein falsch gepolter Magnet wirken. Irgendwie hatte ich den Anschluss verpasst. Vielleicht liegt das auch nur daran, dass sich niemand für Fische interessiert. Wie auch immer. Da bist du inmitten von vierzig Jugendlichen, und im Grunde bist du völlig allein. Kein Mensch kümmert sich um dich. Könntest genauso gut in die Oper gehen, da wärst du genauso fehl am Platz. Wenigstens waren wir zu zweit, das machte die Situation etwas angenehmer.

Patrick und ich setzten uns etwas abseits auf einen Baumstrunk, starrten in die Glut des niedergebrannten Feuers, drehten unsere leeren Becher zwischen den Fingern und wussten nicht so recht, was wir mit dem Rest des Abends anfangen sollten. Plötzlich knackte es hinter unseren Rücken, und jemand setzte sich ungefragt neben uns. Es war Rafael.

Rafael ist zwei Jahre älter und einen Kopf kleiner als ich, wie ich an diesem Abend herausgefunden habe. Wir haben uns nur flüchtig unterhalten, da er ständig am Rumdüsen war, um alle Gäste zufrieden zu stellen. Patrick hat mir erzählt, er mache eine Lehre als Bäcker-Konditor und stehe auf Science-Fiction, Rambo und Arnold Schwarzenegger. Vielleicht, weil er selbst eher klein und drahtig ist.

Patrick sagte mir auch, seine Bude gleiche mehr einem Kriegsmuseum als einem Zimmer. Die Wände wären mit leeren Patronenhülsen, verrosteten Handgranaten, Säbeln, Flaggen und Panzer- und Flugzeugmodellen in Miniaturformat geschmückt. Ich hatte so was beinahe vermutet, als der Siebzehnjährige in voller Kampfmontur daherkam. Sein kurzer Haarschnitt, die dunkle Sonnenbrille und der kleine silberne Ohrring vervollständigten das Bild. Würde mich nicht wundern, wenn er sogar mit Kampfstiefeln und einem Tarn-Pyjama schlafen geht.

Patrick kennt Rafael von der Oberstufenschule. Sie gingen damals in dieselbe Klasse. Einmal hatten sie Feuerwerkskörper ins Lehrerzimmer werfen wollen, aber Rafael hatte zu lange gewartet, und das Zeug war ihm in der rechten Hand explodiert. Na ja, jeder macht mal einen Fehler, und was einen nicht umbringt, macht einen stark, heißt es. Nach ein paar Wochen war seine Hand jedenfalls wieder funktionstüchtig gewesen, und seither konnte er mit der Geschichte bei den Mädchen sogar Punkte schinden. Vielleicht ist es das, was mir fehlt, um bei den Mädchen beliebt zu sein: eine Heldengeschichte. Doch lassen wir dieses Thema. Rafael setzte sich also zu uns und fragte:

«Hey, Leute, alles in Ordnung?»

«Klar», antwortete Patrick.

«Gefällt euch die Party?»

«Aber sicher» nickte ich.

«Die Fische waren ausgezeichnet», sagte Rafael. «Aber mal ehrlich, Sportsfreund: Wo hast du die eigentlich *wirklich* gefischt?»

«Willst du es *wirklich* wissen?» fragte Patrick zurück.

«Klar», entgegnete Rafael. «Ich hab nämlich das leise Gefühl, dass du mich verkohlen willst, alter Kumpel. Acht derart dicke Forellen aus der Aare zu fischen, an einem *einzigen* Nachmittag, das klingt mir schwer nach einem dicken Bären, den du mir aufbinden willst. Also raus mit der Sprache: Wo hast du sie her?» Patrick warf mir einen fragenden Blick zu.

«Sollen wir es ihm sagen?»

Ich zuckte die Achseln. «Wenn du meinst.»

«Nun», begann Patrick wichtig und rückte seine Brille zurecht, «du kennst doch das Restaurant ‹Löwen›.»

«Ich glaub, ich spinne!» fiel ihm Rafael sogleich ins Wort. Offensichtlich hatte er bereits von dem ungewöhnlichen Diebstahl gehört, und ihm fiel glatt die Kinnlade herunter.

«Du machst Witze!»

«War total einfach», erzählte Patrick schmunzelnd. «Wir brachen das Schloss auf, Alex stieg mir auf die Schultern und angelte sich eine nach der andern.»

«Ihr seid verrückt!» stellte Rafael fest, und dann zog sich ein breites Grinsen über sein Gesicht. «Ich fass es nicht. Das seid *ihr* gewesen?» Er konnte sich kaum mehr erholen.

«Mann, ihr seid total crazy! Das ist stark, affenstark!» Er prustete wieder los, und Patrick und ich fielen mit ein. Dass Rafael unsere kriminelle Kreativität genauso originell fand wie wir selbst, das machte ihn mir äußerst sympathisch. Und es kam noch besser.

«Bei eurem nächsten Coup spannt ihr mich mit ein, okay?»

«Meinst du das ernst?» fragte ich skeptisch zurück.

«Wenn ihr Werkzeug braucht: Mein Vater arbeitet auf dem Bau», sagte Rafael ohne Umschweife. «Und falls ihr glaubt, ich wäre ein Angsthase, so kann ich euch gerne das Gegenteil beweisen.» Ich sah Patrick an, er sah mich an, und ich wusste, dass er dasselbe dachte wie ich: Rambo-Filme allein machen noch lange keine Helden. Um uns zu beeindrucken, braucht es wesentlich mehr als Kampfstiefel und Militärhemden. Aber wenn Rafael bereit war, sich von uns testen zu lassen, so würden wir ihm diese Chance geben, mit dem größten Vergnügen.

«Du forderst eine Mutprobe?» meinte Patrick und zwinkerte mir dabei zu. «Die sollst du haben, Junge.»

Als wir uns eine Woche später mit unseren Mofas hinter der Eiche beim Schulhaus trafen, hatten Dirk, Patrick und ich uns bereits eine herrlich knifflige Aufgabe für Rafael ausgedacht. Der Ärmste würde ganz schön ins Schwitzen kommen, so viel stand fest.

«Okay», übernahm Dirk die feierliche Einleitungsrede, als würden wir jeden Abend Mutproben für irgendwelche Halbstarke vorbereiten. «Ich hoffe, du bist so zäh wie deine Lederstiefel. Unser Geschäft ist nichts für schwache Nerven. Bist du gut im Klettern?»

«Worauf du dich verlassen kannst», antwortete Rafael und spuckte auf den Boden. «Ich erklimme die amerikanische Freiheitsstatue, wenn es sein muss.» Ich legte die rechte Hand in die Mitte, Dirk, Patrick und Rafael legten ihre Hände oben drauf, und gemeinsam raunten wir unseren Bandenspruch, als wäre er eine Zauberformel, die uns die nötige Kraft für unser Vorhaben verleihen würde:

«Wir klauen wie, wann und wo immer wir wollen!»

Dann schwangen wir uns auf unsere Mofas und machten uns auf den Weg nach Rothrist, einem unserer Nachbardörfer. Unser Ziel war ein Holzschuppen im Industriegebiet, den ich vor einigen Tagen inspiziert hatte. Er war etwa so groß wie ein zweistöckiges Wohnhaus, besaß allerdings keine Fenster, was die Sache etwas erschwerte.

Durch einen kleinen Spalt hatte ich einen Blick ins Innere des Schuppens werfen können und mehrere gestapelte Holzkisten darin entdeckt. Was auch immer sich in diesen Holzkisten befand, es lohnte sich meiner Meinung nach, sie etwas genauer unter die Lupe zu nehmen. Wenn wir Glück hatten, würden wir den Inhalt dieser Kisten zu Geld machen können, möglicherweise zu sehr viel Geld, je nachdem, was es war. Eine solche Chance durften wir uns auf keinen Fall entgehen lassen, und da der Einstieg in den Schuppen sich nicht ganz ungefährlich gestalten würde, kam uns Rafaels Heldenmut wie gerufen.

Ich bin felsenfest davon überzeugt, dass nicht mehr viel von Rafaels Kühnheit übrig war, als wir in der Dunkelheit vor dem Schuppen standen und ihm seine Aufgabe erklärten. Doch schließlich wollte er nicht als Feigling abgestempelt werden, und folglich gab er sich so überlegen wie irgend möglich. (Ich an seiner Stelle hätte wahrscheinlich dasselbe getan.)

Die einzige Möglichkeit, in die Scheune zu kommen, war die, sich aufs Dach zu schleichen und an einer Stelle die Ziegel wegzuräumen. Die Frage war bloß: Wie kam man da hoch? Eine Leiter hatten wir nicht, und zwischen dem Schuppen und dem nächsten Haus, einem alten Fabrikgebäude, war immerhin ein Abstand von gut zwei Metern. Auf das Dach dieses Gebäudes zu gelangen sollte eigentlich möglich sein, denn die Äste einer großen Tanne reichten bis weit über das Schrägdach hinaus.

«Der einzig heikle Punkt ist der Sprung vom Dach der Fabrik auf das Dach des Schuppens», erklärte ich Rafael, «wenn du da abrutschst und runterfällst, siehst du nicht mehr sehr frisch aus.» Ich hätte genauso gut sagen können, dass er sich das Genick brechen oder den Rest seines Lebens im Rollstuhl verbringen könnte, falls ihm der Sprung nicht gelingen sollte. Aber erstens wusste er das ja wohl selbst, und zweitens war es durchaus nicht meine Absicht, ihn zu entmutigen. Schließlich wollten wir alle wissen, was sich in diesem Schuppen befand, und von uns hätte sich ehrlich gesagt niemand getraut, diesen Sprung zu wagen. Aber natürlich sagten wir Rafael nichts davon.

«Du kannst immer noch Nein sagen, wenn es dir zu riskant ist», meinte Dirk großzügig, worauf Rafael tief Luft holte und verkündete:

«Ich sagte doch: Ich bin kein Angsthase.» Wir überreichten ihm eine Stablampe und ein fünf Meter langes Seil, das ich in unserem Keller gefunden hatte und für geeignet hielt, um in den Schuppen einzusteigen – vorausgesetzt, Rafael schaffte den gefährlichen Sprung aufs Dach. Der Siebzehnjährige steckte sich die Lampe in die große Seitentasche seiner Kampfhose, hängte sich das Seil wie ein Bergsteiger schräg über die Schulter, knackte mit seinen Fingerknochen und ging zielstrebig auf die Tanne neben dem Fabrikgebäude zu. Die Mutprobe hatte begonnen.

Flink wie ein Eichhörnchen kletterte Rafael auf den Nadelbaum, und problemlos schwang er sich auf das Dach des Fabrikgebäudes. Die erste Hürde war geschafft. Doch der schwierigste Teil stand ihm noch bevor, und es ist schwierig zu sagen, wer nervöser war: Rafael auf dem Dach oder wir drei auf dem Kiesplatz vor der Scheune. Ob es das schlechte Gewissen war, weil wir wussten, dass wir ihm etwas zumuteten, das wir uns selbst nicht trauten? Wir sahen ihm zu, wie er aufrechten Ganges den First erklomm und auf der anderen Seite vorsichtig und auf allen Vieren bis zur Dachkante hinunterrutschte. Jetzt trennten ihn nur noch zwei Meter vom Schuppendach. Zwei gefahrvolle Meter waagrecht und einige lebensgefährliche Meter senkrecht.

Ich biss mir auf die Lippen, Patrick kaute aufgeregt

auf seinem Kaugummi und Dirk an seinen Fingernägeln herum, während wir wie gebannt auf Rafael starrten, als wäre er ein Trapezkünstler im Zirkus. Bloß, hier gab es kein Netz, das ihn auffangen würde, falls er einen Fehltritt machte.

«Und wenn er es nicht schafft?» murmelte Patrick und sprach damit die Frage aus, die uns alle heimlich beschäftigte.

«Klar schafft er es», meinte ich so zuversichtlich wie möglich, um damit auch meine eigenen Skrupel zu übertünchen. «Zudem kann er ja immer noch umkehren, wenn er sich nicht traut.» Die Spannung, die in der Luft lag, war beinahe greifbar. Und die Stille machte die Situation schier unerträglich.

«Spring!» rief ihm Dirk zu. «Das schaffst du mit links!» Ich war froh, nicht in Rafaels Haut zu stecken, und gleichzeitig berauschte mich sein Anblick, als wäre ich es selbst, der da oben stünde, keine fünf Zentimeter von Glück oder Verderben entfernt. Die Szene übte eine absurde Faszination auf mich aus.

«Spring!» flüsterte ich wie zu mir selbst. «Spring endlich!»

Rafael richtete sich auf, beugte sich vor – und sprang. Wir hielten den Atem an. Kein noch so verrückter Stunt aus einem James-Bond-Film hat mich jemals derart in seinen Bann gezogen wie Rafaels Zwei-Meter-Dachsprung ohne Anlauf. Es war der helle Wahnsinn! Und dann geschah das Unglück: Rafael erreichte zwar das Scheunendach, verlor aber das Gleichgewicht, rutschte ab, suchte verzweifelt nach einem Halt, stürzte, fiel und konnte sich im letzten Moment mit den Fingern an der Dachrinne festkrallen. Ich glaubte, mir würde das Herz stillstehen! Wäre es eine Szene im Kino gewesen, hätte ich wohl friedlich Popcorn geknabbert und die Inszenierung als durchschnittlich bis banal abgetan. Aber das hier war keine Filmszene! Das war real! Rafael zappelte hilflos zwischen Himmel und Erde, und wir standen wie gelähmt darunter und wussten nicht, was wir tun sollten. Wir wussten nur eines: Wenn Rafael abstürzte, war zwischen Bein- und Genickbruch alles möglich. Und wir waren schuld!

«Halt dich fest, um Himmels Willen!» rief Patrick.

«Bleib cool und versuch dich hochzuziehen!» rief Dirk.

«Du schaffst das schon!» rief ich. Es ist ein furchtbares Gefühl, jemanden im wahrsten Sinne des Wortes in Gefahr schweben zu sehen, ohne ihm irgendwie helfen zu können. Wir waren völlig hilflos, und bei jedem verdächtigen Knacken befürchteten wir, die Regenrinne würde sich vom Dach lösen. Mein Herz pochte, als ginge es um mein eigenes Leben. Rafael versuchte sich hochzuziehen, doch es klappte nicht.

«Ich schaff es nicht!» rief er. «Die Traufe ist zu schwach!» Mir war auf einmal speiübel. Ich schwitzte wie ein Pferd.

«Hey!» rief Patrick. «Taste dich zum rechten Dach-Ende und klettere am Abflussrohr runter.»

«Ich sagte doch, die Rinne hält mich nicht!»

«Dann klettere nach links!» fiel ich ein. «Sind keine zwei Meter. Da kannst du dich zum Dachbalken rüberschwingen.»

«Das schafft der nie», murmelte Dirk.

«Abwarten», meinte ich.

«Etwas anderes bleibt uns auch nicht übrig», sagte Patrick. Stückchen um Stückchen hangelte Rafael sich nach links, bis er das Dach-Ende erreicht hatte. Zwei über Kreuz verstrebte Balken hielten die Dachkonstruktion zusammen, doch das Dach ragte knappe zwei Meter schräg über die Verstrebung hinaus, also musste sich Rafael erst an der äußersten Dachlatte die zwei

Meter schräg hocharbeiten, um überhaupt an den Balken heranzukommen. Wie gebannt starrten wir zu ihm hoch. Ich drückte die Daumen und spürte meinen Pulsschlag.

«Du schaffst es, Junge, du schaffst es», flüsterte ich. In der Dunkelheit sah Rafael aus wie ein Ninja-Kämpfer in einem japanischen Film. Dieses letzte schräge Stück hatte es in sich. Rafael hielt sich mit den Fingern an der dünnen Dachlatte fest und hangelte sich daran schräg nach oben, bis er endlich mit den Füßen den Dachbalken erhaschen und ihn nach dem zweiten Anlauf wie eine Reckstange beim Turnen umschlingen konnte. Er zog den Körper und als Letztes die Hände nach und klammerte sich an den Balken wie ein Frosch an einen Schilfhalm. Wir atmeten auf.

«Gut gemacht!» lobte ihn Dirk. «Jetzt brauchst du nur noch das Seil am Balken festzubinden und daran herunterzuklettern.»

«Und was ist mit den Kisten in der Scheune?»

«Vergiss die Kisten, und komm da runter!» rief Patrick.

«Ich könnte es wenigstens versuchen!» kam es waghalsig zurück. «Wo ich schon mal hier oben bin.» Ich war ehrlich überrascht über die Kühnheit dieses Burschen. So mutig hatte ich ihn nicht eingeschätzt.

«Null Chance!» erklärte Dirk. «Von dem Balken kommst du unmöglich aufs Dach.»

«Aufs Dach nicht», sagte Rafael, «aber da ist ein Spalt unter dem First, da könnte ich mich durchzwängen.»

«Mach keinen Blödsinn!» entfuhr es Patrick. «Das ist viel zu gefährlich. Wenn du da runterfällst, ist es aus!»

«Ich fall da nicht runter!»

«Lass das, Mann! Du hast uns schon bewiesen, dass du kein Drückeberger bist!» bemerkte ich. Rafael hörte nicht auf uns und kroch vorsichtig an dem Balken hoch bis dicht unter den Dachfirst. Er befand sich jetzt auf beinahe sechs Metern Höhe! Mir wurde schon vom bloßen Hinsehen schwindlig! Alle unsere Warnungen nützten nichts. Rafael hatte sich in den Kopf gesetzt, in diese Scheune reinzuklettern, und er wollte das nun durchziehen, mit oder ohne uns. Ein absolut verrückter Kerl! Er löste das Seil von seiner Schulter, befestigte das eine Ende am Balken, beugte sich zur Holzwand hinüber und fädelte das andere Ende in die Öffnung unter dem First ein. Dann steckte er seinen Fuß rückwärts in den länglichen Spalt, hielt sich vorne mit der rechten Hand fest und schob seinen Körper nach. Ich vergaß beinahe zu atmen vor lauter Anspannung.

«Der spinnt», murmelte ich, «der hat sie doch nicht alle!»

Rafael fasste das Seil und winkte uns zu, ehe er von der Dunkelheit verschluckt wurde. Ein leichtes Zucken am Seil und ein leises Poltern gegen die Holzwand, das sich langsam nach unten verlagerte, bestätigte uns, dass Rafael dabei war, wie ein Bergsteiger an der Innenwand des Schuppens herunterzuklettern.

«Hey, Rafael!» flüsterte Dirk und pochte an die Wand. «Alles okay da drin?»

«Alles!» drang es dumpf zurück. «Müsste gleich unten sein!» Plötzlich hörte das Rütteln an der Holzwand auf, obwohl Rafael den Boden bestimmt noch nicht erreicht hatte – das hätten wir schließlich hören müssen. Ich glaubte, zwischen einer Ritze einen Lichtschein erhascht zu haben. Dann hörten wir Rafael einen Fluch ausstoßen.

«Was ist?» fragte ich.

«Das Seil ist zu kurz und der Landeplatz voller Ramsch!»

«Und was hast du vor?»

«Na, was wohl: Springen und hoffen, dass ich mir dabei nicht den Fuß verknackse.» Wir hatten keine Zeit mehr, ihm irgendwelche Ratschläge zu geben. Abgesehen davon hätte es sowieso nichts gebracht. Im nächsten Augenblick hörten wir es rumpeln und scheppern. Dann war es absolut still, totenstill.

«Rafael?» Keine Antwort.

«Hey! Sag was, Kumpel!» Keine Antwort. Dirk, Patrick und ich warfen uns einen besorgten Blick zu. Was hatte das zu bedeuten?

«Rafael?»

«Glaubst du, der will uns zum Narren halten?»

«Und wenn nicht?» Ich klopfte gegen die Holzwand. «Hey! Lebst du noch?» Noch immer keine Antwort. Langsam wurde es uns doch etwas unheimlich.

«Mensch. Ich hab gleich gewusst, dass das mit der Scheune keine gute Idee ist», meinte Dirk. «Von mir aus hätte er auch ohne Mutprobe in die Bande eintreten können.»

«War ja seine eigene Idee!» verteidigte ich mich. «Und zudem waren wir alle mit dem Dachsprung einverstanden. Und in den Schuppen ist er auf eigene Verantwortung reingeklettert.»

«Und was machen wir jetzt?» fragte Patrick ernsthaft. Die Frage beantwortete sich von selbst, als im Innern der Scheune jemand laut zu lachen begann.

«Ihr seid mir schöne Angsthasen!» amüsierte sich Rafael, der offensichtlich alles andere als tot oder schwer verletzt war. «Wollte euch nur mal testen, Leute.»

«Du mieses Stück!» knirschte Patrick. «Wir haben geglaubt, du wärst von einer Heugabel aufgespießt worden oder so was in der Art.»

«Keine Angst. So schnell werdet ihr mich nicht los», versicherte Rafael aus dem Schuppen. «Erst einmal räumen wir hier den Laden aus, ich meine, falls es was Interessantes zu holen gibt. Das wird sich jetzt herausstellen.» Wir konnten hören, wie er die Taschenlampe anknipste.

«Und?»

«Tja», berichtete Rafael nach einer Weile, «ich glaube, das war wohl ein Fehlalarm.»

«Wieso?» fragte ich ungeduldig. «Was ist mit den Kisten?»

«Da sind keine Kisten.»

«Bist du sicher?»

«Na klar, Sportsfreund. Ist nichts da. Alles leer.»

«Aber ich hab die Kisten gesehen!»

«Dann leidest du entweder unter Halluzinationen, oder jemand hat die Kisten weggeräumt. Ist jedenfalls nichts da, nur eine Leiter und ein paar eingerostete Maschinen.»

«So'n Mist», brummte ich und verschränkte enttäuscht die Arme. «Der ganze Aufwand umsonst.»

«Na ja, vielleicht auch nicht», meinte Rafael geheimnisvoll. «Ich glaub, ich hab da was gefunden.» Wir pressten uns alle fast gleichzeitig an die Wand.

«Was denn?!»

«Das werdet ihr gleich sehen, wenn es das ist, wofür ich es halte. Nur einen Augenblick.»

«Was ist es? Sag schon!» Rafael gab uns keine Auskunft. Wir hörten Schritte und kurz darauf ein Geräusch, als ob jemand einen Schlüssel im Schloss drehte. Wie auf Kommando wandten wir unsere Blicke zur Holztür neben uns.

«Du hast doch nicht etwa …» Bevor ich den Satz beenden konnte, drückte jemand von innen die Türklinke hinunter, und ein grinsender Rafael tauchte vor uns auf.

«Da hat irgendein Trottel den Ersatzschlüssel vergessen!» verkündete er und streckte den wertvollen Fund in die Höhe.

«Mann, du bist Klasse!» war Dirks spontaner Kommentar. «Du bist aus demselben Holz geschnitzt wie wir!»

«Wir brauchen nur abzuwarten, bis sie den Schuppen wieder mit Ware auffüllen. Und dann schlagen wir zu.» Er zwinkerte uns begeistert zu. «Hab ich die Mutprobe bestanden?» Eine Antwort erübrigte sich. Ja, Rafael hatte uns bewiesen, wozu er fähig war. Der Bursche hatte Nerven wie Stahlseile, wirklich.

Apropos Seil: In unserem Übermut hätten wir beinahe unser Seil am Dachbalken hängen lassen. Das wäre ein denkbar peinlicher Schönheitsfehler gewesen. Glücklicherweise war im Schuppen eine Leiter, die bis knapp unter das Dach reichte. Und so löste Rafael das Problem und unser Seil in einer knappen Minute. Nachdem er wieder festen Boden unter den Füßen hatte, nahmen wir ihn in unsere Mitte und umarmten ihn wie einen Fußballhelden, der soeben das Tor zum Sieg geschossen hatte.

«Von nun an gehörst du dazu!» sagte ich und versetzte ihm einen kameradschaftlichen Stoß in die Seite. «Willkommen in der Kruckerbande!»

3. Auf vollen Touren

Meine Mutter sagte beim Abendessen, es hätte heute in unserem Einkaufszentrum eine ziemlich peinliche Szene gegeben. Der Vater von Alex hätte Patrick in Anwesenheit aller Kunden einen Dieb genannt. Ich kenne Alex' Vater nicht. Mutter sagt, er hätte Probleme mit Alkohol. Meine

Mutter ist immer bestens informiert, was unser Dorf anbelangt. Vielleicht weil sie in der Kirche mitarbeitet. Alex ging ein paar Jahre bei ihr in die Sonntagsschule, und ich frage mich, wie sie das ausgehalten hat. Alex ist furchtbar! Der schlimmste Junge, dem ich je begegnet bin.

Schon im Kindergarten hat er Terror gemacht. Ich ging in die Parallelgruppe, und es gibt zwei Dinge, an die ich mich erinnern kann: seine hohe Fistelstimme, die ich himmelschreiend fand, und die Geschichte mit dem Treibhaus. Keine Ahnung, was in Alex gefahren ist, als er die Gärtnerei mit Steinen attackierte und die gesamte Fensterfront des Treibhauses demolierte. Sogar die Polizei ist gekommen, daran kann ich mich noch lebhaft erinnern.

Kein Wunder, dass er ein Außenseiter ist. Wer will sich schon mit jemandem einlassen, der nichts als Unsinn im Kopf hat? Ich jedenfalls möchte niemals etwas mit diesem jähzornigen, verrückten Jungen zu tun haben, das steht fest. Einmal hab ich ihn von weitem gesehen, als er geangelt hat. Er ganz allein. Ist mir ein Rätsel, was daran so spannend sein soll. Dastehen und warten, bis etwas anbeißt. So was Blödes. Da geh ich lieber mit Simone reiten.

Simone ist meine Freundin. Wir haben uns beim Reiten kennen gelernt. Sie hat ein eigenes Pferd, einen wunderschönen schwarzen Wallach namens Sugus. Und ich bin die stolze Besitzerin eines Fuchses namens Jambo. Nun ja, jedenfalls beinahe. Auf dem Papier gehört Jambo zwar Herrn Fehlmann, doch da der ältere Herr selbst nicht mehr reiten kann, hat er mir das Pferd anvertraut. Ich kann es jederzeit reiten, ja, Herr Fehlmann würde es nicht dulden, wenn sein Jambo nicht genügend Bewegung hätte. Und das ist mir mehr als recht.

Wenn ich von der Schule komme, muss ich mich geradezu zwingen, erst die Hausaufgaben zu erledigen und nicht gleich in den Stall zu meinem Jambo zu radeln. Aber meine Mutter sagt immer: Ordnung muss sein. Erst die Pflichten,

dann das Vergnügen. Und da gibt es keine Widerrede. Wenn
Mutter etwas sagt, dann ist es gesagt und Punkt. Das sind
die Spielregeln bei uns zu Hause, und mein Bruder und ich
haben es längst aufgegeben, dagegen anzukämpfen.

Ich muss ehrlich sagen, so wütend wie an diesem Samstagabend hab ich meinen Vater schon lange nicht mehr gesehen. Er glühte beinahe vor Zorn. Er stapfte mit großen Schritten durchs Wohnzimmer und hielt mir eine Standpauke, die man mit Garantie meilenweit hören konnte. Was mich aber nicht sonderlich beunruhigte, da wir direkt am Waldrand wohnen. Überhaupt fand ich das Ganze ziemlich lächerlich, und da ich solche Empfindungen sehr schlecht verbergen kann, brachte ihn mein ach so unschuldiges Grinsen noch mehr auf die Palme. Ich saß auf dem Sofa und hoffte, dass mein Vater es diesmal kurz machte, denn ich hatte an diesem Abend noch was Wichtiges vor. Doch es versprach ein ziemlich langes Wortgefecht zu werden. Meinem Vater war es bitterernst.

«Mein Sohn, ein Dieb», stellte er fest, «ich kann es nicht glauben. Ich kann das einfach nicht glauben. Das ganze Dorf redet davon. Nur ich habe nichts davon gemerkt.»

Kein Wunder, dachte ich, bist ja auch immer auf Geschäftsreise oder betrunken. Und unter die Nase reiben werde ich dir meine illegalen Aktivitäten bestimmt nicht. Ich bin ja nicht blöd.

«Frau Fischer sagte mir, ihr hättet das Fahrrad ihrer Tochter am Bahnhof gestohlen», fuhr mein Vater fort.

«Woher will die das wissen?» fragte ich kühn und stopfte mir eine Handvoll Kartoffelchips in den Mund.

«Ihre Tochter hat dich und diesen Patrick an Fastnacht gesehen. Und sie hätte schwören können, dass ihr mit *ihrem* Fahrrad unterwegs wart!»

«Die hat wohl Tomaten auf den Augen», murmelte ich und faltete selbstsicher die Hände über dem Bauch zusammen. «Wir waren mit einem *Tandem* auf der Fastnacht, nicht mit einem Damenfahrrad. Das fehlte ja noch.» Dass wir das Tandem aus zwei gestohlenen Fahrrädern zusammengeschweißt hatten, brauchte mein Vater ja nicht zu wissen. War jedenfalls meine beste Fastnacht seit Jahren.

«Ich hab diesen Patrick gestern im Dorfladen getroffen und ihm klipp und klar gesagt: Es wird nicht mehr geklaut!» Ich musste mir das Lachen verkneifen. Die Szene hätte ich sehen wollen, und Patricks Gesicht, und die Gesichter der anderen Kunden. Ich kenne meinen Vater. Wenn er etwas sagt, dann sagt er es laut, sehr laut, damit es auch wirklich alle hören.

«Du lässt in Zukunft die Finger von diesem Patrick, ist das klar?» Ich tat, als hätte ich die Bemerkung überhört. Ich würde ja doch tun, was ich wollte. Meine Erziehung war meinen Eltern schon lange aus den Händen geglitten. Sie wussten das, und ich wusste es auch. Meine Familie ist nun mal keine Bilderbuchfamilie, ist sie nie gewesen, auch wenn meine Eltern verzweifelt darum bemüht sind, gegen außen so zu wirken. Wir haben ein großes Haus mit einem großen Garten, und mein vier Jahre jüngerer Bruder Stefan hat sein eigenes Zimmer wie ich das meinige.

Doch die Größe eines Hauses sagt nun mal nichts über seine Wärme aus. Ich hab mich nie richtig wohl gefühlt zu Hause. Meine Eltern sind beide so beschäftigt mit sich selbst, dass sie sich nur Zeit für uns nehmen, wenn wir etwas ausgefressen haben. Dann erinnern sie sich plötzlich ihrer elterlichen Pflichten und versuchen in fünf Minuten geradezubiegen, was sich über Jahre hinweg gekrümmt hat. Und das Schlimme ist, dass sie sich dessen nicht einmal bewusst sind und allen Ernstes glauben, wir würden uns ihre Moralpredigten zu Herzen nehmen.

Zugegeben, ich hab es ihnen nicht leicht gemacht. Schon im Kindergarten musste meinetwegen die Polizei aufmarschieren, weil ich vierzig Scheiben eines Treibhauses eingeschlagen hatte. Und meine Eltern mussten die Scheiben wohl oder übel bezahlen. Und in der fünften Klasse warf ich einen Schulkameraden wegen eines Streites mitsamt Scheibe zum Fenster raus. Das hat mein Image im Schulhaus auch nicht gerade verbessert.

Die meisten wollten nichts mit mir zu tun haben und gingen mir aus dem Wege. Sie finden mich bis heute komisch, verrückt, nicht zurechnungsfähig. Ich seh es ihren Blicken an, wenn ich sie auf der Straße treffe. Sollen sie doch. Ich habe mich längst an meine Rolle als Außenseiter gewöhnt. Oder sagen wir mal, mich damit abgefunden. Wie heißt es doch so schön? Ist der Ruf erst ruiniert, lebt es sich ganz ungeniert.

Mein Vater hat da schon Recht: Das ganze Dorf weiß, dass der Huber nicht von der edelsten Sorte ist. Na und?, sage ich mir. Haben sie wenigstens was zu reden, die Leute, jemanden, auf den sie mit dem Finger zeigen können. Ich möchte ja nicht wissen, wie viele von denen selbst Dreck am Stecken haben. Vielleicht nicht so offensichtlich wie ich, aber wenn man da ein bisschen an der Oberfläche kratzen würde, käme bestimmt so manches ans Tageslicht.

Aber lassen wir das. Ich sehe jedenfalls nicht ein, warum ich meinen Lebensstil der Allgemeinheit anpassen sollte. Die Allgemeinheit ist ja auch nicht über jeden Zweifel erhaben. Und beweisen können sie uns nichts, dazu sind wir viel zu clever – Dirk, Rafael, Patrick und ich. Wir haben uns zu einer richtig raffinierten Clique entwickelt, mit Funkgerät und allem, was dazugehört. Nein, so leicht erwischen die uns nicht, so viel steht fest. Da kann mein Daddy lange herumwüten und Patrick im Dorfladen in aller Öffentlichkeit einen Dieb nennen. Ich wäre ja zu gern dabei gewesen. Wenn wir das nächste Mal fischen gehen, muss er mir die Story unbedingt nochmals erzählen, aus seiner Sicht und mit allen Details.

«Wie lange geht das eigentlich schon¿» Die Frage meines Vaters holte mich in die Wirklichkeit zurück.

«Was denn¿» fragte ich unschuldig und knabberte friedlich an einem meiner dicken Kartoffelchips.

«Du weißt sehr genau, wovon ich rede, mein Junge! Und sieh mich gefälligst an, wenn ich mit dir rede!» Er fixierte mich mit seinen braunen Augen, und ich merkte, dass ihn meine gelassene Haltung sichtlich nervös machte (hätte es mich an seiner Stelle bestimmt auch. Ich weiß, dass ich die Leute im Allgemeinen schier um den Verstand bringe mit meinem selbstbewussten Auftreten). «Vor einer Woche wurde der Zigaretten-Automat am Bahnhof gestohlen. Hattest du da etwa auch deine Finger im Spiel¿»

«Ich¿!» tat ich überrascht, als hätte ich das reinste Gewissen der Welt. «Ich bin Nichtraucher, das weißt du doch.» Das bin ich tatsächlich. Wir haben den Zigaretten-Automaten auch nicht wegen der Zigaretten geklaut, sondern wegen des Geldes, ist ja klar. Und der Aufwand hat sich voll gelohnt. 600 Franken haben wir dabei erbeutet, 150 für jeden. War übrigens gar nicht so einfach, das riesige Ding abzumontieren. Wir haben extra einen speziellen Schraubenschlüssel gebastelt, um die schwere Kiste um zwei Uhr in der Frühe abzuschrauben. Dann haben wir das Ding zu viert in den Wald geschleppt und mit einem Brecheisen und Stangen aufgebrochen.

Und weil die «Aktion Zigaretten-Automat» so erfolgreich gewesen ist, haben wir es zwei Tage später gleich nochmals probiert, bei einer Tankstelle in Zofingen. Dort steht ein Snack-Automat, und ich hab versucht, die Frontscheibe mit dem Zapfhahn einzuschlagen. Das hat leider nicht ganz funktioniert, denn die Scheibe war aus Panzerglas, und es gab lediglich einen großen Riss quer über die Scheibe und dazu einen höllischen Krach, als ich mit voller Wucht zuschlug. Und bevor ich dazu kam, ein zweites Mal draufzuschlagen, wurde es plötzlich taghell um uns und wir befanden uns im Lichtkegel einer riesigen Halogenlampe, die jemand vom Balkon eines alten Patrizierhauses auf uns richtete. Wir besannen uns nicht lange, schwangen uns auf unsere Mofas und machten uns mit Vollgas aus dem Staub.

Es steigt mir noch jetzt heiß in den Kopf, wenn ich an diese Szene zurückdenke. Dieses Kribbeln im Bauch, wenn du plötzlich im Rampenlicht stehst und dir tausend Gedanken gleichzeitig durch den Kopf schießen. Wenn du blitzschnell reagieren musst, bevor du kalte Füße kriegst. Und das alles in weniger als einer Sekunde – dieses Gefühl lässt sich nicht in Worte fassen. Und obwohl wir diesmal nichts erbeutet hatten, hab ich mich selten so beschwingt gefühlt wie in dieser Nacht. Ich hätte Bäume ausreißen können, so aufgedreht war ich. Wir alle waren es, und das schweißte uns noch mehr zusammen.

Aber von all diesen Dingen verstand mein Vater nichts. Er wusste ja gar nicht, was es heißt, Freunde zu haben, mit denen du durch dick und dünn gehen kannst. Das Einzige, worum er sich Sorgen machte, war das Dorfgeschwätz, wenn man ihn als Vater eines kriminellen Sohnes abstempelte.

«Und ich sage dir eines: Von heute an ist Schluss damit! Endgültig!» donnerte er durchs Wohnzimmer. «Hast du mich verstanden?!» Verstanden schon, dachte ich, ich bin ja nicht taub. Aber wenn er glaubte, er könne mir vorschreiben, wie ich zu leben habe, täuschte er sich gewaltig. Er konnte nicht ohne Alkohol leben, ich nicht ohne Adrenalin-Kick. Wo war da der Unterschied?

«Ich gestalte meine Freizeit, wie *ich* will», antwortete ich ihm vorlaut. «Du hast dich früher nicht darum gekümmert, also lass es auch heute bleiben!» Das hätte ich wohl nicht sagen sollen. Mein Vater blieb vor mir stehen, hob drohend seinen Zeigefinger und meinte unmissverständlich:

«Pass bloß auf, wie du mit deinem Vater sprichst! Du bist *mein* Sohn, und ich bin *dein* Vater! Und ich werde es nicht zulassen, dass du dein Leben zerstörst!»

«Dann bring erst dein eigenes Leben in Ordnung, bevor du in meinem rumwühlst!» Eine schallende Ohrfeige landete auf meiner rechten Wange, und aus Vaters Augen blitzte es zornig. Ich wusste, dass ich zu weit gegangen war, aber ich bereute es nicht. Es erfüllte mich mit einer seltsamen Genugtuung, meinen Vater zu provozieren. Im Grunde war es nichts weiter als ein Machtkampf. Jeder wollte dem andern beweisen, dass er den längeren Atem hat, und natürlich ist es beschämend für einen Vater, wenn er resigniert feststellen muss, dass ihm sein Sohn die Stirn bieten kann. Ich hielt mir die Wange, stand auf und schleuderte den Sack Kartoffelchips quer durchs Wohnzimmer, um meiner Wut Ausdruck zu geben.

«Versager!» knurrte ich, um noch eins draufzusetzen. «Spar dir deine Ratschläge für einen Dümmeren!» Ich war auf eine zweite Ohrfeige gefasst, doch mein Vater ließ es dabei bewenden.

«Wenn ich einen einzigen Beweis für deine dunklen Geschäfte finde, landest du im Internat, das garantier ich dir, mein Junge!»

«Mir doch egal!» entgegnete ich keck und rannte die Treppe hoch zu meinem Zimmer. «Ich werde nächsten Freitag sechzehn! Ich kann ganz gut auf mich selbst aufpassen!» Ich knallte die Zimmertür hinter mir zu, ließ mich rittlings auf meinen Schreibtischstuhl sinken, verschränkte die Arme über der Stuhllehne und brütete dumpf vor mich hin. Ich hatte eine Stinkwut auf meinen Vater und dachte mir die verrücktesten Aktionen aus, mit denen ich ihn ärgern könnte. Wie lange ich so dagesessen hatte, weiß ich nicht. Als es zaghaft an die Tür klopfte, wusste ich, wer es war.

«Ich bin nicht da!» knurrte ich. Die Türklinke wurde nach unten gedrückt. Mein Bruder streckte den Kopf zur Tür herein und fragte scheu:

«Darf ich reinkommen?» Ich sagte nichts, weil ich wusste, dass Stefan sowieso schon mitten in meinem Zimmer stand. «Kann ich mir dein Fliegerbuch ausleihen?»

«Nimm's dir und verschwinde, Kleiner», brummte ich, ohne mich nach ihm umzudrehen. Ich kenne meinen elfjährigen Bruder. Immer will er sich etwas ausleihen, wenn Vater und ich uns wieder mal in die Haare geraten sind. Aber ich habe ihn längst durchschaut.

«Das war ja heftig», stellte er fest, um ein Gespräch mit mir anzuknüpfen.

«Na und?» versuchte ich ihn abzuwimmeln, wohl wissend, wie hartnäckig der Kleine ist. Er ist übrigens genauso groß wie ich, nur ein bisschen dünner. Aber es macht mir Spaß, ihn meinen kleinen Bruder zu nennen, damit er sich ja nicht für was Besseres hält, weil er mit Vater und Mutter besser klarkommt als ich. Wieso das so ist, weiß ich eigentlich auch nicht. Vielleicht weil er sich besser verstellen kann als ich.

Wenn es in meinem Bauch zu brodeln beginnt und sich in meinem Kopf ein Sturm zusammenbraut, dann fliegen unweigerlich die Fetzen. Und da ich meinen Dickschädel von meinem Vater geerbt habe und im Normalfall keiner auch nur einen Millimeter von seinem Standpunkt abweicht, sind Wortgefechte dieser Art keine Seltenheit. Bei Stefan kracht's auch manchmal, aber lange nicht so häufig wie bei mir. Er funktioniert einfach anders als ich. Ich funktioniere über Gefühle, und Gefühle sind eben schwer zu kontrollieren.

«Hast du wirklich den Zigaretten-Automaten geklaut?» fragte Stefan neugierig.

«Das geht dich einen Dreck an, Kleiner», sagte ich. Ich kann meinen Bruder gut leiden, aber manchmal könnte ich ihn auf den Mond schießen. Ich glaube, das haben kleine Brüder so an sich. Und wenn ich einen schlechten Tag hab, dann ist das Letzte, was ich brauchen kann, ein lästiger, neugieriger Bruder. Ich hab ihn nie in mein illegales Hobby eingeweiht. Wer nichts weiß, kann auch nichts weitererzählen. Was nach Mitternacht auf den Aargauer Straßen abgeht, hat niemanden zu interessieren.

«Was sind das für Rohre?» kam prompt die nächste Frage. Mein Bruder hat ein Feeling für den wunden Punkt, es ist unglaublich. Ich hätte ihn wirklich auf den Mond schießen können. Warum musste er ausgerechnet die Rohre am Boden sehen? Mein Zimmer sieht immer aus wie ein Schlachtfeld, und Mutter hat es längst aufgegeben, mich zu mehr Ordnung anzuhalten. Stefan hätte über tausend Gegenstände stolpern können. Aber nein, er suchte sich ausgerechnet die beiden Metallrohre aus. Das ist typisch Stefan.

«Ich dachte, du wolltest dir mein Fliegerbuch aus-leihen!»

Mein Bruder ließ sich nicht beirren. «Wozu brauchst du die?»

«Um dir damit den Schädel einzuschlagen, wenn du nicht endlich Leine ziehst!» Diesmal hatte ich mich klar ausgedrückt, und Stefan merkte, dass es klüger war, mich alleine zu lassen. Aber bevor er sich aus meinem Zimmer zurückzog, konnte er es sich nicht verkneifen zu sagen:

«Ich werd schon rauskriegen, wofür du sie *wirklich* brauchst!»

«Raus!» knirschte ich.

«Okay, okay, ich geh ja schon», meinte er kleinlaut und verschwand geräuschlos. Ich bückte mich und hob die beiden je einen Meter langen Rohre auf. Das hätte gerade noch gefehlt, meinem Bruder das Geheimnis dieser Rohre anzuvertrauen. Die Dinger waren Gold wert, ein Genie-Streich von unserem Super-Hirn Patrick. Und heute Nacht würden sie wieder mal zum Einsatz kommen.

Ich hörte aus dem Wohnzimmer die Stimme meines Vaters. Wahrscheinlich war meine Mutter von der Tennisstunde nach Hause gekommen, und Vater eröffnete ihr, was für ein böser Bub ich war. Soll er doch, wenn es ihm Freude macht. Und was Mutter davon hält, spielt ebenfalls keine Rolle. Mir doch egal, wenn sie meinetwegen eine Krise hat. Sie hat eh immer 'ne Krise und schluckt deswegen so viele Tabletten, dass sie eine eigene Apotheke eröffnen könnte. Sie sagt, sie würde die Welt nicht mehr ertragen und ich wäre schuld daran. Die können mich alle beide mal, mein Vater und meine Mutter. Da behaupten sie immer, dass Teenager unmöglich sind. Ich sehe das eher um-gekehrt. Es sind die Erwachsenen, die einen Knacks haben, nicht die Teenager. Darüber sollte mal jemand ein Buch schreiben. Aber darauf kommt ja niemand.

Die beiden diskutierten wild miteinander, und als endlich Ruhe in die Bude kam, war es schon halb zwölf. Ich wartete noch eine Viertelstunde, überzeugte mich, dass sich alle schlafen gelegt hatten, schlüpfte in meine Winterjacke, versteckte die beiden Stangen darunter und schlich auf Zehenspitzen zur Haustür. Gerade als ich den Schlüssel im Schloss drehte, glaubte ich, jemand hätte im ersten Stock eine Zimmertür geöffnet. Ich blieb wie angewurzelt stehen und horchte. Alles war ruhig. Hatte ich mich getäuscht? Ich verharrte ein paar Sekunden, und da ich kein Geräusch mehr hörte, zerbrach ich mir nicht weiter den Kopf darüber und schlich mich aus dem Haus.

Dirk, Patrick, Rafael und ich hatten uns um Mitternacht bei der großen Eiche hinter dem Schulhaus verabredet. Es war eine kalte Februarnacht. Die Landschaft war mit einer feinen weißen Schneeschicht glasiert, nur am Straßenrand klebte der Schnee schwarz und schmutzig. Ich war pünktlich auf die Minute, und die andern auch.

«Hast du die Stangen?»

«Logo», sagte ich.

«Funkgeräte?»

«Einsatzbereit!» verkündete Rafael.

«Und wie sieht die Lage aus?»

«Passt auf, Leute», erklärte Dirk und zog an seiner Zigarette. «Wie ich euch schon gestern sagte: Hinter der Diskothek in Rothrist stehen immer welche rum. Und bei dieser Affenkälte sind sowieso alle drinnen, da geh ich jede Wette ein.»

«Okay, Jungs, dann lasst uns die Ladies schnappen!» meinte ich und rieb mir unternehmungslustig die Hände.

«Ich schlage vor, wir lassen zwei Mofas hier», sagte Patrick, und das taten wir dann auch. Ich stieg bei Rafael auf, Patrick bei Dirk, und ab ging es nach Rothrist. Wir fanden die besagte Diskothek vor, und es war, wie Dirk gesagt hatte: Kein Mensch blieb bei dieser Kälte freiwillig draußen, alle befanden sich in den Kellerräumen, die als Diskothek ausgebaut waren, und die Musik dröhnte durch die dicken Mauern, dass wir sogar zehn Meter daneben das Gefühl hatten, der Boden würde vibrieren.

«Die Ladies befinden sich auf dem Kiesplatz hinter dem Haus», erklärte Dirk. «Am besten, zwei von uns postieren sich an den beiden Haus-Ecken.»

«Okay», übernahm Patrick Dirks Idee, «du und Rafael, ihr bleibt mit den Mofas hier und steht Wache. Du, Dirk, deckst den linken Flügel ab, und du, Rafael, den rechten. Alex und ich kümmern uns um die Ladies. Wenn jemand kommt, gebt uns per Funk Bescheid. Alles klar, Jungs?»

«Alles klar!» bestätigten die beiden und begaben sich sogleich auf ihre Posten, die Funkgeräte griffbereit in den Händen. Patrick und ich huschten über die schmale Einfahrt zu Fuß hinters Haus, die Metallrohre unter den Jacken versteckt. Auch wir wussten, was wir zu tun hatten, und fühlten uns dabei so sicher wie beim Fischen. Es konnte eigentlich nichts schief gehen. Im Mofa-Klauen waren wir absolute Profis. Wir hatten es schon so oft getan, und dank Patricks raffinierter Erfindung mit den Metallstangen waren wir noch professioneller geworden. Du steckst die Rohre in den Lenker, und mit einer leichten Drehung kannst du mit geringem Kraftaufwand den Messingzylinder abreißen und das Mofa knacken.

Patrick sagt, das hätte mit dem Hebelgesetz zu tun. Na ja, in Physik war ich schon immer eine Nuss, aber

Patrick hat solche Formeln voll im Griff. Ein echtes Genie eben. Je länger der Hebelarm, desto geringer der Kraftaufwand, hat er mir erklärt. Aber da es etwas auffällig wäre, nachts mit kilometerlangen Stangen durch die Gegend zu spazieren, hat er die minimale Länge berechnet, die nötig ist, um das Metall abzureißen. Keine Ahnung, wie der Junge das hingekriegt hat. Ich hab ihn mal gefragt, und er schwafelte etwas vom Bruchpunkt von Messing im Verhältnis zum Abstand des Lenkers und von Durchmesser mal Materialstärke und was weiß ich noch alles. Hab natürlich nichts kapiert, aber was soll's. Hauptsache, es funktioniert. Und das tut es. Patrick ist wirklich ein Genie, ich kann es nicht oft genug wiederholen.

Auf dem Kiesplatz hinter der Diskothek angekommen, sahen wir uns nach den besten Mofas um und machten uns gleich ans Werk. Reine Routinesache. Innerhalb von weniger als zwei Minuten hatten wir zwei Mofas geknackt. Und mit Hilfe eines Nagels, den wir als Schlüssel benutzten, brachten wir den Motor zum Laufen. Wir setzten uns auf die geklauten Mofas wie zwei Könige auf ihren Thron und fuhren erhobenen Hauptes zurück vors Haus. Wir grinsten zufrieden.

«Aktion siegreich beendet! Feind überlistet, Mofa geklaut», verkündete Patrick, und ich ergänzte:

«Na, Leute, dann lasst uns mal von hier verschwinden, bevor die Ladies merken, dass sie gestohlen worden sind.» Wir gaben Gas und preschten auf der Hauptstraße Richtung Strengelbach davon wie die vier Musketiere auf ihren Pferden. Wir fühlten uns als die Herren der Welt. Ist ein tolles Gefühl, etwas in Besitz zu nehmen, das dir nicht gehört, und mit jedem geglückten Diebstahl wird das Verlangen danach noch größer. Wir hatten Rothrist gerade verlassen, als Rafael spontan auf die Idee kam, einen kleinen Abstecher ins Industriegebiet zu machen.

«Vielleicht ist die Scheune in der Zwischenzeit ein geheimer Stützpunkt der NASA!» meinte er. «Oder bis zum Dach mit Goldbarren gefüllt!»

«Hast du etwa wieder vor, Tarzan zu spielen?» fragte ich skeptisch. Es war schon ein halbes Jahr vergangen seit jener lebensgefährlichen Mutprobe, bei der Rafael den Halt verloren und dafür unser Vertrauen gewonnen hatte. Ich hatte den Schuppen ehrlich gesagt schon längst vergessen. Wir haben uns in den letzten Monaten mehr aufs Mofa-Klauen spezialisiert. Wir zerlegen sie jeweils in Rafaels Keller und verkaufen dann die einzelnen Teile. Unser Ersatzteillager ist bestimmt größer als das eines Mofahändlers, und sogar noch viel billiger.

Natürlich wissen die meisten, dass wir nicht die bravsten Jungs im Dorf sind, aber wenn es um die eigene Brieftasche geht, kümmert es die Leute in der Regel nicht, woher die Ware kommt, die sie kaufen. Hauptsache, der Preis stimmt. Alles andere ist nebensächlich. Ist ja schon irgendwie witzig, wenn man sich das mal genau überlegt. Stehlen will keiner, aber von dem Gestohlenen profitieren, das will fast jeder.

Der Mensch hat manchmal seltsame Auffassungen von Richtig und Falsch. Ist alles situationsbedingt. Eine Frage der Interpretation. Der Zweck heiligt die Mittel, würde mein Oberstufenlehrer dazu sagen. Wenn das Ziel gut ist, spielt es keine Rolle, welcher Mittel du dich bedienst, um dieses Ziel zu erreichen. Es gibt keine absoluten Werte, woran du dein Verhalten messen könntest. Keine absolute Wahrheit oder Gerechtigkeit. Jeder setzt sich seinen eigenen Maßstab, seine eigenen Grenzen. Hauptsache, für dich stimmt es so. Finde ich irgendwie cool.

Falls mich mal ein Polizist beim Klauen erwischt, werde ich ihm sagen, dass er kein Recht hat, mich zu verhaften, weil Stehlen für mich durchaus okay ist. Wenn es für ihn nicht stimmt, dann ist das nicht mein Problem. Und ich werde ihn deswegen bestimmt nicht verklagen. Man will ja nicht so sein. Aber sollte er darauf beharren, dass Diebe hinter Gitter gehören, werde ich ihm vorschlagen, gleich unser ganzes Dorf ins Gefängnis zu stecken. Bestimmt haben schon fast alle irgendwo ein Schräubchen in ihrem Haushalt, das von einem gestohlenen Mofa stammt. Und vielleicht sind einige Schräubchen sogar schon ins Ausland gewandert und haben sich über alle Länder verteilt. Also würde er am besten gleich die ganze Welt verhaften, um seinen Job wirklich gründlich zu erledigen. Aber ich schweife wieder mal ab.

Wir befanden uns also keine zwanzig Meter vor der Abzweigung ins Industriegebiet, als Rafael seinen Vorschlag brachte, einen Blick in den längst vergessenen Schuppen zu werfen. Und da wir sowieso keine Lust hatten, schon nach Hause zu gehen, fanden wir seine Idee glänzend.

«Und wer steigt diesmal aufs Dach?» fragte Dirk vorsichtig, als wir unsere Mofas herumschwenkten und in die etwas holprige Straße zum Industriegebiet einbogen.

«Ich schlage vor, wir nehmen den Schlüssel», sagte Rafael.

«Witz komm raus, du bist umzingelt», meinte ich spöttisch. «Du hast doch wohl nicht den Schlüssel dabei?»

«Ich seh vielleicht nicht so aus, bin aber ein absolut cleveres Bürschchen», protzte Rafael und wölbte seine Brust, «was man von euch allen nicht behaupten kann.

Sonst hättet ihr euch an die Scheune erinnern müssen, als Dirk gestern Rothrist erwähnte.»

«Du hast den Schlüssel voll dabei?» fragte ich.

«Worauf du dich verlassen kannst», antwortete Rafael. Ich muss sagen, ich war beeindruckt.

«Ich dachte, du hättest den Schlüssel längst weggeschmissen!»

«Nachdem ich ihn unter Lebensgefahr errungen habe? Wo denkst du hin! Der Schlüssel ist meine Tapferkeitsmedaille! So was schmeißt man nicht einfach weg.»

«Du bist echt ein Teufelskerl», stellte Dirk fest. «Hast du die Scheune etwa die ganzen Monate hindurch im Auge behalten?»

«Mehr oder weniger», berichtete Rafael. «Ich bin ein paar Mal hergekommen, hab aber nie was gefunden. Deshalb hab ich euch nichts gesagt. Kann gut sein, dass die Scheune auch heute leer ist. Aber Nachsehen kostet ja nichts. Und wenn wir Glück haben ...»

Ja, wenn wir Glück haben, dachte ich und kam mir augenblicklich vor wie ein Grabräuber der Cheops-Pyramide oder wie Indiana Jones und der letzte Kreuzzug.

Wir erreichten den Schuppen, ließen die Mofas stehen und marschierten siegesgewiss zur hölzernen Tür. Feierlich fischte Rafael den Schlüssel aus der Tasche, steckte ihn ins Schloss, drehte ihn zweimal herum, drückte die Türklinke hinunter, und als sich die Tür knarrend öffnen ließ, begann mein Herz vor Aufregung schneller zu schlagen. Ein Gruselfilm hätte nicht mehr Spannung bieten können als diese knarrende Tür.

Es war stockdunkel in der Scheune. Wir knipsten unsere Taschenlampen mit Rotlichtfilter an, und augenblicklich fielen uns die Kinnladen herunter: Der ganze Raum war gefüllt mit großen Schachteln, auf denen Fernsehgeräte, Video-Player und Stereo-Anlagen abgebildet waren!

«Ich werd verrückt!» brachte ich hervor. «Das ist ein Traum! Das kann doch gar nicht wahr sein!» Auch den andern hatte es die Sprache verschlagen. Wir hoben eine Schachtel vom Stapel, stellten sie vorsichtig auf den Boden und öffneten sie, um ganz sicher zu sein, dass es sich hier nicht um eine Fata Morgana handelte. Doch es war kein Trugbild. Die Stereo-Anlage, die zum Vorschein kam, war echt! Sie war besser als meine eigene zu Hause, so viel stand mal fest. Und sie war neu! Frisch vom Fließband sozusagen! Ich kam mir tatsächlich vor wie im elektronischen Schlaraffenland.

«Was glaubt ihr, wie viel die wert ist?» fragte Patrick.

«Bestimmt über tausend Mäuse!» schätzte Dirk.

«Wow!» meinte Rafael. «Da haben wir ja einen absoluten Volltreffer gelandet!»

«Das kannst du laut sagen», nickte ich. «Wenn wir das hier zu Geld machen, sind wir reich!»

«Wahnsinn!» rief Patrick und versetzte mir vor Begeisterung einen derart harten Schlag in die Rippen, dass ich beinahe das Gleichgewicht verlor. «Wahnsinn, Leute! Das ist Wahnsinn!» Ja, das war es wirklich. Und wir waren so geblendet vom Anblick dieser Goldgrube, dass wir nicht bemerkten, wie sich jemand zu unseren Mofas geschlichen hatte. Erst als Rafael sich zufällig umdrehte, erhaschte er den Schatten des Unbekannten und erstarrte.

«Da ist jemand!» flüsterte er, und dann begann er zu laufen, noch ehe Dirk, Patrick und ich kapiert hatten, was eigentlich passiert war. Wir hörten schnelle Schritte auf dem Kiesplatz, begaben uns ins Freie und beobachteten, wie Rafael wie ein Düsenjäger hinter einer dunklen Gestalt herjagte, die rannte, als ginge es um ihr Leben. Wir sahen uns an, und ohne lange zu überlegen, nahmen wir ebenfalls die Verfolgung auf. Der Flüchtende schien ein Junge zu sein, und ich fragte mich, was er wohl mitten in der Nacht im Industriegebiet verloren hatte.

Er rannte zu einem Fahrrad am Straßenrand und stieg blitzschnell auf. Doch nicht schnell genug. Rafael holte ihn ein, bevor er in die Pedale treten konnte. Er kriegte das Hinterrad zu fassen, und der Junge stürzte mitsamt Fahrrad auf den harten Asphalt. Er rappelte sich jedoch wieder auf und rannte weiter, aber der Abstand zwischen ihm und Rafael verringerte sich mit jeder Sekunde, und schließlich warf Rafael den Burschen mit einem gewaltigen Hechtsprung zu Boden. Der Junge wand sich wie ein Wurm und versuchte sich verzweifelt freizukämpfen, doch Rafael drehte ihn auf den Rücken, presste ihm sein rechtes Knie auf die Brust, drückte ihm die Arme auf die Straße und gab ihm keine Chance, sich aus seinem Griff zu lösen.

Wir erreichten die beiden keuchend und waren natürlich gespannt, wer der Typ war, den Rafael überwältigt hatte. Tja, und dann traf mich beinahe der Schlag: Der Junge, der wutschnaubend und völlig hilflos auf dem kalten Asphalt lag, war niemand anders als einer meiner Schulkameraden!

4. Der Verbündete

«Mario⸮!» stieß ich überrascht hervor.

«Du kennst ihn⸮» fragte Rafael, immer noch außer Atem von der kurzen Verfolgungsjagd.

«Allerdings», sagte ich. «Er geht in meine Klasse.»

«Ach nee!» tat Dirk. «Und was tut dein Klassenkamerad um ein Uhr nachts allein auf der Straße?»

«Du hast doch nicht etwa geplaudert?» zweifelte Patrick und strich sich eine seiner blonden Strähnen aus der Stirn.

«Mann, natürlich nicht», verteidigte ich mich und deutete mit dem Kopf auf meinen Schulkameraden, der unter Rafaels professionellem Griff zappelte wie ein Fisch auf dem Trockenen. «Keine Ahnung, wie der uns gefunden hat.»

«Wieso bist du uns nachgeschlichen?» fragte Rafael und drückte ihm sein Knie in die Rippen, dass der Ärmste fast keine Luft mehr kriegte.

«Ich werd nichts verraten, ich schwör's!» japste Mario. «Lasst mich los!» Wir warfen uns ein paar Blicke zu und waren uns einig: Wir hatten da ein Problem am Hals, ein dickes Problem. Das hatte uns gerade noch gefehlt. Wär ja auch zu schön gewesen, wenn alles reibungslos geklappt hätte.

«Was machen wir jetzt mit ihm?» fragte Dirk.

«Ich kann euch helfen», schlug Mario keck vor. «Zu fünft sind wir schneller!»

«Alex, es ist *dein* Schulkamerad. Was sollen wir mit ihm tun?» wiederholte Dirk seine Frage. «Kann man dem Hosenscheißer trauen?»

Ich zuckte die Achseln. Ich wusste es beim besten Willen nicht. Ich schätzte Mario nicht als Verräter ein. Er zählte auch nicht gerade als Musterschüler in unserer Klasse. Manchmal verzog er sich in der großen Pause mit ein paar andern Schülern hinters Schulhaus, und jedes Mal hing danach dieser süßliche Duft in der Luft. Ich wusste, dass Mario Haschisch rauchte, es war kein Geheimnis. Aber zwischen einem Joint und einem Einbruch bestand doch schon ein gewisser Unterschied. Es war riskant, den Burschen freizulassen. Aber ewig festhalten konnten wir ihn auch nicht.

«Wir könnten ihn irgendwo einsperren», schlug Patrick vor, «wenigstens so lange, bis wir hier fertig sind.»

«Und danach?» wandte ich ein.

«Danach lässt du dir dringend etwas einfallen, damit er uns nicht verpetzt.»

Die Sache gefiel mir nicht. Ganz und gar nicht. Ich wollte nicht, dass Mario wusste, was unsere Bande trieb, erst recht nicht jetzt, wo wir vor einem derart großen Deal standen, der uns bestimmt mehrere zehntausend Franken einbringen würde. Ein so dickes Ding hatten wir bisher noch nie gedreht. Und ich hatte absolut keine Lust, wegen meines Klassenkameraden darauf zu verzichten. Aber was um alles in der Welt sollten wir bloß mit ihm tun? Würden wir ihn einsperren, wäre er danach derart sauer auf uns, dass er uns aus lauter Trotz Rächer oder Spürhunde auf den Hals hetzen und überall mit Genugtuung herumerzählen würde, was für böse Buben wir sind. Würden wir ihn freilassen, könnte es ihm einfallen, uns gleich auf der nächsten Polizeiwache ans Messer zu liefern, und dann wären wir tatsächlich in ernsthaften Schwierigkeiten. Ihn hingegen in unser Team einzuspannen bedeutete automatisch, dass er unser Versteck kennen lernen würde, wo wir die geklaute Ware immer lagern. Und wenn er uns dann einen Strich durch die Rechnung machte, säßen wir ganz schön in der Tinte. Die Frage, die sich also stellte, war: Welche der drei Varianten richtete am wenigsten Schaden an?

Ich sah Mario mit gerunzelter Stirn an und überlegte fieberhaft. Es war offensichtlich, dass er sich nicht mehr sehr wohl fühlte in seiner Haut. Irgendwie tat er mir beinahe etwas Leid, wie er da wehrlos auf dem kalten Boden lag und auf seine Aburteilung wartete. Aber natürlich hätte ich mir dies niemals anmerken lassen. Ein cooler Typ wie ich zeigt kein Mitleid mit seinen Opfern, sondern lässt sie seine Macht spüren. Das gehört sich so.

«Ich denke», begann ich, während sich meine Gedanken im Kopf drehten, «ich denke, wir sollten ...» Ich spürte die Blicke meiner Kumpel auf mir und wusste, dass ich nicht darum herumkam, eine Entscheidung zu fällen. Mario sah mich jetzt beinahe flehend an, und ich zögerte meinen Urteilsspruch extra hinaus, um ihm klar zu machen, mit wem er es zu tun hatte.

«Wir sollten ihm eine Chance geben», sagte ich schließlich und war erstaunt über meine eigene Antwort. «Er wird uns nicht verraten. Er weiß, was auf dem Spiel steht.»

«Und wenn er es doch tut?»

«Dann brech ich ihm eigenhändig das Genick», versicherte ich eisern und sah meinen Schulkameraden unmissverständlich an. Ich glaube, er hat nicht an meinen Worten gezweifelt, und das war auch gut so. Ein bisschen Respekt vor meiner Persönlichkeit würde mir manchen Ärger ersparen.

«Okay», sagte Patrick und wandte sich an Mario. «Du hast es gehört. In dieser Nacht kannst du uns helfen. Aber solltest du irgendwem etwas davon erzählen, machen wir dich fertig, klar?»

«Ich werd nichts erzählen, ich schwör's!» versicherte Mario. «Ihr könnt euch auf mich verlassen!»

«Soll ich ihn loslassen?» fragte Rafael. Wir nickten einstimmig, und Rafael half ihm sogar auf die Beine. Ich sah die Erleichterung in seinem Gesicht, vermied allerdings Blickkontakt, damit er sich nicht einbildete, ich hätte ihm aus Nächstenliebe geholfen.

«Ich denke, das wird eine lange Nacht», bemerkte Dirk und rieb sich die kalten Hände. «Wir sollten keine Zeit mehr verlieren.» Wir gingen zur Scheune zurück und überlegten uns, wie wir diese Unmengen von Fernsehern und Videogeräten am schnellsten verschwinden lassen konnten.

«Mein Vater hat einen kleinen Bus», verkündete Patrick. «Wir brauchen bloß das Nummernschild abzudecken.»

«Kannst du fahren?» fragte Rafael.

«Klar kann ich fahren», erklärte Patrick. «Ich bin auf einem Bauernhof aufgewachsen. Da fährst du Traktor, bevor du aufrecht gehen kannst.»

«Notfalls könnte ich auch noch einspringen», bot sich Dirk großzügig an. «Ich liebe es, Auto zu fahren.»

«Ja, deine Künste sind uns allen bekannt», winkte ich ab. «Vielleicht ist es klüger, Patrick fahren zu lassen. Dann ist die Chance groß, dass wir auch heil ankommen.»

«War ja nur ein Angebot», meinte Dirk.

«Und wo verstecken wir all die Kisten?» schnitt Rafael das nächste Problem an. «Ich meine, unser Keller ist bereits mit Mofas überfüllt. Und selbst wenn wir die Ware aufteilen, wo bringen wir sie unter? Wir bräuchten direkt eine Lagerhalle oder eine Scheune wie diese hier.»

«Ich sehe nicht, wo das Problem liegt», meldete sich Patrick zu Wort. «Eine Scheune kann ich euch bieten.»

«Und wenn deine Eltern was spannen?»

«Wir verstecken die Schachteln unter den Heuballen», erklärte Patrick und rückte seine Brille zurecht. «Das merkt keiner.»

«Cool», sagte ich. «Ein Glück, dass du auf einem Bauernhof wohnst. Das macht die Sache wesentlich einfacher.» Rafael klatschte in die Hände.

«Auf, Leute, an die Arbeit. Es gibt viel zu tun!»

Wir vereinbarten, dass Rafael, Mario und ich beginnen würden, die Kisten aus der Scheune zu tragen, während Patrick und Dirk den Lieferwagen holten. Und genauso machten wir es. Wir stapelten draußen die Schachteln, und gerade als wir die letzten aus der Scheune geholt hatten, trafen unsere Verbündeten mit dem Bus ein. Es war eine bitterkalte Nacht, aber wir waren viel zu beschäftigt, um die Kälte zu spüren. Innerhalb kürzester Zeit hatten wir den Bus bis zum Bersten mit den wertvollen Geräten gefüllt, und noch immer befand sich ein gewaltiger Berg auf dem Kiesplatz.

«Ich schlage vor, diesmal bleibt nur einer zurück. Dann haben wir vier Hände mehr, die uns beim Ausladen helfen», schlug Patrick vor.

«Ich bleibe hier», meldete ich mich freiwillig.

«Okay», sagte Patrick und winkte die andern drei zum Wagen. «Dann quetscht euch mal vorne rein, Jungs.»

«Hey!» rief ich Patrick zu, als er den schwer beladenen Bus langsam in Bewegung setzte. «Fahr bloß vorsichtig! Und lass um Himmels Willen nicht Dirk ans Steuer! Es reicht, wenn er die Autos seines eigenen Vaters zu Schrott fährt!»

«Keine Sorge!» rief Patrick zurück und winkte mir aus dem Seitenfenster zu. «Ich hab die Mannschaft unter Kontrolle!» Ich sah ihnen nach, bis sie hinter einem länglichen Fabrikgebäude in der Dunkelheit verschwanden, und setzte mich dann auf eine der Kisten. Es war schon zwanzig vor zwei, und langsam wurde mir doch kalt. Ich wärmte meine Hände mit meinem Atem auf und sehnte mich nach einem heißen Punsch. Eine knappe halbe Stunde später kamen die Jungs zurück, und wir luden die restlichen Schachteln auf. Rafael schloss mit seinem Schlüssel grinsend die Tür der Scheune zu und meinte:

«Die werden sich wundern, wie wir das hingekriegt haben!»

«Wetten, das gibt eine Schlagzeile in der Zeitung?» sagte ich.

«Ich hoffe, sie vergessen nicht, den geschätzten Wert der Beute anzugeben», ergänzte Dirk. «Dann wissen wir auch, wie reich wir sind!»

«Mann, Leute, so einen dicken Fisch haben wir noch nie an Land gezogen», stellte Patrick fest. «Die Kruckerbande wird von Tag zu Tag professioneller.»

Es wurde drei Uhr in der Frühe, bis wir alle Fernseher, Stereo-Anlagen und Videorekorder so geschickt unter den Heuballen vergraben hatten, dass ein zufälliges Entdecken unmöglich war. Wir waren alle äußerst zufrieden mit dem Ergebnis. Ein besseres Versteck hätten wir nicht finden können. Jetzt brauchten wir bloß noch unsere zurückgelassenen Mofas und Marios Fahrrad einzusammeln, und dann ab ins Bett. Wir waren nämlich alle hundemüde von der anstrengenden Nacht, gleichzeitig aber so aufgedreht, dass wir uns wie verspielte Katzen auf dem Heuboden herumbalgten und eine Menge wirres Zeug redeten. Patrick holte aus dem Keller eine Kiste Cola-Flaschen, die er in der Nachbarschaft geklaut hatte, damit wir auf unseren Erfolg anstoßen könnten.

«Magst du eine?» fragte Dirk meinen Klassenkameraden und drückte ihm die Flasche in die Hand.

«Von mir aus könnt ihr ruhig mit härterer Ware auffahren», entgegnete Mario mit einem überlegenen Grinsen.

«Er raucht Gras», klärte ich die Jungs auf, worauf alle ziemlich hellhörig wurden – vor allem Patrick.

«Echt?» tat Patrick interessiert und schob sich eine

Haarsträhne hinter die Ohren. «Und woher kriegst du das Zeug?»

«Ich pflanze es in unserem Garten an», gab Mario bereitwillig Auskunft, «mein Alter weiß natürlich nichts davon.»

«Cool», meinte Patrick, und sein Interesse war definitiv geweckt. «Und wie ist das so, Gras zu rauchen?»

«Ich kann dir ja nächstes Mal welches mitbringen, das heißt, wenn ihr mich überhaupt in eurer Bande mitmachen lasst.» Darüber hatten wir uns bis zu diesem Zeitpunkt eigentlich noch keine Gedanken gemacht, und da es keiner wagte, im Namen der Kruckerbande das Wort zu ergreifen, trat eine kurze, etwas peinliche Pause ein. Schließlich meinte Dirk großzügig:

«Ich denke, es wird bestimmt nicht das letzte Mal sein, dass wir dich in einen Coup einspannen, nicht wahr, Jungs?»

«Keine Frage», bestätigte nun auch Rafael und fuhr sich durch seine Igelfrisur.

«Logo», sagte ich gutmütig, und Patrick hob seine Flasche in die Höhe und verkündete feierlich: «Auf unseren neuen Verbündeten!»

«Auf die Kruckerbande!» rief Dirk. Wir klirrten die Flaschen gegeneinander und nahmen alle einen großen Schluck.

«Hey, Patrick», wechselte ich abrupt das Thema, «wie war das doch gleich heute Morgen im Dorfladen? Ich hörte, mein Vater hätte dich vor dem ganzen Dorf bloßgestellt!» Patrick winkte ab.

«Viel schlimmer!» erzählte er amüsiert. «Er baute sich vor mir auf und sagte: Es wird nicht mehr geklaut!»

«Im Ernst?» fragte Dirk.

«Und was hast *du* gesagt?» wollte Rafael wissen.

«Nichts», antwortete Patrick. «Ich sah ihn etwas ungläubig an und gab mir Mühe, nicht laut loszulachen. Mann, ihr hättet dabei sein sollen. Ich glaube, ich war heute das Gesprächsthema Nummer eins in allen Strengelbacherschen Familien. Schließlich haben es die Hausfrauen des halben Dorfes gehört.»

«Ich hoffe, du hast dir die Warnung meines Vaters zu Herzen genommen», grinste ich und nahm einen zweiten großen Schluck aus der Cola-Flasche.

«Auf jeden Fall», nickte Patrick eifrig, «ich hab mir sogar überlegt, ob ich mich der Polizei stellen soll.» Er ließ sich rücklings auf einen Strohballen fallen und prustete los. «Es wird nicht mehr geklaut, Leute! Ist das klar? So was tut man nicht!» Wir fielen in sein Gelächter ein, und dann begannen wir uns gegenseitig mit Stroh zu bewerfen und kriegten unseren Übermut kaum mehr unter Kontrolle. Ich hatte schon lange nicht mehr so viel gelacht wie in dieser Februarnacht. Erst gegen vier Uhr morgens kam ich nach Hause. Meine Kleider waren voller Stroh und stanken nach Schweiß und Rauch. Auf Zehenspitzen schlich ich in mein Zimmer, warf die schmutzigen Kleider in eine Ecke, schlüpfte in meinen Pyjama und verkroch mich unter der warmen Decke, die mir so kuschelig und weich vorkam wie schon lange nicht mehr. Plötzlich bewegte sich die Türklinke, und mein kleiner Bruder trat ins Zimmer.

«Wo warst du so lange, Alex?» Nervensäge, dachte ich.

«Geh schlafen, Stefan», brummte ich.

«Es ist vier Uhr nachts. Wo warst du?»

«Auf dem Friedhof», antwortete ich gespenstisch und hoffte, ihn dadurch loszuwerden. «Wir haben eine Leiche vergraben.»

«Ihr habt ein Ding gedreht, hab ich Recht?» Manchmal könnte ich ihn würgen. Kleine Brüder sind die wahre Pest, ich schwör's.

«Du sollst deine Nase nicht in Dinge stecken, die dich nichts angehen.»

«He», entgegnete Stefan selbstsicher, «glaubst du, ich wisse nicht, was deine Freunde und du nachts so treiben? Ich bin nicht blind.»

«Warum fragst du dann?» drehte ich den Spieß um.

«Weil ich dich gesehen hab, als du aus dem Haus geschlichen bist.»

«Hmm», tat ich unbeeindruckt.

«Na sag schon», drängte mein Bruder ungeduldig, «was habt ihr heute Nacht ausgeräumt?»

«Hör zu, Kleiner. Lass mich in Ruhe, ja? Es ist vier Uhr morgens, ich bin hundemüde, und ich hab keine Lust, eine Beichte abzulegen, klar? Also hau ab, bevor ich aggressiv werde.»

«Ich kann schweigen wie ein Grab», versicherte Stefan. Worauf ich knirschte:

«Dann tu genau das und verzieh dich, okay?»

«Ich wollte doch nur …»

«Raus!» Mein Bruder merkte, dass es mir ernst war, huschte zur Tür hinaus und schloss sie hinter sich so leise, wie er sie geöffnet hatte. Kleine Brüder können einen wirklich nerven, vor allem, wenn sie zur falschen Zeit die falschen Fragen stellen. Aber so zwischendurch kann ich ihn doch ganz gut leiden. Ich muss nur aufpassen, dass er davon nichts merkt, sonst gewöhnt er sich noch dran und nutzt meine Bruderliebe schamlos aus.

Ich verschränkte meine Arme hinter dem Kopf und starrte zufrieden an die Decke. Das war vielleicht eine Nacht gewesen! In Gedanken erlebte ich alles noch einmal mit, und ich vibrierte, wenn ich nur schon daran zurückdachte, wie wir die Schachteln im Heu versteckt hatten. Mann, was für ein Glückstreffer! Einen solchen Fang macht man nicht alle Tage. Wir waren reich! Wir waren die Besten! Und nichts und niemand würde uns jetzt noch bremsen können. Die Welt stand uns offen, wir brauchten uns nur zu bedienen – auf unsere Art. Und das würden wir tun, wo und wann immer sich eine Gelegenheit dazu ergab. Das dachte ich zumindest …

5. Die Begegnung

Ich traute meinen Augen nicht, als ich im Pyjama in die Küche kam! Ich hörte von meinem Zimmer aus Stimmen, unter anderem eine, die mir ziemlich fremd war, und ich wollte aus purer Neugier nachsehen, wer der Typ war, der sich so lauthals mit meinem Bruder unterhielt. Tja, und dann traf mich wirklich beinahe der Schlag! Es war niemand anders als Alex Huber! Der Alex Huber, der mich im Kindergarten mit seiner Fistelstimme so genervt hatte! Nur dass seine Stimme jetzt eine Oktave tiefer klang. Alex saß am Küchentisch und fachsimpelte mit meinem Bruder über all die Fische, die sich in den Gewässern der Schweiz tummeln und die noch zu angeln seien. Ich gesellte mich dazu, wir begannen miteinander zu reden, und auf einmal wurde mir klar: Ich musste meine Meinung über Alex dringend revidieren! Er ist ja gar nicht der Eigenbrötler, für den ich ihn gehalten habe. Er ist durchaus gesprächig, offen für Neues und hat total viel Humor. Es hat mich schwer beeindruckt, als ich erfuhr, dass in seinem Rücken mehrere Schrauben stecken und dass er knapp einer Querschnittlähmung entgangen ist.

Kaum zu glauben, aber in dem Moment, als er meine Hand ergriff und mich mit seinen kecken, braunen Augen

fixierte, wusste ich: Das war der Startschuss für eine lange,
gute und sehr intensive Beziehung. Ja, etwas Unglaubliches
ist geschehen. Ich habe in Alex einen Freund gefunden.

Etwas ist geschehen. Etwas, das ich mir eigentlich
selbst nicht erklären kann. Es war eindeutig ein Adrenalin-Kick von der besten Sorte, und das, obwohl im
Grunde nichts Umwerfendes passiert ist. Gefühle sind
etwas Komisches, ich muss ja schon sagen. Schuld
daran ist ihr Bruder Damian. Ich kannte ihn nur flüchtig. Wir begegneten uns zufällig auf der Straße, kamen
ins Gespräch und stellten fest, dass wir ein gemein-
sames Hobby haben: Fischen. Wir redeten und redeten, und plötzlich schlug mir Damian vor, zu ihm nach
Hause zu gehen, um mir ein paar Unterwasserfotos zu
zeigen, die er selbst gemacht hatte.

Es war zwar schon nach zehn Uhr abends, aber das
störte uns beide nicht, und so setzten wir unser inten-
sives Gespräch bei ihm zu Hause am Küchentisch bis
zu später Stunde fort. Tja, und dann kam der Adrenalin-Kick. Mitten in unserer angeregten Diskussion
streckte ein Mädchen den Kopf zur Tür herein. Ich
wusste nicht, dass Damian eine Schwester hat, und ich
wusste noch weniger, dass ich diese Schwester eigentlich hätte kennen müssen. Sie mochte etwa in meinem
Alter sein, siebzehn, achtzehn Jahre, war sportlich
schlank, hatte blondes, schulterlanges Haar und blau-
grüne, lustig funkelnde Augen. Ich muss sagen, sie war
eine äußerst attraktive junge Dame, und ich musste
mir echt Mühe geben, sie nicht anzuglotzen, als hätte
ich noch nie eine Frau gesehen.

«Das ist meine unmögliche Schwester Sybil», stellte
Damian sie vor, wofür er einen Kniff in den Oberarm
erntete. «Sybil, das ist Alex.»

«Alex?» wiederholte sie nachdenklich, als versuche

sie, mein Gesicht irgendwo einzuordnen. Und Sekunden später hatte sie die Antwort bereits gefunden und war offensichtlich ziemlich perplex. «Ich glaube, wir kennen uns!»

«Schon möglich», sagte ich, da ich mich tatsächlich nicht erinnern konnte, wo ich diesem hübschen Mädchen schon mal begegnet sein sollte. Doch Sybil schien sich sehr genau an mich zu erinnern, und als sie sagte, weshalb, da war nun *ich* perplex.

«Wenn ich mich nicht irre, gingen wir in den gleichen Kindergarten, nur in unterschiedliche Gruppen! Du bist der Alex, der die Fensterscheiben des Treibhauses eingeschlagen hat, hab ich Recht?» Im ersten Moment wusste ich nicht, was ich sagen sollte.

«Ich sag ja, meine Schwester ist unmöglich!» warf Damian dazwischen, wofür er einen Boxhieb einfing und japste: «Komm ihr besser nicht zu nahe.»

«Du hast ein bemerkenswertes Gedächtnis», stellte ich dann fest. «Ich muss ehrlich sagen: Ich kann mich nicht an dich erinnern.»

«Ich hab ja auch keine Treibhäuser demoliert», schmunzelte Sybil, «ich war immer ganz brav.»

«Na ja, da könnte ich ein anderes Liedchen singen», meldete sich ihr Bruder wieder zu Wort und duckte sich gleich, um nicht von Sybils Fäusten attackiert zu werden. Doch sie überhörte seine Bemerkung großzügig und holte sich stattdessen ein Glas aus dem Schrank.

«Möchte sonst noch jemand etwas trinken?» Ich verneinte, sie füllte ihr Glas mit Milch und lehnte sich lässig gegen den Herd.

«Alex Huber, nicht wahr?» Das Gedächtnis dieses Mädchens verblüffte mich je länger je mehr. «Bist du immer noch so ein Querschläger wie damals?»

«Also aus dem Alter, wo man Treibhausscheiben

einschlägt, bin ich raus, wenn du dich darauf beziehst», sagte ich. «Jetzt hab ich mich aufs Fischen spezialisiert.»

«Ich hab dich glaub mal beim Fischen gesehen», berichtete Sybil, «aber das ist bestimmt Jahre zurück. Ich war mit Jambo unterwegs.»

«Dein Freund?»

«Nein», lachte sie. «Mein Pferd.»

«Du hast ein Pferd?»

«Na ja, nicht ganz. Ich bin seit fast vier Jahren Teilhaberin eines Fuchses.»

«Ja, was hast du denn nun, ein Pferd oder einen Fuchs?» Sybil begann erneut schallend zu lachen.

«Beides!» antwortete sie amüsiert. «Ein Fuchs ist ein braunes Pferd. Hast du das nicht gewusst?»

«Schon gehört», murmelte ich verlegen und merkte, dass ich nun definitiv als Banause abgestempelt war, was mir gar nicht passte.

«Du bist wohl noch nie geritten?»

«Ich?! Das wär mein Tod – oder der des Pferdes, einer von uns beiden würde sich freiwillig die Kugel geben.» Sybil schüttelte kichernd den Kopf. Ich muss sagen, ihr Lachen hat was an sich. Es klingt hell und erfrischend, echt charmant.

«Und was machst du sonst so?» fragte sie weiter. «Ich meine außer Fischen?»

«Tja», sagte ich und fuhr mir durch mein ungekämmtes Haar, «wenn ich nicht fische, dann baue ich Mofas zusammen und verkaufe sie.»

«Bist du Mechaniker?»

«Nein. Ich hab eine Lehre als Sanitär-Installateur gemacht, aber wie es aussieht, muss ich auf Sanitär-Zeichner umsatteln.»

«Das klingt aber nicht gerade sehr begeistert.»

«Ich hatte einen Unfall, deshalb.»

«Ach. Was ist denn passiert?» Es war unglaublich. Da kannte ich diese Sybil keine zehn Minuten, und schon waren wir in ein tiefes Gespräch verwickelt. Und es ging nicht einmal um Fische! So was ist mir echt noch nie passiert.

«Ich bin auf dem Bau eine Treppe hinuntergefallen», gab ich bereitwillig Auskunft. «Ich ging zum Arzt, und der sah sich das Ganze nur flüchtig an und meinte, die Schmerzen in der Hüfte kämen von der Prellung beim Sturz und würden wieder vergehen. Aber als ich zwei Tage später mein rechtes Bein nicht mehr spürte, war ich schon etwas beunruhigt und ging zu einem Spezialisten, der meine Hüften röntgte. Tja, und dann stellte der fest, dass sich mein unterster Wirbel verschoben hatte.» Sybil sah mich mit großen Augen an.

«Du meine Güte, bei Geschichten mit Wirbeln kann man doch querschnittgelähmt werden, oder?»

«Das hat mir der Arzt auch gesagt. Er meinte, ich müsse unbedingt operiert werden, der Wirbel könne sich sonst ganz lösen, und dann würde ich im Rollstuhl landen. Und den Militärdienst könne ich völlig vergessen.»

«Und dann?» fragte Sybil, die förmlich an meinen Lippen klebte. «Hast du operiert?» Ich nickte. Natürlich unterließ ich es, ihr zu sagen, dass ich im Operationssaal ein paar Dinge hab mitgehen lassen, und sagte einfach:

«Ich hab bis heute Schrauben im Rücken.»

«Und die kommen wieder raus?»

«Nein, die bleiben drin.»

«Tut das nicht weh?»

«Ich spür nichts davon. Das einzige Problem ist, dass mein Beruf im Eimer ist. Das nervt mich schon ziemlich. Ich bin Handwerker, kein Bürogummi. Aber mit meinem kaputten Rücken bin ich nun mal eingeschränkt.»

«Wahnsinn», meinte Sybil beeindruckt, «du wärst also um ein Haar querschnittgelähmt gewesen.»

«Ja. Und seit dem Unfall kann ich kaum mehr gehen. Ich war ein halbes Jahr arbeitsunfähig. Jetzt ist es schon besser, ich arbeite zwar erst fünfzig Prozent, aber dagegen hab ich ehrlich gesagt nichts einzuwenden. Ich hab dafür mehr Zeit zum Fischen oder dafür, mit meinem Auto durch die Gegend zu flitzen.»

«Du hast ein eigenes Auto?» Die Frage kam diesmal von Damian.

«Ja», sagte ich, als wäre es das Selbstverständlichste auf der Welt, mit achtzehn Jahren sein eigenes Auto zu haben.

«Wenn ich achtzehn bin, will ich auch mein eigenes Auto», meinte Damian begeistert. «Hast du es auf Kredit gekauft?»

«Nein, bar.» Ich unterließ es, ihm den Betrag zu nennen, damit es ihn nicht ganz vom Stuhl hauen würde vor Eifersucht. Wer hat mit achtzehn schon 36'000 ehrlich verdiente Franken, um sich davon ein Auto zu kaufen? Eben. Verdient hatte ich sie zwar, die 36'000, aber natürlich nicht ehrlich. Mit den gestohlenen Fernsehgeräten hat unsere Glückssträhne begonnen, und in den vergangenen zwei Jahren haben wir so viele krumme Dinge gedreht, dass ich mich nicht mehr an alle erinnern kann.

Aus dem jugendlichen Leichtsinn ist professionelles Verbrechen geworden. Jeder von unserer Bande hat sich zu einem Profi entwickelt, jeder mit seinem Spezialgebiet. Ich bin der Schlüsselmacher. Das System ist völlig banal: Ich nehme eine Stahlwelle, löte Nägel rein, und schon habe ich den perfekten Dietrich für alle einfachen Schlösser. Wo immer wir in Keller, Lagerhäuser oder Schuppen einbrechen, sind meine Passepartouts gefragt. Ich gucke durchs Schlüsselloch und biege die Nägel nach der Form, die ich darin sehe. Meistens passt der Schlüssel nach dem dritten Anlauf.

Die andern sind immer wieder erstaunt über mein Bilderbuchgedächtnis. Es ist ihnen ein Rätsel, wie ich die Nägel ohne den Originalschlüssel in die richtige Form biegen kann, einzig dadurch, dass ich mir das Schlüsselloch einpräge. Na ja. So wild ist die Sache nicht, finde ich.

Schwierig wäre es, Schlüssel von Sicherheitsschlössern nachzumachen. Wie man das hinkriegt, das würde mich mal interessieren. Kürzlich haben sie einen Physikstudenten festgenommen, der hat in einem halben Jahr 150 Lebensmittelgeschäfte ausgeräumt. Irgendwie hat der Typ das Schlüsselsystem geknackt. Ein cleverer Bursche. Den möchte ich mal kennen lernen und mir ein paar Tipps geben lassen.

«Was für einen Wagen hast du denn gekauft?» Damians Frage holte mich aus meinen Gedanken zurück.

«Einen Toyota Hi-Lux mit Allrad-Antrieb», sagte ich, worauf Damian gleich nochmals die Kinnlade herunterfiel.

«Mann, der kostet doch ein Vermögen!»

«Na ja, nicht ganz», winkte ich bescheiden ab, um keinen Preis nennen zu müssen, und wandte mich an Sybil. «Fährst du auch?»

«Bis jetzt nicht», gestand sie. «Ich glaube, ich fühl mich sicherer auf dem Rücken eines Pferdes als hinter einem Steuer.»

«Ach wo. Für ein intelligentes Mädchen wie dich sollte es doch kein Problem sein, Autofahren zu lernen», meinte ich, «ein Auto hat lediglich ein paar PS mehr, das ist alles.»

«Dann sollte es für dich auch kein Problem sein, dich auf *eine* Pferdestärke herunterzuschrauben», entgegnete Sybil kühn. Ich war verblüfft über diese clevere Retourkutsche, und das Funkeln in ihren Augen machte mich ganz scharf darauf, sie gleichfalls herauszufordern.

«Okay. Wie wär's damit: Ich bringe dir bei, wie man Auto fährt, und du bringst mir bei, wie man reitet.» Das Flackern in Sybils Augen verstärkte sich.

«Warum eigentlich nicht?» antwortete sie erstaunlich rasch. «Einverstanden.» Sie streckte mir entschlossen die Hand entgegen, und ich ergriff sie und hielt sie lange fest.

«Abgemacht!» Nur Damian schien die Idee nicht gerade sehr weise zu finden.

«Alex, du weißt nicht, worauf du dich da einlässt», warnte er mich mit leidgeprüftem Blick, «wenn meine Schwester ihre sadistische Ader ausspielt, bist du geliefert. Ich rede aus Erfahrung.»

«Keine Sorge. Ich verfüge über wesentlich mehr PS als sie!» erwiderte ich, ohne Sybil aus den Augen zu lassen, und zwinkerte ihr zu, als würden wir uns seit Jahren kennen. Sie schmunzelte geheimnisvoll, und ich spürte, dass wir mit diesem Handschlag weit mehr besiegelten als einen Deal. Es war der Beginn einer Freundschaft. Adrenalin pur. Dessen war ich mir sicher.

6. Verliebt?!

Wenn ich darüber nachdenke, wie es eigentlich dazu gekommen ist, kann ich nur den Kopf schütteln. Wer hätte gedacht, dass ausgerechnet Alex Huber mir das Autofahren beibringen würde! Noch vor wenigen Tagen bin ich davon überzeugt gewesen, dass es in der ganzen Welt keinen schlimmeren Typen gäbe als ihn. Und dann sitze ich plötzlich am Steuer seines Wagens, und er daneben, und wir unterhalten uns wie zwei alte Freunde. Ist das nicht verrückt?

Ich bin übrigens absolut fasziniert, wie viel Vertrauen er mir entgegenbringt. Er hat überhaupt keine Angst, dass ich ihm sein Auto zu Schrott fahren könnte. Es geht ihm wirklich darum, dass ich fahren lerne! Da ist sein Auto zweitrangig. Ich rechne ihm das hoch an, vor allem, wenn man bedenkt, dass wir uns noch keine drei Wochen kennen. Ich weiß nicht, woher er die Nerven für so was hat. Ich an seiner Stelle hätte sie jedenfalls nicht. Aber er sitzt völlig cool neben mir, korrigiert mich mit einer verblüffenden Gelassenheit und hat zusätzlich noch die unglaubliche Eigenschaft, mir Mut zu machen. Ich fühle mich sicher, wenn er neben mir sitzt, weil ich weiß, dass er mir alles zutraut, und das lässt mich tatsächlich über mich selbst hinauswachsen.

Zugegeben, wenn ich an die Strecke zurückdenke, die er mich in der dritten Fahrstunde fahren ließ, wird mir heute noch schlecht dabei. Kein Fahrlehrer hätte einen blutigen Anfänger wie mich diese Strecke fahren lassen. Aber Alex ist ja auch nicht irgendein Fahrlehrer. Alex ist Alex. Und in jenem Moment vertraute ich ihm blindlings und wusste, wenn ich da durch sollte, dann würde ich es auch schaffen, denn er traute es mir zu! Unglaublich, wie viel es ausmacht, wenn jemand an deine Fähigkeiten glaubt. Plötzlich schaffst du Dinge, die du nie für möglich gehalten hast. Und das hab ich einzig und allein Alex zu verdanken. Ohne ihn hätte ich das niemals gepackt. Seine Geduld mit mir ist wirklich bemerkenswert. Einen besseren Lehrer hätte ich mir nicht wünschen können.

Ich hoffe, dass unsere Beziehung auch über die paar wenigen Fahr- und Reitstunden hinaus hält. Alex ist echt okay. Und apropos reiten: Ganz so dumm hat er sich nicht mal angestellt für ein Greenhorn. Das muss man ihm lassen.

Also: Reiten ist eine Wissenschaft für sich. Zu diesem Schluss bin ich unweigerlich gekommen. Die erste Frage ist: Wie kommt man in den Sattel? Und die zweite Frage: Wie bleibt man oben? Und eine dritte Frage gibt es so lange nicht, bis man auf die ersten beiden Fragen eine Antwort gefunden hat. Und in meiner ersten Reitstunde sah es beinahe so aus, als würde ich bei den ersten beiden Fragen stecken bleiben. Sybil hat sich natürlich halb totgelacht über mich. Kann ich ja auch irgendwie nachvollziehen. Ich habe mich bestimmt völlig tollpatschig angestellt.

Bei ihr sah das so elegant aus, als sie sich in den Sattel schwang, um mir zu zeigen, wie ich es machen sollte. Und ich stellte meinen Fuß in den Steigbügel, das nette Pferdchen begann zu laufen, und ich hüpfte wie ein Idiot auf einem Bein hinterher. Sybil verkniff sich das Lachen (ich hab's genau gesehen) und erbarmte sich, Jambo am Zaumzeug zu halten, während ich einen zweiten Versuch startete. Diesmal klappte es. Mein erster Erfolg war verbucht: Ich saß auf einem Pferd! Und ich muss sagen: Es war ein tolles Gefühl.

Sybil gab mir ein paar grundlegende Anleitungen über meine Körperhaltung und darüber, wie ich das Pferd mit Schenkeldruck und kleinen Bewegungen am Zügel lenken konnte. Dann fasste sie die Riemen in der Nähe des Gebisses und führte mich so lange auf dem Sandplatz vor dem Stall herum, bis ich mich einigermaßen sicher im Sattel fühlte und den Rhythmus des Tieres zu meinem eigenen gemacht hatte.

«Möchtest du es ohne mich versuchen?» fragte sie.

«Klar», sagte ich mit gewölbter Brust, «ich bin der geborene Cowboy!» Na ja, vielleicht hätte ich den Mund nicht so voll nehmen sollen. Zuerst ging alles ganz gut. Jambo trottete friedlich über den eingezäunten Platz , und ich fühlte mich wie Buffalo Bill oder Old Shatterhand.

«Wie schalte ich in den zweiten Gang?» fragte ich Sybil, die sich ziemlich über meine Ausdrucksweise zu amüsieren schien und mir erklärte:

«Indem du die Schenkel in seine Seiten presst.» Ich tat es, und tatsächlich beschleunigte Jambo sein Tempo und wechselte in leichten Trab. Jetzt fühlte ich mich schon nicht mehr als geborener Cowboy, denn es holperte doch ganz heftig und ich saß wie ein Kartoffelsack im Sattel.

«Du musst dich seinem Rhythmus anpassen», rief mir Sybil zu, «gerader Rücken!»

«Das versuch ich ja die ganze Zeit», sagte ich, und dann machte ich einen Fehler. Es war durchaus nicht meine Absicht, in den vierten Gang zu schalten, aber wahrscheinlich hat Jambo meine Signale etwas falsch interpretiert, und plötzlich fiel er in Galopp. Du liebe Zeit! Nun war ich hoffnungslos überfordert! Wie ein Pfeil schoss der Fuchs mit mir über den Platz, ich spürte seine Muskeln, seine Kraft – und meine Machtlosigkeit.

«Die haben die Bremse vergessen!» rief ich.

«Zieh die Zügel zurück! Die Zügel, Alex!» Ich war überhaupt nicht mehr fähig, klar zu denken. Die Landschaft flitzte an mir vorbei, und dann verlor ich das Gleichgewicht, und im nächsten Augenblick saß ich mit verdutztem Gesicht auf dem Boden und sah Jambos Hinterhufe nur noch in der Ferne. Ich hatte das Gefühl, mir bei dem Sturz sämtliche Knochen gebrochen zu haben. Sybil kam zu mir gerannt.

«Alles in Ordnung?» Ich rappelte mich auf und nickte gequält. Ich fühlte mich, als hätte mich jemand durch eine Teigmaschine gedreht. Aber das wollte ich mir natürlich nicht anmerken lassen, nicht vor einem Mädchen.

«Ich glaube, der hat was gegen mich», sagte ich einfach.

«Ach wo», meinte Sybil belustigt, «er wollte dir nur zeigen, wie viele PS er drauf hat.»

«PS», murmelte ich, «in meinem Wagen hab ich wenigstens Sicherheitsgurte.»

«Sind ja auch wesentlich mehr PS.»

«Und in meinem Wagen kontrolliere *ich* das Tempo.»

«Tja, bei Jambo ist das genauso. Du musst nur wissen, wie.»

«Eben.»

«Heißt das, du gibst auf?»

«Das fehlte noch», sagte ich entschlossen. «Bevor ich diesem Pferd nicht verklickert habe, wer am Steuer sitzt, gehe ich nicht nach Hause.» Ich wischte mir die Erde von den Hosen, während Sybil den Fuchs zurückholte. Er ließ sich willig von ihr führen und wirkte völlig friedlich, als könnte er keiner Fliege etwas zuleide tun. Ich stellte mich dicht vor ihn und hielt ihm eine kurze Moralpredigt.

«Ich sag dir eines, mein Kleiner: Wenn du mich noch einmal abwirfst, werde ich wütend, ist das klar?» Er schnaubte und drehte beleidigt den Kopf auf die andere Seite. Wäre es Jolly Jumper gewesen, das sprechende Comic-Pferd von Lucky Luke, hätte in der Sprechblase über seinem Kopf gestanden:

«Lass mich doch in Ruhe. Du hast keine Ahnung von Pferden.» Zugegeben, das habe ich tatsächlich nicht. Aber was nicht ist, kann ja noch werden. Und wenn ich mir etwas in den Kopf gesetzt habe, dann ziehe ich es auch durch. Das wäre ja gelacht, wenn ich dieses Pferd nicht in den Griff kriegen würde. So schwierig konnte das ja nicht sein. Zudem wollte ich mich nicht vor einem Mädchen blamieren, das fehlte noch. Ich wagte also meinen zweiten Versuch, und diesmal klappte es eigentlich ganz gut. Und als mir Sybil sogar ein Kompliment für meine aufrechte Körperhaltung machte, schwebte ich beinahe in den Wolken.

«Ich wollte es dir nicht eher sagen, aber meine Mutter ritt früher Dressurprüfungen», prahlte ich (und das ist nicht mal gelogen!), worauf Sybil grinsend entgegnete:

«Und meine Vorfahren sind Formel-1-Rennen gefahren!» Ich muss schon sagen, dieses Mädchen ist äußerst schlagfertig, und das macht sie mir noch sympathischer.

Als sich die Kruckerbande an diesem Abend wie gewohnt bei der großen Eiche versammelte, musste ich mich zusammennehmen, um möglichst aufrecht zu gehen. Mein Hinterteil tat noch immer verflixt weh durch den unsanften Sturz von Jambo, und es kostete mich echt Überwindung, mir nichts anmerken zu lassen. Meine Freunde brauchten schließlich nicht zu wissen, dass ich den Nachmittag auf dem Rücken eines Pferdes zugebracht hatte. Entweder würden sie mich für verrückt erklären, mich auslachen oder nach den wahren Motiven meines neuen Hobbys fragen. Und das ging sie nichts an. Leider haben sie aber doch was gespannt, weil ich ganz offensichtlich nicht bei der Sache war. Die ganze Zeit ertappte ich mich dabei, wie meine Gedanken zu meiner ersten Reitstunde – oder besser gesagt: zu meiner Reitlehrerin – schweiften. Ich musste mich beinahe gewaltsam dazu zwingen, mich auf unseren Coup zu konzentrieren. Patrick merkte als Erster, dass etwas nicht stimmte.

«Hey», sagte er und schnipste mit den Fingern vor meiner Nase, «jemand zu Hause?»

«Was?» entgegnete ich abwesend.

«Leute, ich glaube, Alex hat ein Problem!» Dirk, Rafael und Patrick rückten näher zu mir, und ich wusste, dass sie sich gnadenlos wie Aasgeier auf mein Problem stürzen würden, wenn ich mich nicht rechtzeitig aus der Schlinge befreien konnte.

«Ihr seht Gespenster. Mir geht es bestens.»

«Zweifellos!» meinte Dirk mit einem kleinen, feinen Lächeln auf den Lippen. «Das Funkeln in deinen Augen sagt alles. Wie heißt sie denn?»

«Wir sollten uns auf den Weg machen», versuchte ich die Aufmerksamkeit von mir abzulenken. Aber das spornte die abgebrühten Brüder nur noch mehr an. Es gab kein Entrinnen. Ich war ihnen ausgeliefert. Sie kniffen und schubsten mich von allen Seiten und ließen nicht locker, bis ich mit der Wahrheit herausrückte.

«Also gut: Sie heißt Sybil. Aber es ist nicht das, was ihr denkt.»

«Natürlich nicht», grinste Patrick.

«Wenn du ein paar Tipps brauchst, ich könnte dir welche geben», ergänzte Dirk wichtig.

«Hast du sie schon geküsst?» fragte Rafael.

«Mann, ich sag doch: Da läuft nichts zwischen uns!» verteidigte ich meine Ehre, obwohl ich wusste, dass ich auf ziemlich verlorenem Posten stand.

«War es Liebe auf den ersten Blick?»

«Nein!»

«Auf den zweiten?»

«Nein! Es ist keine Liebe! Wir sind befreundet, das ist alles.»

«Meine Eltern waren auch befreundet, bevor sie heirateten», kicherte Dirk.

«Vergesst es. Ich sag nichts mehr.»

«Sei kein Feigling. Wir wollen Details hören!»

«Wie habt ihr euch kennen gelernt?»

«Das geht euch einen Dreck an!»

«Also steckt doch was dahinter, sonst würdest du kein Geheimnis daraus machen!»

Diese Jungs sind ja noch schlimmere Nervensägen als mein Bruder! Mein Bruder hat sich zwar in einem Punkt schwer gebessert in den letzten Jahren: Er leiht sich keine Flieger-Bücher mehr aus. Seitdem er mitbekommen hat, dass ich *wirklich* krumme Dinger drehe, fragt er mir keine Löcher mehr in den Bauch und ist mir gegenüber in teilnahmslose Gleichgültigkeit verfallen. Ich glaube, es ist ihm total egal, was ich mache. Er lebt sein Leben, und ich lebe meines. Und eigentlich kann mir das ja nur Recht sein.

«Na los! Erzähl schon!»

«Es gibt nichts zu erzählen», beharrte ich auf meiner Position. «Ihr seid ein Haufen Klatschtanten!»

«Tanten?» wiederholte Patrick und schob sich sehr weise seine Brille zurecht. «Siehst du, jetzt bringst du sogar schon Männchen und Weibchen durcheinander. Ich mache mir ernsthafte Sorgen um dich.»

«Das ist Liebe», grunzte Rafael. «Wenn's da oben einen Kurzen gibt und man einen Haufen dummes Zeug redet.»

«Hört doch auf mit dem Quatsch!»

«Wir kommen dir auf die Schliche, verlass dich drauf.»

«Aus mir kriegt ihr nichts raus!»

«Abwarten, Sportsfreund. Es kann noch viel passieren diese Nacht.» Wie viel, das wussten wir alle nicht, sonst hätten wir es von Anfang an bleiben lassen. Vielleicht war es gerade diese Ausgelassenheit, die uns beinahe zum Verhängnis wurde. Es war wirklich sehr unvorsichtig von mir, mit dem Pickup so nahe an der verlassenen Villa zu parken, auf die wir es in jener

Nacht abgesehen hatten. Aber irgendwie hab ich mir nichts dabei gedacht. Eben, meine Gedanken drehten sich um andere Dinge.

Ich blieb als Wache im Wagen zurück, während sich die andern drei mit Taschenlampe und Einbruchswerkzeug zur Villa schlichen. Mein stationäres Funkgerät war auf Empfang eingestellt, um jederzeit mit den Jungs in Kontakt zu treten, falls die Luft dick würde. Seit meinem Unfall hab ich nur zwei, drei Dinger gedreht und stehe meistens Schmiere. Ich könnte zur Zeit nicht volle Kanne davonrennen, wenn es so brenzlig würde wie damals in Wangen, als wir ein paar Autos aufbrachen und uns die Polizei um ein Haar erwischte. Ist übrigens Patricks Spezialgebiet, Autos zu knacken. Er hat das echt total im Griff. In zwölf Sekunden schneidet er mit einem Messer den Fenstergummi raus und drückt die Scheibe ein. Bevor überhaupt jemand realisiert, was da abgeht, klauen wir das Autoradio und sind auf und davon. So einfach ist das. Easy, wie Patrick es ausdrückt.

Nur an jenem Abend in Wangen ist es schief gegangen. Irgendjemand hat beobachtet, dass wir uns an mehreren Autos zu schaffen machten, und hat die Polizei alarmiert. Als die kam, warfen wir die geklauten Radios fort und begannen zu laufen wie die Wahnsinnigen, den Hügel runter, durch ein paar Schrebergärtchen bis in den Wald. So hängten wir die Polizisten ab. Das war wieder mal Adrenalin pur! Und dann mussten wir ein paar Stunden warten, bis wir uns auf den Parkplatz zurückwagen konnten, um unsere eigenen Autos zu holen, die wir auf demselben Platz abgestellt hatten. Mann, das war knapp gewesen. Die Polizei auf den Fersen zu haben, das ist schon ein spezielles Erlebnis; zwar aufregend, aber doch nicht das, wovon man als Dieb träumt. Es sei denn in Alpträumen.

Ist mir natürlich schon lieber, wenn ich mit der Polizei keine Verfolgungsjagd mehr austragen muss, vor allem jetzt nach meinem Unfall, wo es jede Schildkröte mit mir aufnehmen könnte. Die Zeiten, in denen ich mit einer gestohlenen Angelrolle quer durch eine riesige Lagerhalle rannte, ohne dabei auch nur von einer Person gestreift zu werden, sind wohl vorbei. Deshalb stehe ich ja auch fast nur noch Schmiere, wie ich es in dieser Septembernacht vor jener Villa tat, die wir ausrauben wollten. Rafael hat uns darauf aufmerksam gemacht, und wir fanden, man könne ja mal nachsehen, ob es da was zu holen gäbe, selbst wenn ich persönlich unsere Chance als ziemlich gering einstufte, da die Villa einen sehr verwilderten Eindruck machte.

Es war eine windige, relativ warme Nacht. Zwischen düsteren Wolken lugte ab und zu der Mond hervor und tauchte die baufällige Villa in ein gespenstisches Licht. Der Anblick erinnerte mich an eine Szene aus dem Film «Denn sie wissen nicht, was sie tun» mit James Dean, in der James sich mit seiner Freundin und einem Jungen in einer Villa vor der Polizei versteckt. Wir haben uns den Film schon tausendmal bei Dirk zu Hause reingezogen. Ich weiß nicht, warum, aber jedes Mal, wenn ich mir diesen Film ansehe, erinnert es mich an unsere Kruckerbande. Mit dem kleinen Unterschied, dass wir sehr genau wissen, was wir tun. Und dass bei uns wesentlich weniger Mädchen im Spiel sind. Wieder schweiften meine Gedanken zu Sybil und dem wundervollen Nachmittag, den wir zusammen verbracht haben. Ich glaube nicht, dass ich ihr jemals sagen werde, was ich nachts so treibe. Ich glaube nicht, dass sie das verstehen würde. Besser, sie weiß nichts davon, besser für uns alle.

«Hey, Alex!» kam es durchs Funkgerät. Ich nahm das Mikro in die Hand.

«Was gibt's?»

«Wir schlagen jetzt die Scheibe der Kellertür ein, okay?»

«Nur zu, Jungs!» Ich hörte das Klirren durchs Funkgerät.

«Rafael steigt jetzt rein», meldete Patrick am andern Ende. «Ist alles ruhig bei dir?»

«Kein Mensch weit und breit. Lasst euch nicht stören. Ich hab hier alles unter Kontrolle.» Ich wartete eine Weile, bevor ich mich erkundigte: «Und? Was Interessantes gefunden?»

«Ich glaube ja», kam es durch das Funkgerät, «ich geb dir Rafael.» Rafael klang außer Atem.

«Du wirst es nicht für möglich halten. Der ganze Keller ist voller Stereo-Anlagen.» Ich stutzte.

«Stereo-Anlagen? Was haben die in einer verlassenen Villa verloren?»

«Keine Ahnung. Die lassen sich bestimmt gut verkaufen.»

«Ich weiß nicht. Und wenn die Ware geklaut ist?»

«Dann wird sie eben zweimal geklaut. Wo liegt das Problem?» Irgendwie war mir die Sache nicht geheuer. Wenn es sich hier um heiße Ware handelte, die eine Bande in dieser Villa versteckt hatte, hielt ich persönlich es für besser, die Finger davon zu lassen. Sonst hatten wir nicht nur die Polizei am Hals, die vielleicht bereits über den Diebstahl informiert war, sondern auch gleich noch die Diebe selbst.

«Ich würde die Ware drin lassen», schlug ich vor.

«Hast du etwa Schiss?»

«Wenn ihr die Stereo-Anlagen unbedingt klauen wollt, dann tut es von mir aus. Aber ich bin dagegen.»

«Wieso?»

«Ist einfach zu riskant, Junge. Frag die andern, wie sie darüber denken. Aber diese Ware stinkt bis zu meinem Auto, so viel steht fest. Und damit möchte ich nichts zu tun haben.» Es blieb eine Weile ruhig am andern Ende, dann meldete sich Patrick.

«Du hast wohl Recht, was die Ware betrifft. Wir kommen zurück.»

«Okay, Boys», sagte ich und lehnte mich zurück. Ich spürte mein Hinterteil und erinnerte mich an Sybils amüsiertes Grinsen nach meinem peinlichen Sturz. Na warte, dachte ich bei mir selbst, während ich meinen zerschundenen Po betastete, ich krieg das Reiten noch in den Griff, bevor du Auto fahren kannst. Und wenn ich dafür Privat-Reitstunden nehmen muss. «Warum eigentlich nicht?» fuhr es mir durch den Kopf. «Ganz in der Nähe des Ortes, wo ich meine Zusatzlehre mache, gibt es einen Reitstall. Da könnte ich mich doch anmelden.» Ich war begeistert von der Idee und sah mich in Gedanken bereits Rennen reiten oder Hürden springen, als ich plötzlich zusammenzuckte. In meinem Rückspiegel klebte ein Polizeiwagen!

Ich hatte ihn nicht kommen sehen. Er war ganz unerwartet aus der Dunkelheit aufgetaucht und hing mir praktisch schon am Heck. Es lief mir kalt den Rücken hinunter. Wenn jetzt meine Freunde aus den Büschen kamen, waren wir geliefert. Ich hätte sie warnen sollen, aber das Polizeiauto war schon zu nahe. Und das alles nur, weil ich vor mich hingeträumt hatte! Ich hätte mich dafür ohrfeigen können. Aber das änderte nichts an der Situation: Wir hatten die Polizei am Hals!

Ich war mir sicher, dass es sich hier nicht um einen Zufall handelte. Jemand musste uns gesehen und die Polizei verständigt haben. Vielleicht irgendeine alte Klatschtante, die nichts anderes zu tun hatte, als bis in alle Nacht hinein vom Fenster aus die Nachbarschaft auszuspionieren. Ich überlegte mir, ob ich den Motor anlassen und einfach abhauen sollte. Aber das hätte mich umso verdächtiger gemacht. Am besten würde wohl die Ich-weiß-von-nichts-Taktik sein. Ich stellte mich also kurzerhand schlafend, da mir nichts Besseres einfiel.

Ich hörte das Auto näher heranrollen, und obwohl ich die Polizei beinahe riechen konnte, ließ ich die Augen geschlossen. Ich wusste, dass sie mich beobachteten, ich spürte ihre Gegenwart – und meinen Herzschlag, der glücklicherweise nicht sichtbar war, sonst hätte er mich glatt verraten. Ich merkte, wie sie an mir vorbeifuhren, ganz langsam, und ich hoffte einfach, dass mein Schlafen überzeugend genug wirkte und dass meine drei Freunde nicht blindlings auf die Straße marschierten.

Eine Weile hörte ich nichts mehr und überlegte, ob sie wohl weitergefahren waren oder nur darauf warteten, dass ich mich selbst verraten würde. Dann klopfte es an die Scheibe. Ich öffnete verschlafen die Augen und kurbelte die Scheibe hinunter. Zwei Männer in Uniform standen neben meinem Auto. Ihren Wagen hatten sie schräg vor mir abgestellt.

«Guten Abend», sagte der Größere der beiden mit tiefer Bass-Stimme, «dürften wir Ihren Führerschein sehen?» Ich stellte mich so harmlos wie irgend möglich. In gewissen Situationen kommen Begabungen zum Vorschein, von denen man selbst nichts wusste. Hätte diese Szene als Aufnahmeprüfung für die Schauspielschule gegolten, wäre ich bestimmt angenommen worden. Ich fischte den Führerschein hervor und überreichte ihn dem Polizisten getreulich.

«Hab ich falsch geparkt?» Der Polizist überprüfte meinen Ausweis, während sein Kollege mit wachsamen Augen die Gegend absuchte und seinen Blick verdächtig oft auf die verlassene Villa richtete. Ich schwitzte wie ein Irrer. Der Größere der beiden gab mir den Führerschein nach langem, intensivem Studium desselben zurück.

«Was machen Sie hier?» fragte er. Wieder war ich froh, dass sie nicht sehen konnten, wie mein Herz raste.

«Ich … ich warte auf meine Freundin», erfand ich spontan.

«Um diese Zeit?»

«Wieso?» hakte ich ein. «Wie spät ist es denn?»

«Es ist ein Uhr morgens.»

«Was?» tat ich völlig überrascht. «Mann, dann bin ich voll eingeschlafen. Wir wollten uns vor zwei Stunden treffen. Hoffentlich ist ihr nichts passiert.»

«Ein etwas ungewöhnlicher Ort, auf eine Freundin zu warten, meinen Sie nicht?»

«Wieso? Hier finden uns ihre Eltern nicht.» Genauso gut hätte ich erzählen können, ich würde mich hier mit dem Papst oder mit Außerirdischen treffen. Die Polizisten glaubten mir nämlich kein Wort, das sah ich ihren Gesichtern an. Aber nachweisen würden sie mir trotzdem nichts können, davon war ich überzeugt, und das gab mir die nötige Kühnheit, weiterhin den Unschuldigen zu spielen.

«Dürften wir einen Blick unter die Plane Ihrer Ladefläche werfen?»

«Aber sicher», sagte ich zuvorkommend und stieg aus dem Führerhäuschen. Ein Glück, dass Dirk, Patrick und Rafael das Werkzeug mit zur Villa genommen hatten. Bei allem schauspielerischen Talent hätte es wohl etwas schwierig werden dürfen, die beiden Herren davon zu überzeugen, dass Taschenlampen mit Rotlichtfilter, Brech-Eisen, Bolzenschneider und See-

Säcke zur Pflicht-Ausrüstung eines durchschnittlichen Autos gehören.

Ich erinnere mich, wie wir einmal mit meinem Wagen in eine Polizeikontrolle kamen, weil das rechte Licht nicht ging. Ich lasse das wichtigste Werkzeug immer im Auto, falls sich spontan eine Gelegenheit für einen Diebstahl ergibt. Wenn sie uns da gefilzt hätten, dann hätten wir ziemlich alt ausgesehen, ehrlich. Aber glücklicherweise haben sie es nicht getan, und wir kamen nochmals davon. Und diesmal konnte ich die Polizisten getrost die Ladefläche untersuchen lassen, denn es war ja nichts Verdächtiges da.

Ich sah den beiden Gesetzeshütern an, wie sehr es sie ärgerte, dass sie nichts gegen mich ausrichten konnten. Und schließlich zogen sie sich mit den Worten zurück:

«Fahren Sie nach Hause, junger Mann. Es ist schon spät.»

«Mach ich», versprach ich brav und atmete innerlich auf, «gute Nacht.»

«Gute Nacht», brummten die zwei. Ich wartete, bis ihr Auto außer Sichtweite war, und setzte mich über Funk mit meinen Leuten in Verbindung.

«Hey, Jungs. Ratet mal, wer hier war.»

«Wir haben es gesehen», kam es zurück, «wir wären beinahe in den Hammer gelaufen. Warum hast du nichts gesagt?»

«Sie waren plötzlich da. Ging zu schnell.»

«Gib es doch zu, du warst mit deinen Gedanken grad woanders!» grinste Dirk durchs Funkgerät.

«Lasst uns hier verschwinden», wechselte ich rasch das Thema. «Heute ist nicht unser Tag.»

«Dein Tag ist es wirklich nicht», spottete Dirk. «Liebe macht blind, was?»

«Kein Kommentar», gab ich zurück.

Als Dirk, Patrick und Rafael keine Minute später zu mir in den Wagen stiegen und wir davonbrausten, drehte sich das Gespräch erstaunlicherweise weder um die verlorenen Stereo-Anlagen noch um die Polizei, sondern einzig und allein um Sybil. Die Jungs sind wirklich gnadenlos. Ich hatte keine Chance, mich zu verteidigen. Den ganzen Weg bis zur Eiche, bei der wir uns trennten, überschütteten sie mich derart mit Fragen und stichelnden Bemerkungen, dass ich sogar mein schmerzendes Hinterteil vergaß.

Unglaublich, wie ein einziges Mädchen es schaffte, nach einem missglückten Einbruch das Diskussions-Thema Nummer eins unserer Bande zu werden. So etwas hatte es noch nie gegeben. Sogar als ich mich gegen zwei Uhr schlafen legte, kreisten meine Gedanken noch immer um Sybil, und es gelang mir nicht, ihr Gesicht und ihr natürliches Lachen aus meinem Gedächtnis zu löschen.

Ob ich am Ende verliebt bin?

Lächerlich. Ich und verliebt. Ich bin nicht romantisch veranlagt. Kein bisschen. Meine Welt dreht sich um Mofas, Diebstähle und Fische, nichts weiter. Apropos Fische: Ich könnte Sybil eigentlich das Fischen beibringen. Ich kenne einen Tierarzt, der besitzt ein Ferienhäuschen im Tessin, ein kleines Steinhäuschen ohne Warmwasser und Strom, mitten in einem Weinberg, wildromantisch. Ich bin schon mal mit Patrick und Rafael dort gewesen, um zu fischen.

Ich könnte Sybil fragen, ob sie Lust hätte, mit mir ein Wochenende dorthin zu gehen – natürlich ohne Patrick und Rafael, nur wir beide. Sybil und ich. Hoffentlich denkt sie dann nicht, ich wäre einer von denen, die es nur auf das Eine abgesehen haben, wenn sie mit einem Mädchen allein sind. Ich möchte einfach ein Wochenende mit ihr zusammen sein, nichts weiter. Ein Wochenende ihr verschmitztes Lächeln und ihre sprudelnde Schlagfertigkeit genießen.

Wieso möchte ich das eigentlich? Bin ich am Ende doch ... Ach wo, ich mag sie, das ist alles. Ich hab mich noch nie mit einem Mädchen so gut verstanden wie mit Sybil. Ich glaube, mit ihr könnte ich über alles reden. Ich werde sie also bei Gelegenheit fragen. Und ich bin gespannt, ob sie einverstanden ist.

7. Nur wir zwei

Ich glaube, das war eines der schönsten Wochenenden seit langem. Erst hab ich mich ein wenig davor gefürchtet, muss ich ja ehrlich sagen. Ich war absolut baff, als Alex mich fragte, ob ich mit ihm für ein Wochenende ins Tessin käme. Hätt ich nie erwartet. Mein Herz begann – ohne dass ich es wollte – schneller zu klopfen, und gleichzeitig leuchteten bei mir alle Alarmlämpchen auf. Hatte er sich am Ende in mich verliebt?

So, wie er mich ansah, als er mir die Frage stellte, musste ich beinahe davon ausgehen. Und das verunsicherte mich. Ich wollte nicht, dass er denkt, er könne mich mit einem Wochenende erobern. Ich bin nicht zu erobern. Von niemandem. Den Fehler mach ich nicht. Auf Männer, die denken, ich wäre eines von diesen billigen Mädchen, die sich für ein bisschen Körpernähe zu fast allem hinreißen lassen, kann ich verzichten.

Echte Liebe gibt es nicht. Ist alles nur Schein und Spiel. Das hab ich schon lange gemerkt und auch oft genug getestet. Männer spielen mit Bällen Fußball, und Frauen spielen mit den Herzen der Männer Fußball. Ich habe es selbst getan, und es sind nicht wenige Männer, die ich nach einem

*interessanten Spiel ins «Out» gekickt habe. Nicht, dass ich es
so wollte. Aber mit der Zeit hältst du es nicht mehr aus, wenn
du dauernd wie eine Glühbirne von Nachtfaltern um-
schwärmt wirst. Da verlierst du die Kontrolle. Und wer zu
nahe ranfliegt, versengt sich an der Hitze die Flügel.*

*Nicht, dass ich Alex so einstufte, im Gegenteil. Alex ist
anders als die 08/15-Burschen, mit denen ich bisher herumgeflirtet habe, und eben deshalb mag ich ihn. Ja, ich mag ihn
sogar sehr. Und ich möchte nicht, dass er sich falsche Hoff-
nungen macht. Ich möchte nicht, dass er denkt, unsere
Freundschaft wäre ein Spiel, denn das ist sie nicht. Ich hab
mich noch nie mit einem Burschen so gut verstanden wie mit
Alex. Und nach diesem Wochenende im Tessin ist er mir noch
mehr ans Herz gewachsen, so wie ein Bruder; ein Bruder, für
den ich bereit wäre, alles zu riskieren.*

*Ja, es war ein geniales Wochenende. Wir hatten jede
Menge Spaß, und man stelle sich vor, ich lernte sogar, eine
Angelrute in der Hand zu halten. Am Abend haben wir auf
einem Feuerchen vor unserer Steinhütte selbstgefangene
Fische gebraten und uns unter freiem Sternenhimmel bis
spät in die Nacht über Gott und die Welt unterhalten. Es war
wundervoll. So wie in den kitschigen Filmen irgendwie – nur
noch viel schöner.*

*Schade, dass es schon vorbei ist. Von mir aus hätten wir
gut eine Woche anhängen können, oder auch zwei. Ich
glaube, mit Alex könnte man ein Jahr lang weit weg von
der Zivilisation leben, und es wäre keinen Augenblick langweilig. Ihm fällt immer wieder etwas Verrücktes ein, das man
noch ausprobieren könnte. Er hat einen unbegrenzten Reichtum an Einfällen und Energie. Alex ist ein Original. Wenn es
ihn nicht gäbe, müsste man ihn dringend erfinden.*

*Nur etwas beunruhigt mich an ihm. Ich weiß eigentlich
nicht, warum, aber irgendwie krieg ich das Gefühl nicht los,
dass mir Alex etwas verschweigt. Da war irgendetwas in
seinen Augen, das ganze Wochenende über. Etwas, das ich*

nicht beschreiben kann. Doch meine weibliche Intuition sagt mir, dass da etwas ist, etwas Undefinierbares, Verstecktes. Eine Wahrheit, die er um nichts in der Welt preisgeben will, irgendein Geheimnis, keine Ahnung was. Aber ich möchte zu gern wissen, was er mir verheimlicht. Und ich werde dahinterkommen. Garantiert.

Mann, das war echt stark. Ein Wochenende wie aus dem Bilderbuch. Ich kam mir vor wie ein Cowboy aus einer Zigaretten-Werbung: Feuerchen, Wildnis, Freiheit. Fehlten nur die Pferde im Hintergrund. Ich nehme jetzt übrigens Reitstunden. Sybil weiß nichts davon, ich will sie überraschen. Es macht mir total Spaß, das Reiten. Meine Kumpel haben mich natürlich aufs Korn genommen, als ich ihnen endlich den wahren Grund meines ewigen Muskelkaters offenbarte. Da kennen die nichts.

«Nur wegen einem Mädchen lernst du reiten?»

«Ich wollte schon immer reiten», sagte ich, «ich hatte bloß nie Zeit.» Das nehmen sie mir logischerweise nicht ab. Obwohl es sogar stimmt. Ich hab mich tatsächlich immer fürs Reiten interessiert, weil ich wusste, dass man dort viele Mädchen trifft. Aber im Moment geht es mir nicht mehr um die Mädchen, sondern wirklich ums Reiten (auch wenn mir das keiner glaubt). Ich bin schon jetzt gespannt auf Sybils Gesicht, wenn ich plötzlich elegant dahergeritten komme, als wäre ich im Sattel zur Welt gekommen. Ich will nicht vor ihr bluffen, aber es ist schon ein gutes Gefühl, wenn du in den Augen eines Mädchens Bewunderung erkennen kannst.

An diesem Wochenende hatte ich mehrmals diesen Eindruck, und Sybils aufrichtiges Interesse an meinen ungewöhnlichen Hobbys verleitete mich beinahe dazu, ein paar unserer besten Streiche preiszugeben.

Aber ich tat es nicht. Ich konnte sie nicht einweihen. Das Risiko war zu groß. Dabei haben wir in letzter Zeit ein paar wirklich crazy Nummern geboten.

Patrick hat es irgendwie hingekriegt, einen Geld-Automaten so zu präparieren, dass er immer hundert Franken auf einmal ausspuckte. Ich sag es ja: Patrick ist ein Genie. Und angespornt durch diese Glückssträhne wagten wir uns ein paar Tage später gleich nochmals an einen Automaten: einen Kondom-Automaten in der Bahnhofstoilette. Wir haben uns überlegt, dass ein solcher Automat bestimmt eine Menge Kohle gibt, und so schlichen wir uns nachts in die Toilette und schraubten das Ding ab.

Doch es ging alles gründlich in die Hose. Zuerst trat jemand in die Toilettenräume, ausgerechnet als wir die letzte Schraube gelöst hatten. Wir mussten uns mit aller Kraft gegen den schweren Kasten lehnen, damit er nicht runterfiel, während der Fremde in aller Seelenruhe sein Geschäft verrichtete. Mann, das dauerte! Es kam mir vor, als würde der Typ ein ganzes Schwimmbecken entleeren, und uns platzten fast die Köpfe vor Anstrengung. Ich weiß nicht, was dem unerwünschten Toilettenbesucher durch den Kopf ging, als er uns da so seltsam verkrampft stehen sah. Wahrscheinlich hat er schon gemerkt, dass etwas nicht stimmte, wollte sich aber nicht einmischen und verließ die Toilette, ohne sich noch einmal umzudrehen.

Wir warteten eine Weile, dann verstauten wir den Automaten in einer riesigen Reisetasche und wollten uns möglichst lautlos aus dem Staub machen. Nur: Aus dem lautlos wurde leider nichts. Als wir die Treppe am Ende der Unterführung hochgingen, stolperte Dirk, die Tasche prallte mit einem höllischen Lärm auf die Stufe, und es klimperte, als führten wir die Münzen sämtlicher Schweizer Banken mit uns.

Nun, zum Glück kamen wir trotz dieses sehr verräterischen Geräusches unentdeckt aus dem Bahnhofsgebäude raus. Wir begaben uns auf dem schnellsten Weg zum nächsten Wald, wo wir ungestört auf den Automaten einhacken konnten, um an unsere eigentliche Beute zu gelangen. Mann, ich weiß nicht, warum die einen Pariser-Automaten wie einen Panzerschrank sichern. Wir brauchten sage und schreibe zwei geschlagene Stunden, bis wir das Ding mit unseren Werkzeugen geöffnet hatten, und dann kam die bittere Enttäuschung: Unsere Beute bestand aus lächerlichen 65 Franken und 500 Parisern ... Was soll man da sagen?

Heute kann ich darüber lachen, aber damals war ich stinksauer, ehrlich. Da rackert man sich ab, und nach zwei Stunden harter Arbeit hat man nichts als 65 Franken. Was für eine Blamage. Und dabei hat es auf der Treppe so lieblich wie Tausende von Franken geklimpert. Nun, man kann schließlich nicht immer Glück haben. Vielleicht haben sich auch die Bahnhofstoiletten gegen uns verschworen. Denn ein paar Wochen später erlebten wir gleich noch einen Reinfall.

Diesmal waren Patrick und ich alleine. Wir waren mit unseren Motorrädern nach Olten gefahren, um für eine Grillparty ein paar Fische zu klauen. In der Zwischenzeit hatten wir uns zu eidgenössisch diplomierten Party-Fischfängern hochgearbeitet. Wo immer es eine Party gab, brachten wir die Fische. Geklaute natürlich, aber das wusste niemand. Und wer es wusste oder vermutete, stellte trotzdem keine Fragen. Denn dass wir nicht die frömmsten Jungs vom Dorf sind, weiß sowieso jeder, und solange man von den illegalen Tätigkeiten anderer profitieren kann, sieht, hört und sagt man nichts, genau wie die drei Affen, die sich Augen, Ohren und Mund zuhalten. Und den

Fischen sieht man ja bekanntlich nicht an, ob sie aus der Aare oder aus einem Restaurant-Aquarium stammen. Und wenn sie gegessen sind, bleiben von dem Beweismaterial sowieso nur die Gräten übrig, und die beweisen rein gar nichts.

In jener Nacht also brachen Patrick und ich wie üblich mit dem Bolzenschneider ein Aquarium auf und klauten drei je einen Meter lange, wunderschöne Hechte. Wir versteckten die noch lebenden Fische unter unseren Jeans-Jacken und überlegten uns, wo und wie wir sie mitten im Stadtzentrum am besten töten sollten. Wir konnten ja nicht gut auf offener Straße drei Meterhechte auspacken und auf den Pflastersteinen totschlagen. Aber sie lebend unter der Jeans-Jacke bis nach Strengelbach schmuggeln, das war uns auch zu blöd.

«Wie wär's auf der Bahnhofstoilette?» schlug ich spontan vor.

«Und wenn jemand reinkommt wie beim letzten Mal?» wandte Patrick ein.

«Dann schlagen wir ihm die Fische um die Ohren, bis er sich freiwillig zurückzieht», meinte ich.

«Okay», willigte Patrick ein, «versuchen wir's. Es wird schon schief gehen.» In gewissem Sinne ging es tatsächlich schief. Es gelang uns zwar, die Hechte zu töten, doch als wir ihre Köpfe mit voller Wucht über die Kante der Waschbecken schlugen, spritzte das Blut der riesigen Fische nach allen Seiten, und die gesamte Bahnhofstoilette wurde besudelt. Es sah aus, als wäre hier soeben eine Schlachtszene für einen Horrorfilm gedreht worden. Auch Patrick und ich waren von den Spritzern nicht verschont geblieben. Wir guckten uns ziemlich verblüfft an, warfen einen Blick auf die toten Hechte, auf die blutverschmierten Spiegel und Wände und hielten es dann für besser, den Tatort zu verlassen, bevor jemand die Bescherung sehen und womöglich die Polizei holen würde.

Ich muss heute noch lachen, wenn ich an diese Story zurückdenke. Und ich hätte zu gerne gewusst, wer nach uns als Erster in die Toilette kam und ob er gleich die Mordkommission verständigt hat.

Eigentlich schade, dass ich Sybil nichts von diesen Max-und-Moritz-Geschichten erzählen kann. An jenem Wochenende im Tessin lag es mir wirklich mehrmals auf der Zunge, sie einzuweihen. Es reizte mich, ihr alles zu sagen: zum Beispiel wie Patrick und ich ohne Angelschein in Pachtgewässern und Fischaufzuchts-Anlagen fischen gehen. Oder wie wir uns nachts mit Taschenlampen in unterirdischen Kanälen tummeln. Ich habe dazu eigens einen Rucksack mit Wassersäcken konstruiert, in dem wir die Fische lebendig mitnehmen können, ohne dass jemand Verdacht schöpft. Wir fangen sie mit Netzen oder von Hand, und die Aale kriegen wir mit der Harpune.

Ich hab lange geübt, bis ich das Fischen von Hand in den Griff bekam. Es gibt nicht viele, die diese Technik beherrschen. Patrick hat es längst aufgegeben. Fische von Hand zu fangen ist nicht sein Ding. Er sieht die Fische immer erst, wenn ich sie bereits gefangen habe. Du brauchst dazu eine total ruhige Hand und viel Geduld, und wenn du zupackst, musst du so schnell sein wie ein Fisch-Adler.

Bis jetzt hat uns noch nie jemand erwischt beim Schwarzfischen. Ist sowieso ungerecht: Die reichen Leute privatisieren für sich Bäche und Gewässer und fischen die größten Forellen, und wir armen Würmer müssen uns mit einem kleinen Angelschein für die Aare zufrieden geben. Ich sehe nicht ein, warum wir uns das gefallen lassen sollen. Auf die paar wenigen Forellen und Hechte, die wir fischen, kommt es sowieso nicht an. Fische sind dazu da, gefischt zu werden, Schein hin oder her. Basta.

Ich glaube, Sybil wäre ziemlich entsetzt, wenn ich ihr meine Ansichten ungeschminkt präsentieren würde. Also unterlasse ich es lieber, um nichts aufs Spiel zu setzen. Ich würde es nicht ertragen, wenn Sybil mir wegen meines unseriösen Lebenswandels den Rücken kehren würde. Dazu mag ich sie viel zu sehr. Sie ist das erste Mädchen, mit dem ich offen über alles reden kann. Na ja, über fast alles.

An jenem Wochenende im Tessin redeten wir die halbe Nacht durch, ohne dass wir merkten, wie die Zeit verging. Es war echt genial. Und wir kamen auf Themen, über die ich noch nie mit jemandem geredet hatte, weder mit Patrick noch mit anderen Jungs, und schon gar nicht mit einem Mädchen. Ich weiß wirklich nicht, was in mich gefahren ist, dass ich mich Sybil gegenüber so geöffnet habe. Ich habe mich vor ihr geschält wie eine Zwiebel, habe ihr Dinge über mich anvertraut, die ich nicht einmal Patrick erzählt habe. So was ist mir noch nie passiert. Echt nicht. Und ich frage mich, woher dieses ungewöhnliche Vertrauen zu ihr kommt. Vielleicht lag es daran, dass auch sie mir erlaubte, einen Blick in ihre Seele zu werfen. Ja, das muss wohl der Grund sein. Wir haben die Masken fallen lassen und unsere Verletzlichkeit voreinander aufgedeckt, so als würden wir uns seit Ewigkeiten kennen.

Am liebsten hätte ich Sybil in den Arm genommen, dort am Feuerchen unter freiem Himmel, ehrlich. Aber ich glaube, es wäre nicht richtig gewesen, obwohl Dirk mich deswegen auslachen und eine absolute Flasche nennen würde. Aber ich bin nicht Dirk, der jede Woche eine andere Freundin hat. Sybil bedeutet mir zu viel, als dass ich sie wie eine leicht zu gewinnende Beute behandeln würde, so wie es offensichtlich andere vor mir getan haben.

«Ich hasse es, wenn Männer mir auf der Straße nachstarren», gestand mir Sybil. «Manchmal wär's mir lieber, ich wäre fett und hässlich. Dann würden sie mich wenigstens in Ruhe lassen.»

«Also, ich glaube, ihr Frauen habt ein echtes Problem», sagte ich, «die hässlichen lechzen danach, hübsch zu sein, und die hübschen wären lieber hässlich und unattraktiv.»

«Daran seid einzig und allein ihr Männer schuld», entgegnete Sybil prompt. «Wenn ihr uns nicht nach dem Äußeren beurteilen würdet, wäre alles ganz anders.»

«Nicht alle tun das.»

«Aber die meisten. Ich möchte *einmal* erleben, nur ein einziges Mal, dass sich jemand dafür interessiert, wie es hier drinnen aussieht, und nicht dafür, ob ich hübsch geschminkte Augen habe. *Einmal.*»

«Und wie sieht es da drinnen aus?» fragte ich. Ich glaube, auf diese Frage war sie nicht gefasst. Sie hob eine Kastanie vom Boden auf und drehte das stachelige Ding zwischen den Fingern. Dann sah sie flüchtig zu mir herüber, nur ganz kurz und murmelte:

«Ich glaube nicht, dass dich das interessiert.»

«Und wenn doch?» Sie schüttelte den Kopf.

«Du würdest es mir eh nicht glauben.»

«Wieso?»

«Mein Ex-Freund hat es mir auch nicht geglaubt.»

«Ich bin nicht dein Ex-Freund.»

«Trotzdem.» Jetzt wurde ich neugierig.

«Du beklagst dich, dass sich niemand für dein Inneres interessiert. Aber jetzt, wo sich jemand dafür interessiert, willst du nicht damit rausrücken.» Sie öffnete mit den Fingernägeln die stachelige Kastanie und klaubte die dunkelbraune, glänzende Marone heraus.

«Vergiss es.»

«*Du* hast damit angefangen, nicht ich.»

«Also gut», sagte sie und holte tief Atem, ohne mich anzusehen. «Wenn ich dir sagen würde, dass sich hinter meinem Lächeln oft gähnende Leere befindet, würdest du es mir glauben?»

«Ehrlich gesagt, nein», sagte ich etwas verwundert.

«Siehst du?» Sie warf die leere Kastanienhülle ins Feuer. «Darum geht es. Alle denken, ein Mädchen wie ich hätte keine Probleme.»

«Hey. Das ist doch Schwachsinn. Jeder von uns hat seine Probleme. Meinst du, bei mir drinnen sei immer alles in Butter?»

«Du verstehst nicht, was ich meine.»

«Dann erklär es mir.» Sie strich sich eine Haarsträhne aus dem Gesicht und dachte eine Weile nach. Ich hätte es stundenlang von der Seite betrachten können, dieses elegante, in Gedanken versunkene Gesicht im flackernden Schein des Feuers. Man hätte es fotografieren und als Titelbild einer CD verwenden können. Sie ist wirklich hübsch, daneben verblassen Dirks Freundinnen allesamt.

«Ist es dir noch nie passiert», begann sie schließlich, «dass du dich inmitten vieler Leute total einsam fühlst?»

Ich erinnerte mich in diesem Augenblick an all die Partys, bei denen ich mir meistens vorkomme wie ein Außerirdischer. Alle reden miteinander, nur ich stehe daneben und weiß nicht, worüber ich mich unterhalten soll, weil sich sowieso kein Mensch für meine Welt interessiert. Aber dass ein Mädchen wie Sybil dieses Problem aus eigener Erfahrung kennt, das überraschte mich doch ziemlich.

«Ja», antwortete ich wahrheitsgetreu, «das kenne ich sehr wohl.»

«Die Leute fragen dich, wie es dir geht, und du sagst, es gehe dir blendend. Dabei geht's dir beschissen. Kennst du das?» Wieder nickte ich.

«Das ist es, was ich meine», sagte Sybil, «es geht dir miserabel, aber weil das niemand hören will, spielst du aller Welt und dir selbst vor, es wäre alles in bester Ordnung. The show must go on. Oder wie meine Mutter sagt: Die Augen sind der Spiegel der Seele. Aber leider tragen wir lieber Sonnenbrillen, als unser Herz zu entblößen.»

Ich war absolut baff, dass Sybil mir das alles so unverblümt offenbarte. Ich hätte nie gedacht, dass ein so attraktives, begehrtes Mädchen wie Sybil sich manchmal genauso unverstanden fühlt wie ich. Und es erstaunte mich noch mehr, dass sie das so offen zugab.

«Meine Mutter hat für alles eine Antwort», fuhr sie fort, während sie die Esskastanie in ihrer Hand betrachtete, als hätte sie noch nie eine gesehen. «Und wenn es ihr zu schwierig wird, bringt sie Gott ins Spiel. Sie sagte mir, Gott hätte genau die Größe meiner Leere, und nur er könne diesen Hohlraum in mir ausfüllen.» Sie zuckte die Achseln und sah mich von der Seite an. «Meine Mutter hält Kindergottesdienst, weißt du, daher hat sie diese nette Idee vom lieben Gott im Himmel.»

«Ich weiß», sagte ich, «ich ging auch mal zu ihr in den KiGo.»

«Ach ja, richtig», erinnerte sich Sybil, «dann weißt du ja, wie sie denkt. Ich selbst seh das ein bisschen anders.»

«Wie denn?»

«Na ja. Ich glaube schon an einen Gott. Aber irgendwie ist mir das alles zu wenig greifbar.»

«Mit Religion hab ich nicht viel am Hut», gestand ich, «wenn es einen Gott gäbe wie den aus dem Kindergottesdienst, dann müsste die Welt etwas anders aussehen, denke ich. Wie kann ein liebender Gott all das Leid zulassen, das in der Welt geschieht? Hat deine Mutter darauf auch eine Antwort?»

«Sie sagt, dass der Mensch nur erntet, was er selbst gesät hat, weil Gott ihn frei entscheiden lässt zwischen Gut und Böse.»

«Sehr einfach. Und was ist mit den Kindern, die ernten müssen, was ihre Eltern gesät haben? Was ist mit den Scheidungskindern? Oder mit solchen, deren Mütter tablettensüchtig und deren Väter ständig betrunken sind? Was ist mit denen?»

«Du redest von dir selbst, hab ich Recht?»

Ich zuckte kaum merklich zusammen, als mir bewusst wurde, was ich soeben ungewollt ausgeplaudert hatte. Ich hatte noch nie mit jemandem über meine Familienverhältnisse geredet. Was sich bei uns zu Hause abspielte, brauchte niemand zu wissen. Damit musste ich allein klarkommen. Ich muss Sybil wohl ziemlich entgeistert angeblickt haben, denn kaum ausgesprochen, entschuldigte sie sich bereits für ihren Kommentar.

«Sorry, ich wollte dich nicht in Verlegenheit bringen. Meine Mutter hat mir davon erzählt.»

«Ist schon okay», winkte ich ab. «Ich weiß, dass es das ganze Dorf weiß. Was soll's. Ich kann's auch nicht ändern.»

«Trinkt dein Vater viel?» fragte Sybil scheu.

«Genug, um selten nüchtern zu sein.»

«Muss ganz schön hart für dich sein, denke ich.»

«Ich hab mich damit abgefunden», sagte ich, brach einen Ast entzwei und warf ihn in die Glut. «Könnten wir nicht von etwas anderem reden?»

«Klar», sagte Sybil. Wir saßen eine ganze Weile schweigend da und starrten in das knisternde Feuer. Ich hasse solche peinlichen Momente, wo jeder darauf wartet, dass der andere zuerst etwas sagt. Schließlich brach ich die Stille und fragte Sybil kurzerhand, ob sie Lust auf Schokoladenpudding hätte. Damit war die Situation gerettet, und nachdem wir zusammen die ganze Schüssel Pudding gegessen hatten, war das Feuerchen fast gänzlich niedergebrannt, und unsere Energie ebenfalls. Trotzdem redeten wir noch über eine Stunde unter dem klaren Sternenhimmel weiter, bis wir uns endlich eingestanden, dass wir wirklich müde waren. Es ging auf drei Uhr nachts zu, als wir uns schlafen legten, und trotz fortgeschrittener Stunde dachte ich noch lange über den vergangenen Abend nach.

Ich kann mich nicht erinnern, jemals einen so wundervollen Abend verbracht zu haben. In den Filmen hätte der wilde Cowboy seine Angebetete längst geküsst. Und ich weiß, dass Dirk, Rafael und sogar Patrick mich für den dümmsten Trottel halten würden, wenn ich ihnen sagte, ich hätte einen ganzen Abend lang dem hübschesten Mädchen der Welt gegenüber gesessen, ohne es auch nur einmal zu berühren. Schon etwas ungewöhnlich, ich weiß…

Aber es war mir egal, was sie denken würden. Ich weiß, dass ich in meinem Leben noch nie so glücklich gewesen bin und dass dieser Abend mit Sybil viel wertvoller gewesen ist als tausend Küsse von ihr. Unsere Lippen hatten sich zwar nicht berührt, dafür aber unsere Seelen, und diese Erfahrung möchte ich gegen nichts in der Welt eintauschen. Es war genial. Adrenalin pur. Und ich hoffe, dass es immer so bleiben wird.

8. Andy

Ich sitze auf meinem Bett und kann nicht einschlafen. Dabei ist es schon nach zwei Uhr. Es lässt mir keine Ruhe, was heute Abend im Pub passiert ist und was in diesem Büchlein steht. Ich versuche, meine Gedanken auf etwas anderes zu lenken: auf Alex.

Ist es wirklich schon fast drei Jahre her, seit wir uns kennen gelernt haben? Es kommt mir vor, als wären wir erst gestern zusammen im Tessin gewesen, Alex und ich. Wir sehen uns nicht mehr ganz so oft wie in den ersten Monaten, als er mir das Autofahren beibrachte und ich ihm das Reiten. Das heißt: Er hat mich natürlich total an der Nase herumgeführt. Ich hab gedacht, er mache meinetwegen so große Fortschritte, dabei hat er heimlich Reitstunden genommen. Typisch Alex. Wenn er sich etwas in den Kopf gesetzt hat, zieht er es auch durch.

Ich war jedenfalls schwer beeindruckt, als er mir eines Tages auf Jambo demonstrierte, was er schon alles gelernt hat. Hut ab. Von da an gingen wir häufig zusammen reiten und unternahmen stundenlange Ausflüge. Wir galoppierten über die Wiesen und durch die Wälder, als würde uns die ganze Welt gehören. Es ist schon seltsam: Mit einer Freundin bin ich dieselben Strecken tausendmal geritten, aber mit Alex kommt es mir immer so vor, als wäre jede mir längst bekannte Landschaft eben erst erschaffen worden. Mit Alex zu reiten ist echt ein Abenteuer. Und das, obwohl wir beide unter demselben lästigen Problem leiden: Heuschnupfen. Sobald die ersten Wiesen gemäht werden, hören unsere Augen nicht mehr auf zu tränen, und wir heulen und niesen fast ununterbrochen. Und trotzdem: Alles, was Alex und ich zusammen unternehmen, ist total aufregend, ich weiß nicht warum.

Im Moment bin ich ziemlich im Stress. Um mir neben meiner Lehre als Kaufmännische Angestellte ein wenig Taschengeld zu verdienen, hab ich einen Job als Bardame in einem Pub angenommen. Ich weiß nicht, ob das eine gute Idee war. Die Arbeit gefällt mir zwar, aber es ist anstrengend, und die Ringe unter meinen Augen werden von Tag zu Tag größer. Und dann heute Abend die Sache mit Andy. Das brachte mich völlig durcheinander. Ich sitze schon fast eine Stunde auf meinem Bett, und Andys Worte gehen mir nicht mehr aus dem Kopf. Sie verfolgen mich. Warum bloß?

Ich habe Andy und seinen Kumpel Dinu vor einem Monat im Pub kennen gelernt. Sie setzten sich an die Bar, bestellten zwei Cola und begannen sich angeregt zu unterhalten. Normalerweise achte ich nicht auf die Gespräche der jungen Männer, die an der Theke sitzen. Ist sowieso immer der gleiche Schwachsinn: Frauen, Sex, Militär und Autos.

Aber diese beiden Burschen redeten über etwas völlig anderes, sie unterhielten sich über Jesus! Ein wahrlich ungewöhnliches Thema für einen Pub. Ich begann mit einem Ohr hinzuhören, denn es interessierte mich, was sie sagten. Schließlich konnte ich mich nicht mehr zurückhalten und meinte neckisch: «Findet ihr nicht auch, dass ein Thema wie Jesus in die Kirche und nicht in ein Pub gehört?»

«Warum?» gab der eine der beiden den Ball an mich zurück und brachte mich damit doch beinahe in Verlegenheit.

«Na ja», versuchte ich mich zu rechtfertigen, «ist mir ehrlich gesagt noch nie passiert, dass sich hier drin jemand über Religion unterhält.»

«Einmal ist immer das erste Mal», sagte der andere und lächelte. «Ich bin übrigens Andy, und das ist Dinu.»

«Sybil», stellte ich mich vor.

«Kennst du Jesus?» fragte mich Andy. Dumme Frage, dachte ich.

«Na klar kenne ich Jesus!» sagte ich. Dinu, der andere junge Mann, überreichte mir einen vermeintlichen Brief-

umschlag, auf dem geschrieben stand: «Ein Brief für Dich.» Erst als ich ihn in Händen hielt, merkte ich, dass es sich um ein dünnes Büchlein handelte, das bloß so aussah wie ein Flugpost-Kuvert.

«Ist das eine Einladung zu einer Party?» fragte ich Dinu, worauf er schmunzelnd meinte:

«Eine Einladung ist es, aber nicht zu einer Party.»

«Wozu dann?»

«Lies es, dann weißt du es», sagte Andy.

«Okay, mach ich.» Da ich sowieso keine Zeit hatte, es hinter der Theke zu lesen, steckte ich das Büchlein in meine Handtasche, und dort blieb es dann auch eine lange Zeit, genauer gesagt bis heute, einen Monat nach unserer ersten Begegnung. Andy steuerte direkt auf mich zu, als er den Pub heute Abend betrat. Er setzte sich lässig auf einen Barhocker, bestellte eine Cola und fragte mich, wie's mir gehe, so als wären wir alte Freunde.

«Gut», sagte ich.

«Hast du es gelesen?»

«Was gelesen?»

«Das Büchlein, das wir dir gaben.»

«Ach das», antwortete ich und kratzte mich verlegen am Kinn, «bin noch nicht dazu gekommen. Aber ich werd's lesen, das versprech ich dir.»

«Tu das», meinte Andy, «es ist echt gut, was da drin steht. Kann dein Leben verändern.»

«Warum sollte sich mein Leben verändern?»

«Ich weiß nicht», sagte Andy. «Meines hat es jedenfalls verändert.»

«Ach, und inwiefern?» Andy nahm einen großen Schluck Cola.

«Wenn ich dir alles aufzählen würde, was sich verändert hat, seit ich Jesus kenne, wären wir morgen früh noch hier. Aber wenn es dich wirklich interessiert: Komm mal mit in unsere Kirche, dann wirst du besser verstehen, wovon ich rede.»

Kirche? Allein das Wort hört sich verstaubt an. Wer geht heutzutage schon in die Kirche? Alte Leute, die den guten alten Zeiten nachtrauern. Für die junge Generation von heute ist das nichts.

«Jeden Sonntag um zehn Uhr ist Gottesdienst», fuhr Andy weiter, obwohl er merkte, dass sich meine Begeisterung in Grenzen hielt. «Hast du diesen Sonntag schon was vor?»

Mich schauderte es beim Gedanken, sonntags früh aufzustehen. Ich hatte mich für Samstag Abend mit ein paar Freunden zu einer Party verabredet, und am nächsten Morgen wollte ich ausschlafen.

«Dieser Sonntag ist schon besetzt», sagte ich unbestimmt. «Vielleicht ein andermal.»

«Okay», meinte Andy, «dann ein andermal. Vergiss nicht, wenigstens das Büchlein zu lesen.»

«Mach ich», antwortete ich mehr aus Höflichkeit, denn es war im Grunde nicht meine Absicht, es tatsächlich zu lesen.

Aber als ich nach Mitternacht zu Hause ankam, ließ mich das Gespräch mit Andy nicht mehr los, und schließlich holte ich das Büchlein aus der Tasche und begann darin zu blättern. Ich wollte es eigentlich nur kurz überfliegen, denn ich war todmüde. Und morgen wartete ein harter Tag auf mich, aber was in diesem kleinen Büchlein stand, packte mich, ja, es wühlte mich auf. Das muss die Wahrheit sein, dachte ich, denn es ist gut.

Da hieß es, Gott habe die Welt so geliebt, dass er seinen einzigen Sohn, Jesus Christus, für uns gab, um am Kreuz auf Golgatha für unsere Verfehlungen zu sterben. Meine Mutter hat mir das schon oft gesagt, aber ich hab es bisher immer für eine nette Geschichte aus der Kirche gehalten, ohne Bezug zu meinem Leben.

Doch auf einmal merkte ich, dass das sehr wohl mit mir zu tun hat. Diesen Jesus hat es tatsächlich gegeben. Er hat gelebt, wie ich heute lebe, er war ein Mensch aus Fleisch und Blut, wie ich es bin. Und er ist gekreuzigt worden, das ist ebenfalls Fact.

Die Frage ist bloß: Was fange ich jetzt damit an? Wie ordne ich diesen Jesus ein? War er nichts weiter als ein guter Mensch mit einem speziellen Draht zu Gott? Oder war er der, für den er sich selbst ausgab: Gottes Sohn? Wenn er nicht Gottes Sohn war, sich aber fälschlicherweise als solcher bezeichnete, dann müsste er ein absoluter Irrer gewesen sein, dass er für diese falsche Annahme den Tod am Kreuz in Kauf nahm.

Wenn er aber Gottes Sohn war und tatsächlich für die Schuld der ganzen Welt am Kreuz gestorben ist, dann hat das ja auch Konsequenzen für mein Leben! Dann würde das bedeuten, dass es einen Gott gibt, dem ich nicht egal bin und der bereit ist, einen hohen Preis zu bezahlen, um mir den Himmel zu öffnen. Wie oft habe ich diesen berühmten Bibelvers schon gehört: «Denn also hat Gott die Welt geliebt, daß er seinen eingeborenen Sohn gab, damit alle, die an ihn glauben, nicht verloren werden, sondern das ewige Leben haben.»

Ewiges Leben. Darüber habe ich noch nie nachgedacht. Doch jetzt sitze ich auf meinem Bett und kann meine Gedanken nicht mehr ausschalten. Fragen über Fragen purzeln in meinem Kopf herum. Warum bin ich hier? Wozu lebe ich überhaupt? Wo komme ich her? Wo gehe ich hin, wenn ich sterbe? Und was hat dieser Jesus für ein Interesse an mir, falls es ihn wirklich gibt?

Ich sollte längst schlafen. Hab schon die letzten Nächte viel zu wenig geschlafen. Und morgen hab ich mich mit Alex zum Reiten verabredet. Wenn ich dem sage, ich hätte mir die Nacht auf der Suche nach dem Sinn des Lebens um die Ohren geschlagen, wird er denken, ich ticke nicht mehr ganz richtig. Ich weiß ehrlich gesagt auch nicht, was in mich gefahren ist, warum mich all diese Fragen derart beschäftigen. Ich hab immer geglaubt, ich hätte das

Thema Gott und Religion mit der Konfirmation abge-
schlossen. Ich bin jung, ich habe das Leben vor mir. Mit
Gott kann ich mich auseinander setzen, wenn ich alt und
grau bin. Wahrscheinlich ist diese Grübelei nur eine Phase
und geht wieder vorbei.

Und doch, die Sache lässt mir keine Ruhe. Dieses Büch-
lein hat Fragen in mir aufgeworfen, die ich längst in meinem
Unterbewusstsein begraben oder mir gar nicht erst gestellt
hatte – aus Angst, keine Antwort darauf zu finden. Plötzlich
merke ich, auf welch wackeligem Fundament ich eigentlich
stehe. Meine ganze Weltanschauung ist in Frage gestellt.
Mein ganzes Leben. Mein ganzes Ich. Da ist nichts, woran
ich mich festklammern kann, kein Halt, kein Rettungsanker
weit und breit. Ich bin mit mir selbst allein. Oder mit Gott?
Gott, wo bist du? Gibt es dich wirklich? Kannst du mich
sehen? Kannst du fühlen, was mein Herz denkt? Hast du
eine Antwort auf meine Fragen? Ich brauche eine Antwort!
Ich möchte wissen, wer ich bin! Antworte mir, Gott, wenn es
dich gibt! Antworte mir!

Was ist bloß los mit allen? Ich hab das Gefühl, Patrick
und ich sind die Einzigen in diesem Zirkus, die noch
einigermaßen normal geblieben sind. Alle andern ticken nicht mehr ganz richtig. Was Sybil über die Leber
gekrochen ist, kann ich mir beim besten Willen nicht
erklären. Wir sind zusammen ausgeritten, und sie hat
fast kein Wort gesprochen. War unzufrieden und
griesgrämig. So hab ich sie noch nie gesehen. Ist nicht
ihre Art, vor sich hin zu brüten. Irgendetwas beschäftigt sie, aber als ich sie danach fragte, versicherte sie
mir, es wäre alles in bester Ordnung. Da ist was faul
dran, das spür ich.

Tja, und dann am Abend, als sich Dirk, Patrick und
ich bei Rafael trafen, um uns einen Science-Fiction-
Film reinzuziehen, eröffnete uns Rafael, er hätte vor,

sich eine Waffe zu kaufen. Ich glaubte mich verhört zu haben, als er das sagte. Gut, unser Militär-Freak war schon immer auf alles scharf, was knallt. All die Bomben, die wir selbst gebastelt haben, um Hornissen-Nester oder Briefkästen in die Luft zu jagen, waren seine Erfindung. Auf Bomben versteht sich Rafael, das muss man ihm lassen. Azetylen-Sauerstoff-Bomben, Schwarzpulver-Bomben, alles, was explodiert, gehört in sein Fachgebiet.

Als er Militärdienst leistete, hat er Handgranaten-Zünder mitgehen lassen, dieser verrückte Kerl. Die zementierten wir dann in unsere selbstkreierten Modelle ein. Wir bauten voll die affenstarken Filmbomben aus Ballons, die wir mit Schwarzpulver füllten und mit Bastelgips, Drahtgitter und Zement überpflasterten. Wenn du den Zünder ziehst und dich nicht innerhalb von fünfzehn Sekunden in Sicherheit bringst, pustet es dir entweder den Schädel weg, oder du bist gehörgeschädigt. Wir haben einmal eine Bombe am Waldrand gezündet, und bei der Explosion gab es einen tierischen Knall, den man bestimmt bis ins nächste Dorf hörte. Steine wirbelten durch die Luft, und im Boden blieb ein riesiger, rauchender Krater zurück.

Aber irgendwann haben wir mit den Bombenspielchen aufgehört. Außer dem Umstand, dass es knallt, hast du nicht viel davon. Völlig uninteressant. Erstens bringt es kein Geld, und zweitens lockt es höchstens die Polizei an. Rafael sieht das natürlich anders. Für ihn hat alles, was knallt, raucht und Funken sprüht, einen ästhetischen Wert. Komplett verrückt, der Junge. Und jetzt will er sich also einen Revolver kaufen.

«Easy, Leute», versuchte er uns zu beruhigen, als wir in seinem Zimmer saßen und ihn ziemlich konsterniert anstarrten, «ich will nicht Cowboy spielen oder wild in der Gegend herumballern. Ich will mich bloß schützen.»

«Schützen?» tat Patrick. «Wovor?»

«Falls uns jemand überrascht.»

«Und was willst du tun, wenn uns jemand überrascht?»

«Ich schieße ihm in den Fuß», erklärte Rafael, als wäre es das Selbstverständlichste der Welt.

«Du hast sie wohl nicht alle», sagte ich. «Du würdest voll auf jemanden schießen?»

«Hey, ich rede hier nicht davon, jemanden zu erschießen, Junge. Ich sagte, ich würde einem Angreifer in den Fuß schießen, mehr nicht.»

«Mehr nicht», murmelte Patrick und rückte sich seine Brille zurecht. «Und wenn der Schuss woanders hingeht? Knie, Unterleib, Bauch? Na?»

«Keine Sorge. Ich weiß, wie man mit einer Waffe umgeht.»

«Auf dem Schießstand vielleicht», meinte ich.

«Mann, seid ihr alle Angsthasen», stellte Rafael fest und wandte sich Dirk zu. «Wie denkst du darüber?» Dirk saß lässig auf Rafaels Drehstuhl, die Hände in den Hosentaschen vergraben, und zuckte die Achseln.

«Von mir aus kannst du dich bis unter die Zähne bewaffnen. Solange du nicht auf einen von uns schießt.» Patrick und ich wechselten einen vielsagenden Blick. Ich muss ehrlich sagen, die Angelegenheit war mir nicht mehr ganz geheuer. Und dass sich Dirk auf Rafaels Seite stellte, machte die Sache noch schwieriger.

Ich bin sonst wirklich für alles zu haben. Je verrückter die Idee, desto besser. Jeder weiß das. Einmal montierten wir ein geklautes Blaulicht auf meinem Wagen, verkleideten uns als Polizisten und winkten mit einer ebenfalls geklauten Leuchtkeule Mofas von der Straße, um Geldbußen einzukassieren. So was macht Spaß. Oder mit dem Auto auf den Schienen durch den Eisenbahntunnel zu fahren, wie ich es in Frankreich gemacht habe, so was ist voll cool. Oder sich in die Nische eines Tunnels stellen und warten, bis der Zug mit 120 Stundenkilometern keinen halben Meter neben deinem Kopf vorbeidonnert. Der absolute Wahn. Natürlich lebensgefährlich, denn wenn du dich nicht mit aller Kraft an der Nischenstange festhältst, reißt es dich in den sicheren Tod. Aber gerade diese Todesgefahr machte die Sache ja so attraktiv.

Nein, ein Angsthase bin ich wirklich nicht, nie gewesen, doch alles hat seine Grenzen. Solange ich mein eigenes Leben gefährde, ist das mein Problem. Aber Unbeteiligte mit der Waffe zu bedrohen, das ist eine Nummer zu groß. Da mach ich nicht mit. Allein die Vorstellung, auf einen Menschen zu schießen, ist mir zuwider. Rafael ist echt zu weit gegangen. Will der sich doch tatsächlich eine Waffe kaufen! Und ist dann noch der Ansicht, es sei nichts dabei, jemandem in den Fuß zu schießen. Nicht mit mir.

«Und wenn du aus Versehen jemanden tötest?» wandte ich ein. «Was glaubst du, wie viele Jahre du für Mord kriegst?»

«Mord?» tat Rafael abgeklärt. «Es geht hier um Notwehr, Kinder. Was ist schon dabei, sich zu verteidigen?»

«Ich mach da nicht mit», sagte ich entschieden, und langsam begann mich Rafaels altkluges Getue wirklich nervös zu machen. «Was du außerhalb der Kruckerbande tust, ist mir egal. Aber wenn wir zusammen was drehen, und du tauchst mit einem Revolver auf, steig ich aus, das garantier ich dir.»

«Man könnte glauben, ihr wärt noch grün hinter den Ohren», meinte Rafael verständnislos. «Bist du einer gewaltfreien Sekte beigetreten? Oder hat dich diese Sybil angesteckt?»

Ich wusste nicht, worauf er hinauswollte.

«Womit angesteckt?»

«Ich bin informiert, Alex. Ich war gestern Abend im Pub, wo dein Täubchen arbeitet.»

«Sie ist nicht mein Täubchen.»

«Ich weiß. Sonst würde sie kaum mit einem anderen herumflirten, nehme ich an.»

Ich zuckte kaum merklich zusammen, und meine Frage kam wie aus der Kanone geschossen und wohl ein bisschen zu argwöhnisch.

«Mit wem?»

«Ich weiß nur, dass er Andy heißt und Mitglied irgendeines frommen Clubs ist.»

«Und sie hat mit ihm geflirtet?»

«Nun, sie haben sich sehr angeregt unterhalten, die beiden. Worüber, weiß ich nicht. Wieso? Bist du etwa eifersüchtig?»

«Natürlich nicht», redete ich mich heraus, «wir sind befreundet, mehr nicht.» Meine Stimme klang nicht gerade sehr überzeugend, was mir die grinsenden Gesichter meiner Kumpel umgehend verrieten. Sie würden sich mit Freuden auf dieses gefundene Fressen stürzen, wenn ich es nicht rechtzeitig verhinderte.

«Befreundet», grinste Dirk. «Ich hab dir immer gesagt, nimm sie dir, bevor es jemand anders tut. Kein Mädchen wartet drei Jahre, bis sich ihr Märchenprinz endlich für sie entscheidet.»

«Ich bin nicht ihr Märchenprinz. Wir sind nur befreundet!»

«Aber klar», nickte Rafael, «ihr geht auch *nur* einmal pro Woche miteinander reiten, und was danach läuft, wissen wir ja nicht.»

«Du lenkst vom Thema ab», sagte ich, um möglichst rasch aus dem Brennpunkt zu rücken. «Wie ist das jetzt mit der Waffe?»

«Ach, richtig, die Waffe», erinnerte sich Rafael, und ich war überrascht, dass meine Taktik funktionierte. «Ihr seid also dagegen?»

«Mir ist es egal», sagte Dirk.

«Die Kruckerbande hat sechs Jahre erfolgreich ohne funktioniert», meinte Patrick, «wir sind nie erwischt worden. Ich finde, Alex hat Recht. Das Risiko ist zu groß.» Rafael sah prüfend von einem zum andern und fügte sich schließlich etwas zerknirscht der Mehrheit.

«Meinetwegen. Ich finde es zwar lächerlich, dass ihr euch wegen eines Revolvers beinahe in die Hosen macht, ehrlich. Ich hab gedacht, ihr wärt erwachsen geworden. Aber was soll's. Dann eben nicht.» Er sprang auf: «Lasst uns den Film angucken, Jungs. Ich hab extra Popcorn gemacht.» Wir verpflanzten uns ins Wohnzimmer, beschlagnahmten das Sofa und den Teppich, Rafael holte Cola und Popcorn, löschte das Licht, und die Heimkino-Vorführung konnte beginnen. Es war irgendein aufwändig gedrehter Streifen über fremde Planeten, explodierende Raumschiffe und hässliche Außerirdische. Das Übliche.

Aber ich war mit meinen Gedanken an einem anderen Ort. Ich musste an Sybil denken und an das, was Rafael über sie gesagt hatte. Sie hätte mit einem Burschen namens Andy herumgeflirtet. Ob sie deshalb heute Nachmittag so seltsam war? Ich überlegte mir, ob ich sie beschatten sollte, um herauszufinden, wer dieser Andy war und was er von ihr wollte. Bin ich am Ende eifersüchtig? Bedeutet mir Sybil am Ende doch mehr, als ich mir selbst eingestehe?

Lächerlich. Wir sind nie ein Liebespaar gewesen, und doch kann ich mich nicht mit der Vorstellung abfinden, dass Sybil mit jemandem herumschäkert. Aber warum nur? Sie ist mir keine Rechenschaft schuldig, sie ist frei. Oder habe ich mir eingebildet, wir würden bis an unser Lebensende zusammen durch die Wälder reiten und die dicksten Freunde bleiben? Ich bin nicht ihr Märchenprinz, und ich muss aufhören, mir das einzureden. Ich mach mich dabei nur selbst kaputt. Sie liebt mich nicht. Und wenn wir auch die heißesten Diskussionen führen und uns besser verstehen als manches Ehepaar, so sind wir nicht füreinander bestimmt. Basta. Die Vernunft hat gesprochen. Thema abgehakt.

Jedenfalls im Kopf ...

9. Der größte Coup

Ich habe Angst. Warum, das weiß ich selbst nicht so genau. Doch es kommt mir vor, als würde mir etwas die Luft abschnüren, etwas Bedrohliches, Unbekanntes, das mich zu ersticken droht. Die Stille in unserem Haus macht mich schier wahnsinnig. Es ist, als würde sie mich innerlich auffressen. Ich möchte schreien und wage kaum zu atmen. Ein beklemmendes Gefühl packt mich wie eine Flutwelle und wirft mich in die Leere meines eigenen Herzens. Ich verstehe nicht, was mit mir geschieht. Ich glaube, zerplatzen zu müssen, fühle mich elend klein und verlassen und habe eine panische Angst, für die es keine logische Erklärung gibt, die aber meine Seele langsam und unerbittlich zermalmt wie zwischen zwei Mühlsteinen. Was ist bloß los mit mir? Warum dieses Wechselbad der Gefühle? Wovor fürchte ich mich eigentlich?

Meine Eltern machen Ferien in Israel, und wie ich im Fernsehen gesehen hab, herrschen dort wieder einmal große

Unruhen. Ich verstehe nicht, warum die sich immer gegenseitig eins auf den Deckel geben müssen, die Palästinenser und die Israelis. Mutter hat mir mal erklärt, die Wurzel des Problems liege in der biblischen Geschichte von den Brüdern Ismael und Isaak, den Urvätern dieser beiden Völker. Ein Engel habe zu Ismaels Mutter gesagt, ihr Sohn würde ein wilder Mensch sein, seine Hand gegen jedermann erheben, und jedermann würde seine Hand gegen ihn erheben, und er würde dort leben – all seinen Brüdern zum Trotz.

So ähnlich sieht es ja heute auch aus, wenn man die Zeitungsberichte liest. Sowohl die Palästinenser als auch die Israelis berufen sich auf ihren gemeinsamen Stammvater Abraham und behaupten, das Land gehöre rechtmäßig ihnen. Und weil keiner von beiden nachgeben will, wird es wohl auch nie eine friedliche Lösung geben. Meine Mutter sagt, Israel wäre das auserwählte Volk Gottes und würde deshalb immer im Brennpunkt der Weltgeschichte stehen.

Ich weiß nicht, ob dem so ist. Ich weiß nur eines: Ich werde erst wieder ruhig schlafen können, wenn meine Eltern am Samstag zurückkommen. Ich mache mir ernsthafte Sorgen um sie. Ich weiß nicht, was ich tun würde, wenn plötzlich das Telefon klingeln und man mir mitteilen würde, meine Eltern wären ums Leben gekommen. Natürlich ist es unsinnig, so zu denken, ich kann mir selbst nicht erklären, woher diese Besorgnis kommt. Ich bin sonst nicht ängstlich, aber seit jenem letzten Gespräch mit Andy vor zwei Monaten ist irgendetwas mit mir passiert. Ein Schneeball voller Fragen ist ins Rollen gekommen und hat bis heute nicht mehr aufgehört zu rollen. Er ist von Tag zu Tag größer und schneller geworden.

Und wenn alles wahr ist? Wenn es diesen Gott gibt, von dem meine Mutter, Andy und Dinu reden? Und wenn ich heute tot umfallen würde und im Jenseits feststellen müsste: Es ist alles genau so, wie sie es mir gesagt haben? Der Gott der Bibel ist Realität! Und ich habe mich nie mit ihm auseinander gesetzt! Ja, was dann?

Ich habe kürzlich Simone beim Reiten gefragt, wie sie über Gott denke, denn ich weiß, dass ihre Eltern okkult angehaucht sind und dass auch sie sich stark mit Pendeln, Wünschelruten, Steinen, Bachblüten und all dem Kram beschäftigt.

«Es gibt mehr Dinge zwischen Himmel und Erde, als wir mit unseren Augen sehen. Das weiß ich», sagte sie ohne Umschweife.

«Warum bist du dir da so sicher?» fragte ich.

«Weil ich es selbst gesehen habe.»

«Was gesehen?»

«Spuren», sagte sie geheimnisvoll, «Fußspuren von jemandem aus der unsichtbaren Welt.»

«Wie meinst du das?»

«Genau so, wie ich es sage. Wenn du willst, zeig ich es dir.»

«Wo?»

«Bei mir zu Hause. Die Spuren sind meistens im Büro.» Ich glaubte mich verhört zu haben.

«Moment mal: Heißt das, bei euch zu Hause latschen Gespenster durch die Gegend und hinterlassen ihre Fußspuren?»

«Ja», sagte Simone mit einer Selbstverständlichkeit, die mich erschreckte. «Ich kann es dir demonstrieren. Wir streuen am Abend Mehl auf den Boden, schließen das Zimmer ab, und am nächsten Morgen, wenn wir reingehen, sind die Fußabdrücke im Mehl sichtbar, obwohl das Büro die ganze Nacht abgeschlossen war.»

«Du willst mich verkohlen.»

«Glaubst du mir nicht?»

«Ehrlich gesagt: Ich weiß nicht ... ich meine ... solche Geschichten erzählt man sich sonst am Lagerfeuer. Das Gespenst von Canterville und so. Und so was gibt es tatsächlich?»

«Oh ja, das gibt es», bestätigte Simone. «Und das Gespenst von Canterville ist harmlos gegen die wirklichen

Geister, glaub mir. Bei uns zu Hause geschehen Dinge, da machst du dir keine Vorstellungen. Nachts hört man Geräusche, Fensterläden klappern, das Licht geht von selbst an …»

«Und das macht dir keine Angst?»

«Angst? Ich find es toll. Schlaf mal bei mir, dann kannst du es live miterleben.»

«Vielleicht», murmelte ich unbestimmt, da ich alles andere als begeistert war von dieser Idee. Ich fand diese Spukgeschichten unheimlich, und ich wusste nicht so recht, was ich davon halten sollte. Ob es solche Dinge tatsächlich gibt? Meine Mutter sagt, es wäre gefährlich, sich mit der unsichtbaren Welt einzulassen. Geister seien Engel, die sich von Gott abgewandt und dem Teufel angeschlossen haben. Und damit sei nicht zu spaßen.

Ich weiß nicht, was ich glauben soll, ehrlich nicht. Ist alles so konfus. Ich möchte endlich Klarheit. Ich möchte endlich den Ausgang aus dem Irrgarten meines Herzens finden – wenn es denn einen Ausgang gibt. Ich halte es nicht länger aus in meinen vier Wänden. Ich muss raus hier! Ich muss mit jemandem reden, jemandem mein Herz ausschütten, mir Luft verschaffen, sonst ertrinke ich im Meer meiner eigenen Gedanken. Ob ich in den Pub fahren soll? Ich arbeite zwar nicht mehr als Bardame dort, ist mir zu stressig geworden. Aber vielleicht treffe ich ja Andy oder Dinu. Ich wüsste nicht, mit wem ich sonst über meine Fragen reden soll. Ich murmle leise ein Gebet vor mich hin, nicht gerade sehr professionell, aber dafür grundehrlich – mein erstes Gebet seit Jahrzehnten.

«Hey, du da im Himmel, wenn es dich wirklich gibt, dann mach doch bitte, dass Andy oder Dinu in den Pub kommen.»

Es ist 22 Uhr. Ich schnapp mir mein Fahrrad und radle in Richtung Pub, in der Hoffnung, dass Gott auf meinen Deal eingeht. Als ich im Pub ankomme, muss ich enttäuscht feststellen, dass keiner von den beiden Burschen da ist. Ich begrüße flüchtig ein paar Leute und versuche, mir meine Unruhe nicht anmerken zu lassen. Ich setze mich auf einen

Barhocker und bestelle einen Drink, obwohl ich keinen Durst habe, und klammere mich an dem Glas fest wie an einem Rettungsanker, während ich fieberhaft überlege, was ich jetzt bloß tun soll.

Unglaublich. Es vergehen keine zehn Minuten, da kommen Andy und Dinu prompt zur Tür herein und steuern direkt auf mich zu. Ich kann es kaum fassen! Als sie mich fragen, wie es mir gehe, da sprudelt es nur so aus mir heraus. Ich erzähle ihnen alles über meine Ängste und inneren Nöte. Sie hören mir aufmerksam zu, und dann, mitten unter hundert Leuten, sagen sie schlicht und einfach:

«Lass uns beten!»

Ich falle aus allen Wolken.

«Beten? Hier im Pub?»

«Warum nicht?»

«Hier kennt mich jeder!»

«Das macht doch nichts», sagt Andy. Und bevor ich etwas dagegen unternehmen kann, falten Andy und Dinu die Hände, senken die Köpfe und beginnen tatsächlich zu beten. Mitten unter all den Leuten! In einem Pub, in dem mich jeder kennt! Mann, ist mir das peinlich! Zuerst schiele ich verlegen nach allen Seiten und weiß überhaupt nicht, wie ich mich verhalten soll. Aber dann lasse ich Leute Leute sein und schließe kurzerhand die Augen. Sollen die von mir aus denken, was sie wollen. Ich lausche Andys Worten, und sein Gebet rieselt wie ein erfrischender Wasserfall auf mich herunter und schwemmt meine gesamte Last auf wundersame Weise weg. Kaum zu glauben, was ein paar Worte bewirken können. Ich fühle mich tausendmal besser, total erleichtert.

«Danke, Jungs», sage ich, «ihr macht euch keine Vorstellung, wie gut mir das getan hat.» Sie klopfen mir freundschaftlich auf die Schulter.

«Man sieht's dir an», meint Dinu, und Andy fragt gleich:

«Möchtest du diesen Sonntag mit uns in den Gottesdienst kommen?» Ich nicke spontan.

112

«*Diesmal komme ich. Wo ist eure Kirche?*»

«*Wir können dich zu Hause abholen*», schlägt Dinu vor. «*Wohnst du hier in der Nähe?*» Ich erkläre ihnen den Weg.

«*Um wie viel Uhr?*»

«*Sagen wir: um acht Uhr?*»

«*Acht Uhr morgens?*» frage ich entsetzt. Die beiden Burschen schmunzeln.

«*Du bist wohl kein Frühaufsteher.*»

«*Vor allem nicht sonntags*», gestehe ich. «*Aber man kann ja mal eine Ausnahme machen.*»

«*Du wirst es nicht bereuen*», verspricht Andy und drückt meine Hand. «*Also dann, bis Sonntag um acht.*»

«*Bis Sonntag*», sage ich und verabschiede mich auch von Dinu. Die beiden verlassen den Pub, und ich starre ihnen nach und kann immer noch nicht ganz nachvollziehen, was eigentlich geschehen ist. Es kommt mir so vor, als wären die zwei nur meinetwegen im Pub aufgetaucht, als hätte Gott sie persönlich vorbeigeschickt, einzig um mit mir zu reden. Wahnsinn. Es scheint, als würde es diesen Gott tatsächlich geben! Surprise, surprise. Da bin ich ja mal gespannt auf Sonntag. Acht Uhr in der Frühe! Das ist hart. Aber irgendwie werde ich schon aus den Federn kommen. Diesmal kann ich nicht kneifen.

Jetzt bin ich mir sicher. Sybil hat was mit diesem Andy. Heute Nachmittag hab ich sie gefragt, ob sie am Sonntag schon was vorhätte, und sie sagte mir, sie würde zur Kirche gehen. Zur Kirche! Sybil! Wenn da nicht was faul dran ist, fress ich einen Besen mit Stiel. Ich hätte sie am liebsten zur Rede gestellt, hätte ihr Gesicht sehen wollen, wenn ich den Namen Andy ausspreche. Aber ich hab's dann bleiben lassen. Soll sie sich doch mit diesem Andy vergnügen. Mich kratzt das nicht. Kein bisschen. Lässt mich völlig kalt. Emotion gleich null. Da braucht es schon mehr, um meinen

Puls in die Höhe zu jagen. Zum Beispiel einen Abend wie den heutigen. Es friert mich noch jetzt bis in die Fingerspitzen, wenn ich daran zurückdenke. War echt voll cool, was wir heute gedreht haben. Der beste Coup seit langem – und der größte.

Eigentlich hatten wir nichts geplant für diesen Abend. Ich wollte sogar früh ins Bett, um nicht weiter an Sybil und diesen scheinheiligen Andy denken zu müssen. Da klingelte das Telefon.

«Alex?» fragte eine aufgeregte Stimme am andern Ende der Leitung. Es war Dirk. «Junge, ich hab hier was ganz Heißes.»

«Was denn?» fragte ich.

«Das musst du dir schon selbst ansehen. Trommel die Jungs zusammen, und dann kommt her. Und bringt Seesäcke mit, es ist eine ganze Menge Ware.»

«Wo bist du?»

«In Trimbach, im Restaurant ‹Zum Piraten›. Die Straße weiß ich nicht, aber es ist gegenüber der Post. Ihr findet das schon. Ich warte beim Eingang auf euch, sagen wir in einer halben Stunde.»

«Okay», sagte ich, «aber was ist es denn für Ware?»

«Das Kleingeld ist alle. Ciao, Alex. Wir sehen uns in einer halben Stunde. Rafael wird ausflippen, das garantier ich dir.»

«Dirk?»

Er hatte bereits aufgelegt. Ich warf einen Blick auf meine Armbanduhr: zehn vor neun. Was hatte Dirk wohl so Umwerfendes gesichtet? Wenn es etwas war, das Rafael ausflippen ließ, dann musste es mit dem Militär zu tun haben, so viel stand fest. Nun, in einer halben Stunde würden wir es wissen. Ich rief zuerst Patrick, dann Rafael an. Zehn Minuten später hatte ich beide zu Hause abgeholt, und wir brausten mit meinem Wagen nach Trimbach.

114

Pünktlich um zwanzig nach neun erreichten wir besagtes Restaurant, und unser Schickimicki erwartete uns wie abgemacht an der Tür. Er war herausgeputzt wie ein Fernsehstar, knallenge schwarze Lederhosen, ein rotes, seidenes Hemd, Goldkettchen um den Hals, und seine schwarze Stirnlocke wie immer auf Hochglanz. Ich hielt direkt neben ihm an, ließ das Fenster hinunter und pfiff durch die Zähne.

«Hey, für uns hättest du dich nicht so schick machen müssen», spottete ich, und Patrick fügte hinzu:

«Wo steigt denn nun die Party? Da drin?»

Dirk ließ sich nicht beeindrucken.

«Leute, wenn ihr seht, was sich hinter dieser Tür befindet, werden euch die Augen aus dem Kopf purzeln. Vor allem dir, Rafael.»

«Wieso mir?» fragte Rafael.

«Stellt erst das Auto ab, nicht zu nahe, um kein Aufsehen zu erregen. Und dann kommt mit den Seesäcken zurück.»

«Werkzeug?» fragte Patrick.

«Nicht nötig», sagte Dirk. «Ist alles offen. Wir brauchen uns bloß zu bedienen.»

«Du machst Witze», meinte ich skeptisch.

«Nein», versicherte Dirk, «ist wirklich alles offen.»

«Keine Alarmanlage?»

«Nein.»

«Auch keine stille Alarmanlage?» Es gibt nämlich Alarmanlagen, die keinen hörbaren Lärm verursachen, und wenn man dann frischfröhlich am Plündern ist, wird man plötzlich von der Polizei überrascht. Deshalb schlagen wir immer erst eine Scheibe ein, wenn wir ein Geschäft ausrauben, und warten ab, was geschieht. Wenn eine Stunde lang keine Polizei auftaucht, wissen wir, dass keine stille Alarmanlage eingebaut ist, und können den Laden ausräumen. Wie auch immer, Dirk versicherte uns, wir bräuchten nur reinzuspazieren und abzusahnen.

«Null Risiko», sagte er. Irgendwie klang mir das alles etwas zu einfach. Aber Dirk wiederholte, wir sollten endlich den Wagen parken und dann zurückkommen. Wir befolgten seine Anweisungen, und als wir uns wieder vor dem Eingang trafen, erklärte er uns die Situation.

«Hört zu. Ich bin mit einer geschlossenen Gesellschaft im Restaurant im ersten Stock.»

«Ach, deshalb diese Aufmachung», stellte Rafael fest.

«Ist der siebzigste Geburtstag meiner Großmutter», sagte Dirk. «Meine ganze Familie sitzt da oben. Wenn ich zu lange wegbleibe, fällt es auf. Also: Patrick, du kommst mit mir. Wir stehen auf der Treppe Wache, damit niemand vom Restaurant runterkommt, und ihr zwei schnappt euch die Waffen.»

«Waffen⁈» stießen Rafael, Patrick und ich fast gleichzeitig hervor.

«Ja», grunzte Dirk. «Der Restaurant-Besitzer hat das Erdgeschoss in ein privates Waffen-Museum umfunktioniert. Kommt und seht es euch selbst an.» Er schritt feierlich zur Tür und öffnete sie. «Sesam öffne dich!» Gespannt reckten wir die Köpfe, und was wir dann sahen, verschlug uns tatsächlich die Sprache: Waffen! Die gesamten Wände des Erdgeschosses waren mit antiken Waffen behängt wie in einem Museum. Pistolen, Revolver, Gewehre, Karabiner, Handgranaten, so weit das Auge reichte! Wir kamen uns vor wie in der Schatzkammer eines Piratenschiffes.

«Na, hab ich euch zu viel versprochen⁈»

«Wow!» Rafael war überwältigt. «Ich glaub, ich träume. Die Dinger hier sind ein Vermögen wert, Jungs!»

«Ich sagte doch, es ist heiße Ware», grinste Dirk.

«Und wer interessiert sich für so alte Schießeisen?» wandte ich ein. Rafael warf mir einen vernichtenden Blick zu.

«Sammler natürlich, du Kultur-Banause. Für jede von diesen Waffen kriegst du bis tausend Mäuse.»

«Oder ein paar Jahre Gratisknast», ergänzte Patrick ernüchternd. Dirk sah uns streng an und flüsterte:

«He, Boys, wollt ihr gleich meine ganze Familie anlocken? Wenn die hier runterkommen, sehen wir alle ziemlich alt aus. Ran an die Arbeit! Diskutieren könnt ihr im Auto, okay?» Er winkte Patrick mit dem Kopf zu sich, und die beiden gingen leise die Treppe hoch. Rafael und ich blieben zurück und machten uns unverzüglich an die Arbeit. Es war ein Easy-Job, fast so wie Kirschen pflücken in Nachbars Garten. In weniger als fünf Minuten waren die Gestelle und Vitrinen leer gefegt und alle Waffen in den Seesäcken verstaut.

Ich frage mich, warum vor uns niemand auf die Idee gekommen ist, diese antiken Pracht-Exemplare zu klauen. Erst recht angesichts des Umstands, dass der Besitzer keinerlei Sicherheitsvorkehrungen getroffen hatte. Na ja, das hätte sich der gute Mann wohl früher überlegen müssen. Wir sollten ihm eigentlich eine Notiz hinterlassen, bei welcher Firma er eine gute Alarmanlage kaufen könnte – fürs nächste Mal.

Rafael war natürlich total außer sich vor Begeisterung über diesen seltenen Fang. Auf dem ganzen Heimweg erklärte er uns detailliert den Mechanismus jeder einzelnen Waffe und wie er gedachte, die Dinger wieder auf Vordermann zu bringen oder umzubauen. Seine kleinen, dunklen Augen leuchteten wie ein ganzer Christbaum voller Lämpchen.

«Erzähl bloß nicht im ganzen Dorf herum, wo wir das Zeug herhaben», mahnte ihn Patrick. «Wenn die

Polizei uns mit diesem Raub in Verbindung bringt, sind wir geliefert.»

«Mach dir keine Sorgen», grinste Rafael, «die kriegen uns nie.»

«Wir sind die Besten!» ergänzte ich und drehte das Radio auf Lautstärke zehn, während ich volle Pulle aufs Gaspedal trat. «Wir klauen wie, wann und wo immer wir wollen!»

Wir waren in absoluter Hochstimmung. Einen Fang wie diesen macht man nicht alle Tage. Und wenn man bedenkt, dass unsere Bande mit dem Klauen von Schoko-Riegeln begonnen hat, so ist es doch bemerkenswert, wie wir uns in den letzten sechs Jahren gesteigert haben. Und das, ohne jemals von der Polizei erwischt zu werden! Außer damals bei der verlassenen Villa oder unserem Spurt vom Parkplatz in die Schrebergärtchen ist es noch nie wirklich brenzlig geworden, und ich bin sicher, das wird auch in Zukunft so bleiben.

Und wenn nicht?, schießt es mir plötzlich durch den Kopf. Wenn wir bei unserer nächsten Operation plötzlich in die Falle gehen? Ich verwerfe den Gedanken so rasch, als hätte es ihn nie gegeben. Die Polizei wird uns nie auf die Schliche kommen. Dazu sind wir viel zu raffiniert, ein Super-Team, unschlagbar, und jeder ein Genie auf seinem Fachgebiet: Rafael, unser Fassadenkletterer, Patrick, unser Autoknacker, Dirk, unser Zwischenhändler, und ich, der Schlüsselmacher. Eine bessere Kombination gibt es nicht, Erfolg garantiert. Die gemeinsam bestrittenen Abenteuer haben uns zusammengeschweißt wie eine Familie. Gemeinsam sind wir stark und werden der klugen Polizei noch so manches Rätsel aufgeben.

Denn selbst wenn das ganze Dorf weiß, dass wir krumme Dinge drehen, Beweise gibt es nicht und wird es nie geben, solange keiner von uns den Mund aufmacht. Und das werden wir nicht. Ich jedenfalls werde mich davor hüten. Nicht einmal Sybil habe ich jemals erzählt, was ich nachts treibe, und ich werde es ihr auch nie erzählen. Jetzt sowieso nicht mehr, wo sie diesen Andy kennen gelernt hat.

Ich möchte zu gerne wissen, was das mit diesem Andy auf sich hat. In die Kirche hat er sie eingeladen. Sybil und Kirche. Ich werde sie zur Rede stellen. Ich möchte wissen, was sie an diesem Andy so toll findet, dass sie am Sonntag – ausgerechnet am Sonntag – freiwillig früh aufsteht. Ich kenne Sybil, ich weiß, dass sie ein Morgenmuffel ist. Keine zehn Pferde bringen sie an einem freien Tag vor elf Uhr aus den Federn. Aber dieser Andy kriegt das offensichtlich hin. Ich finde das äußerst verdächtig, und ich werde der Sache nachgehen, so viel steht fest.

10. Unter Verdacht

Am Samstag kamen meine Eltern wohlbehalten aus Israel zurück und waren nicht wenig erstaunt zu hören, dass ich in die Kirche gehen werde. Der heutige Morgen brauchte dann sehr viel Überwindung meinerseits. Obwohl ich gestern nicht lange weg war, fiel mir das Aufstehen alles andere als leicht. Punkt acht Uhr wurde ich von Andy abgeholt, und wir fuhren in Richtung Olten. Ich saß die ganze Fahrt wie auf Nadeln.

In der Kirche angelangt, wurde ich von allen herzlich willkommen geheißen und begrüßt. Das hat mich sehr erstaunt, ich kannte bisher nur die distanzierte, steife und kalte Atmosphäre der Kirche, in der ich als Kind zum Kindergottesdienst gegangen war. Wir setzten uns in einem gemütlichen Raum und lauschten der Musik. Es waren total viele junge Leute in der Kirche, und dementsprechend war auch die Musik: Klavier, Schlagzeug, elektrische und klassische Gitarre. Es war völlig anders als die Begräbnis-Musik, die ich sonst von der Kirche kannte.

Nachdem alle Leute Platz genommen hatten, begann der Gottesdienst mit mehreren Lobliedern. Es waren wunderschöne Lieder mit faszinierenden Texten. Ich war total überwältigt, wie die Leute so voller Hingabe mitsangen, als würden sie nicht mit dem Mund, sondern direkt mit dem Herzen singen. Der ganze Raum war voll von Liebe und Freude. Es war ganz unglaublich, und die festliche Stimmung steckte mich unweigerlich an.

Und dann kam die Predigt. Ich glaube, es war das erste Mal in meinem Leben, dass ich bei einer Predigt nicht einschlief. Ich konnte ganz einfach nicht einschlafen. Der Mann mit Krawatte, der da vorne am Rednerpult stand, predigte so lebendig und fesselnd – ich musste einfach zuhören! Irgendetwas bewegte mein Herz, denn auf einmal fühlte ich mich beklommen. Ich merkte, dass diese Leute etwas besitzen, was ich nicht habe!

Am Ende der Predigt begann der Redner zu beten, und mitten im Gebet sagte er etwas, das mir beinahe den Atem verschlug. Er sagte, dass jemand hier im Raum sei, der Jesus kennen lernen möchte, sich aber dagegen sträube. Mir lief ein kalter Schauer den Rücken hinunter. Meinte er am Ende mich? Aber woher konnte er wissen, was sich in meinem Herzen abspielte?

Er betete weiter und sagte immer wieder:

«Komm nach vorne, Jesus liebt und ruft dich. Er steht vor deiner Tür und klopft an. Und wenn du seine Stimme hörst und die Tür auftust, so wird er bei dir eintreten, um in deinem Herzen zu wohnen. Komm, hab den Mut!»

Auf einmal bekam ich ungewöhnliches Herzklopfen und Atemnot. Mir war, als müsste mein Herz jeden Moment zerplatzen. Ich weiß nicht mehr wie, ich weiß nicht mehr *wann. Ich weiß nur, dass ich plötzlich aufstand und vorne auf dem Boden niederkniete. Etwas hatte von mir Besitz ergriffen, das ich nicht beschreiben kann. Die Tränen liefen mir über die Wangen, ich war einfach überwältigt von der Kraft Gottes. Seine Anwesenheit war fast greifbar zu spüren. Ich wusste mit absoluter Gewissheit: Gott ist da! Und er will mein Leben haben! Er will mich ganz! Noch nie zuvor hab ich etwas Ähnliches erlebt. Es war gewaltig.*

Jetzt ist Sybil total durchgedreht. Ich hab sie zur Rede gestellt. Letzten Donnerstag im Reitstall. Wir sind zusammen ausgeritten, und da hab ich schon gemerkt, dass irgendetwas geschehen sein musste, denn Sybil war verdächtig guter Laune. Ich fragte sie flüchtig, wie denn ihr Kirchenbesuch gewesen sei, und sie sagte, der Gottesdienst hätte sie total beeindruckt. Wohl eher dieser Andy, dachte ich, sagte aber nichts.

Als wir zurück im Stall waren, suchte ich die ganze Zeit eine Gelegenheit, um Sybil auf den Zahn zu fühlen. Wir misteten die Boxen aus, füllten sie mit neuen Säge-Spänen und spritzten dann unsere Pferde beim Stalleingang mit kaltem Wasser ab. Jetzt werde ich sie fragen, beschloss ich und kam ziemlich plump und relativ direkt auf den wunden Punkt zu sprechen.

«Sag mal, das mit der Kirche ist doch nur ein Vorwand. Du hast es auf diesen Andy oder wie er heißt abgesehen, stimmt's?»

Sybil kriegte einen Lachanfall und richtete den Schlauch so auf mich, dass ich einen Sprung zur Seite machen musste, um nicht nass zu werden.

«Bist du etwa eifersüchtig?»

«Ich? Eifersüchtig? Natürlich nicht», sagte ich. «Ich finde es bloß merkwürdig, dass ein Siebenschläfer wie du plötzlich freiwillig am Sonntag früh aufsteht, um in die Kirche zu gehen.»

«Zwischen mir und Andy läuft nichts», versicherte sie mir, «großes Pfadfinder-Ehrenwort. Aber dank Andy habe ich am Sonntag Jesus kennen gelernt.»

«Ach, du hast also doch jemanden kennen gelernt. Ich wusste, dass da was faul ist. Und was ist das für ein Typ, dieser Jesus?»

«Na, du weißt schon. Der Jesus der Bibel.»

«Der Bibel?» Ich muss ehrlich gestehen, ich verstand kein Wort.

«Ich habe mich bekehrt, Alex», sagte sie, und ich schnallte immer weniger, worum es hier eigentlich ging.

«Was bekehrt?» sagte ich. «Wovon redest du?»

«Ich bin Christin geworden.»

«Christin?» Das Fragezeichen auf meinem Gesicht wurde immer größer. «Wir leben in einem christlichen Land. Wir sind alle Christen. Was soll der Quatsch?»

Sybil gab mir den Schlauch, damit ich mein Pferd abspritzen konnte, während sie mit der Bürste Jambos rostbraunes Fell striegelte.

«Christ sein heißt, Jesus Christus sein Leben zu übergeben», erklärte mir Sybil, «und das habe ich am Sonntag in der Kirche getan.»

«Wie sein Leben übergeben? Was redest du für einen Stuss?»

«Das ist kein Stuss, Alex. Es ist schwierig, zu erklären, was am Sonntag mit mir passiert ist. Ich verstehe es selbst noch nicht genau. Aber eines weiß ich: Ich habe Gott gespürt, ganz deutlich, ganz nah. Hier drin.» Sie legte die Hand auf ihr Herz.

«Gott gespürt», murmelte ich verständnislos. «Hast du Fieber oder so? Seit wann stehst du auf Religion?»

«Jesus ist keine Religion. Jesus ist Gott. *Der* Gott. Und das Geniale ist: Er redet zu den Menschen. Ich hab es erlebt, Alex, wirklich.»

«Ach komm, Sybil. Gib endlich zu, dass du dich in diesen Andy verknallt hast. Das hat dich ein wenig durcheinander gebracht.»

«Ich bin nicht in Andy verknallt!» bestritt sie. «Warum glaubst du mir denn nicht?»

«Du kannst mir erzählen, was du willst, aber die Story mit diesem Jesus kauf ich dir nicht ab. Zu unwahrscheinlich.» Ich richtete den Schlauch auf sie, und sie kreischte auf.

«Du bist verliebt, Sybil», grinste ich, während ich sie ein paar Sekunden mit dem Wasserstrahl verfolgte. «Gestehe, oder ich spritze dich von oben bis unten nass!»

«Hör auf!» rief sie und versuchte sich hinter Jambo zu verstecken. «Ich bin nicht verliebt! Aber du bist eifersüchtig, so sieht es aus! Hör auf, Alex! Ich bin schon ganz nass!» Das war sie wirklich, und so erbarmte ich mich schließlich und hörte mit dem Spielchen auf. Ich glaube, Sybil hat sich tatsächlich etwas in den Wolken verloren. Ist alles ziemlich wirr, was sie sagt, finde ich. Gott, Jesus. Ich verstehe nur Bahnhof. Na ja, wahrscheinlich wird sich dieser religiöse Tick bald wieder austicken, und Sybil wird auf den Boden der Realität zurückkehren. Ich hoffe es jedenfalls.

Es ist wohl überflüssig zu erwähnen, dass Sybil am nächsten Sonntag wieder zur Kirche ging. Mal sehn, wie lange dieser fromme Spleen anhält.

Tja, und am Montag ist es dann geschehen. Der totale Hammerschlag. Ich glaubte, mir würde das Herz stillstehen. Ich arbeitete gerade in der Werkstatt, als mein Chef kam und mir sagte, dass mich jemand sprechen wolle.

«Wer denn?» fragte ich.

«Sieh selbst», sagte mein Chef und deutete aufs Büro. Ich wischte meine schmutzigen Hände an einem

Lappen sauber und trat ins Büro. Ein großer Mann in Uniform stand im Raum, und als er mich sah, zeigte er mir seine Polizeimarke, und bei mir leuchteten sämtliche Alarmlämpchen auf. «Das Waffenmuseum!» schoss es mir durch den Kopf. «Sie haben uns! Ich bin geliefert!»

«Alex Huber?» Ich nickte. «Ihr Ausweis.» Ich fingerte in meiner Hosentasche herum und gab mir Mühe, meine Nervosität zu verbergen.

«Worum geht es denn?» fragte ich unschuldig, während ich dem Polizisten meinen Ausweis reichte. Er musterte ihn, gab ihn mir zurück, und ohne auf meine Frage einzugehen, sagte er:

«Ich würde gerne Ihren Wagen sehen.» Es geht um die Waffen!, dachte ich. Es kann nur um die Waffen gehen! Ich hab doch gewusst, dass da was schief geht. Rafael hätte länger warten sollen, bis er die erste Waffe verkauft. Warum hat es der Junge auch immer so eilig, die geklaute Ware an den Mann zu bringen? Die Polizei wartet doch nur darauf, bis Gestohlenes irgendwo auftaucht, um dadurch die Spur zu den Dieben zurückzuverfolgen. Umso mehr bei Waffen. Und es waren ja nicht wenige Waffen, die wir geklaut hatten. Es war eine Ausstellung mit einem gigantischen Sammlerwert, wie Rafael selbst betont hatte.

Ich führte den Polizisten getreulich zu meinem Wagen, den ich vor unserem Geschäft geparkt hatte. Ein Glück, dass ich an diesem Tag weder gestohlene Ware noch Einbruchswerkzeug geladen hatte, sonst wäre ich wohl gleich verhaftet worden. Nachdem der Polizist alles peinlich genau durchsucht hatte, vom Handschuhfach über die Ladefläche bis unter die Motorhaube, hieß er mich, ihn auf das Polizeirevier zu begleiten. «Ich sitze in der Falle!» dachte ich.

«Jetzt gleich?» fragte ich.

«Sie können mir in Ihrem Wagen nachfahren», sagte der Polizist und ging zu seinem Polizeiauto. In Gedanken sah ich mich bereits bei Wasser und Brot hinter Gittern, und als ich keine halbe Stunde später die Wache betrat, schauerte es mich vom Kopf bis in den kleinen Zeh: Da saßen sie in Reih und Glied auf dem Bänklein wie in einem amerikanischen Gangsterfilm, Rafael, Dirk und Patrick, die ganze Kruckerbande. Sie boten einen erbärmlichen Anblick, sahen aus wie zum Tode Verurteilte.

Rafael mit seinen Kampfstiefeln und dem Millimeter-Haarschnitt, noch vor einer Woche der zäheste Ninja-Kämpfer, glich jetzt eher einem Rambo auf Abstiegskurs, während er dumpf vor sich auf den Boden starrte. Dirk konzentrierte sich auf seine Zigarette, die er zwischen den Fingern drehte, und nicht einmal seine knalligen Kleider und die geschleckte Stirnlocke vermochten seine kläglichen Gesichtszüge aufzufrischen. Patrick hatte sich sein blondes Haar hinter die Ohren gelegt, kaute mechanisch an einem Kaugummi herum und wirkte ebenfalls ziemlich abwesend. Das war also unsere stolze Bande, ein einziges Häufchen Elend. So schnell konnte sich die Situation ändern.

Ich hätte die Jungs gerne gefragt, was denn eigentlich geschehen war, traute mich aber nicht, aus Angst, mich dadurch erst recht verdächtig zu machen. Ich suchte Blickkontakt zu meinen Freunden, doch selbst ihre flüchtigen Blicke machten mich kein bisschen schlauer, im Gegenteil. Die Situation war äußerst beunruhigend und verwirrend. Ich sah Patrick an, aber auch durch seine Brillengläser hindurch spiegelte sich gähnende Leere. Eine schier unerträgliche Spannung lag in der Luft. Der Polizist, der mich im Geschäft abgeholt hatte, bat mich zu seinem Tisch, wo er mit einer vorsintflutlichen Schreibmaschine geräuschvoll meine Personalien zu Protokoll nahm. Dann sagte er, ich solle mich zu den andern setzen. Sie wären bereits befragt worden, es fehle nur noch meine Aussage. Mein Gott, dachte ich. Sie haben alles gesagt. Sie haben gesungen. Es ist aus.

Ich weiß nicht mehr, wie lange ich dort auf dem Bänklein gesessen habe, bis die Tür eines Büros aufging. Und da traf mich gleich nochmals der Schlag: Wer soeben aus dem Büro kam, war niemand anders als mein Bruder!

«Stefan?» brach ich die ätzende Stille und sprang auf. Mein siebzehnjähriger Bruder sah mich verlegen an und zog den Mund schief.

«Hi», sagte er. Dann kam er dicht zu mir heran und raunte mir so leise ins Ohr, dass ich es selbst kaum hörte:

«Ich weiß, dass du damit nichts zu tun hast.» Ich verstand nicht, was er damit sagen wollte, hatte aber auch keine Zeit, lange darüber nachzudenken, weder über seine Worte noch über die erstaunliche Tatsache, dass auch er auf dem Revier war.

«Alex Huber?» Ein Polizeibeamter winkte mich ins Büro, wo bereits ein zweiter Beamter mit Schnurrbart und Brille hinter einem von Akten übersäten Pult saß und mir einen Stuhl anbot. Er sah aus wie ein alter Seebär, es fehlte nur die Kapitänsmütze. Seinem Auftreten nach zu urteilen, musste er wohl ein Kommissar sein. Der erste Polizist schloss hinter mir die Tür und blieb mit verschränkten Armen am Eingang stehen. «Fehlt bloß noch, dass sie das Licht löschen und eine grelle Lampe auf mich richten wie bei Verhören in Kriegsfilmen», dachte ich. Ich setzte mich und wartete mit klopfendem Herzen der Dinge, die da kommen würden.

«Alex Huber», sagte der Beamte hinter dem großen Tisch mit tiefer Bass-Stimme, während er ein paar lose Blätter überflog. «Ich habe gehört, du wärst in ganz Strengelbach und Umgebung bekannt.» Ich zuckte die Achseln.

«Ach ja?» tat ich engelsgleich. Nur nicht das Gesicht verlieren, redete ich mir innerlich ein.

«Dein Ruf ist nicht gerade der beste», fuhr der Kommissar bedächtig weiter. «Man erzählt so manche haarsträubende Geschichte über dich.»

«So, tut man das?»

«Man erzählt sich, du und deine Freunde würden Fische aus Restaurant-Aquarien klauen. Und Mofas auch.»

«Die Leute reden viel», sagte ich und erinnerte mich daran, wie wir einmal ein Mofa vor der Hütte unseres Dorfpolizisten geklaut hatten. Darauf sind wir besonders stolz gewesen. Und dabei mussten wir nicht einmal unsere Abwürgmethode anwenden, denn das Mofa war noch nicht mal abgeschlossen.

«Man erzählt auch, ihr würdet Autos knacken», zählte er weiter auf. «Da wurde kürzlich ein komplett ausgeräumter BMW auf einem Parkplatz gefunden. Die Täter schnitten das Fenster heraus und nahmen alles mit, was nicht niet- und nagelfest war. Radio, Sitze, Lautsprecher, Felgen, Stereo-Anlage.»

«Wollen Sie das etwa *uns* in die Schuhe schieben?» verteidigte ich mich entsetzt, obwohl der ausgeräumte BMW tatsächlich unsere Handschrift trug. Normalerweise beschränken wir uns bei den Autos nur auf die Radios, denn es muss ja schnell gehen. Aber bei diesem BMW hatten wir gründliche Arbeit geleistet und ihn so leer zurückgelassen wie eine von Heuschrecken kahl gefressene Landschaft.

Unser absolut größter Glückstreffer war jedoch ein

Golf GTI gewesen. Nicht wegen des Autos, sondern wegen der Goldgrube, die wir darin fanden. Solche Dinge geschehen sonst nur in Filmen, aber uns ist es tatsächlich passiert: Wir kamen an dem Golf vorbei und sahen eine Brieftasche auf dem vorderen Sitz liegen. Wir überlegten nicht lange: Patrick klappte sein Taschenmesser auf, schnitt die Scheibe raus, und wir entnahmen dem Portemonnaie hundert Franken und eine Kreditkarte.

Erst beim genaueren Betrachten in einem Restaurant stellten wir fest, dass der Typ den Code direkt auf die Kreditkarte geschrieben hatte! So ein Ochse! Genauso gut hätte er uns einen Blankoscheck übergeben können. In einer Woche sahnten wir 12'000 Franken von seinem Konto ab und kamen uns vor, als hätten wir im Lotto gewonnen. Und dann behauptete Dirk eines Tages, ein Geld-Automat hätte die Karte geschluckt. Zuerst glaubten wir es ihm sogar, aber als er zwei Wochen später plötzlich mit einem neuen Schlitten für dreißigtausend Franken aufkreuzte, war uns klar, womit er den bezahlt hatte. So ein ausgekochtes Schlitzohr. Zugegeben, auch ich finanziere mir durch das Geld unserer Brüche jedes Jahr ein neues Auto, aber was sich Dirk da erlaubt hatte, war schon ein starkes Stück. Hatte uns alle übers Ohr gehauen. Wir waren ziemlich sauer auf ihn, aber dagegen tun konnten wir nichts.

Der Kommissar sah mich direkt an.

«Du brauchst mir nicht weiszumachen, dass du eine absolut reine Weste hast. Wir wissen beide, dass dem nicht so ist. Ich weiß, dass du und deine Freunde für eine Menge Einbrüche in der Gegend verantwortlich seid.»

«Können Sie das beweisen?» fragte ich keck. Er lächelte, als hätte er einen Trumpf in der Hand, von dem ich nichts wusste. Und dann fiel mir die Kinnlade runter, als er ihn ausspielte:

«Unglücklicherweise wurde bei eurer letzten Aktion dein Wagen in der Nähe des Tatortes gesehen.» Mir wurde es heiß und kalt zugleich. «Die andern haben bereits ausgepackt», fuhr der Kommissar gelassen weiter. «Und jetzt würde es mich brennend interessieren, welche Geschichte *du* mir auftischst. Obwohl: Es abzustreiten hat wenig Sinn, denn wie gesagt, wir wissen bereits, was gelaufen ist. Also ist es besser, du sagst gleich die Wahrheit.»

Der blufft doch, dachte ich. Die andern haben bestimmt nichts gesagt. Das würden sie nicht tun. Und wenn doch? Warum saßen alle so zermürbt auf der Bank und trauten sich nicht, mir in die Augen zu schauen? Was war, wenn sie mich ans Messer geliefert hatten? Wenn ich wegen Waffenhandels eingelocht werden würde? Allein der Gedanke jagte mir eine höllische Angst ein. Ich hatte mir noch nie ernsthaft überlegt, dass ich eines Tages verhaftet werden und in den Knast wandern könnte. Doch jetzt schoss mir diese Möglichkeit plötzlich durch den Kopf und jagte meinen Puls in die Höhe. Normalerweise liebe ich Nervenkitzel, je mehr, desto besser. Aber diesmal geriet ich innerlich in Panik. Und das sichere Auftreten des Kommissars brachte mich schier um den Verstand.

Trotzdem versuchte ich, cool zu bleiben. Ich musste herausfinden, was meine Kumpels dem Kommissar gesagt hatten, bevor ich irgendetwas ausplauderte. Der Kommissar sah mich forschend an, die Hände gefaltet, die Ellbogen auf den Tisch gestützt, und wartete auf mein Geständnis.

«Ich verstehe nicht, wovon Sie reden», tat ich unschuldig. «Wann wurde mein Wagen wo gesehen?»

129

«Wo hast du ihn denn gestern Abend zwischen zehn Uhr und Mitternacht abgestellt?» Ich stutzte.

«Gestern Abend?»

«Ja, gestern Abend», bestätigte der Kommissar, «wo warst du da?» Ich verstand überhaupt nichts mehr. Entweder der Mann hatte sich im Datum geirrt, oder er sprach von einem total anderen Ereignis. Denn das Waffenmuseum hatten wir nicht gestern, sondern am vergangenen Samstag ausgeraubt. Ob es sich um ein Missverständnis handelte? Ein kleiner Hoffnungsschimmer keimte in mir auf.

«Gestern hab ich Freunde besucht», sagte ich wahrheitsgetreu. Der Kommissar lehnte sich nach vorn und fixierte mich mit seinen dunklen Augen eingehend.

«Ist doch seltsam», meinte er, «da wird das Geschäft, in dem dein Bruder arbeitet, demoliert und geplündert, und dein Wagen wird ausgerechnet fünfzig Meter daneben gesehen. Du willst mir doch nicht erzählen, dass das Zufall ist?» Mir fiel schon wieder die Kinnlade runter.

«Das Geschäft meines Bruders wurde geplündert?» Auf einmal kriegte ich die Puzzleteile zusammen. Es ging tatsächlich nicht um den Waffenraub. Es ging um einen Anschlag auf den Laden meines Bruders! Deshalb war mein Bruder auf der Wache, und deshalb hatte er mir ins Ohr geflüstert, er wüsste, dass ich nichts damit zu tun habe.

«Irgendwelche Elemente sind in das Geschäft eingedrungen», berichtete der Kommissar, «haben alles kurz und klein geschlagen und verschiedenes Material mitgehen lassen. Ich brauche dir wohl nicht zu sagen, wie wir auf dich und deine Freunde gekommen sind.»

«Wir sind's aber nicht gewesen», sagte ich schlicht. Ich sah dem Polizisten an, dass er mir kein Wort glaubte. Kann ich ja auch irgendwie verstehen. Hätte er mich gefragt, ob ich an dem Raub des Waffenmuseums beteiligt gewesen wäre, hätte ich es genauso selbstverständlich abgestritten. Nur dass ich in diesem Fall wirklich unschuldig war. Verrückte Sache. Sie hätten mich für eine Menge Einbrüche zur Rechenschaft ziehen können, die ich tatsächlich begangen hatte. Und da saß ich auf dem Polizeirevier und wurde ausgerechnet für etwas angeklagt, das ich *nicht* getan hatte! Und das nur, weil mein Wagen in der Nähe des Tatortes gesichtet worden war! Genau daraus wollte mir der Kommissar nun einen Strick drehen. Er rückte seine Brille zurecht und analysierte mit geschultem Blick jede meiner Reaktionen. Er schien sich seiner Sache absolut sicher zu sein.

«Fakt Nummer eins: Du giltst nicht als der vorbildlichste Junge im Dorf. Fakt Nummer zwei: Das Geschäft deines Bruders ist geplündert worden. Fakt Nummer drei: Dein Wagen stand ausgerechnet in unmittelbarer Nähe.» Er zog vielsagend die Augenbrauen hoch. «Zu welchem Schluss würdest du an meiner Stelle kommen?» Ich zuckte die Achseln.

«Wäre ich es gewesen, hätte ich den Wagen bestimmt woanders geparkt», sagte ich, und das hätte ich auch wirklich getan. Aus der Geschichte bei der verlassenen Villa hatte ich meine Lehre gezogen. Nie mehr würde ich mein Auto zu nahe am Tatort stehen lassen. Aber der Kommissar sah das natürlich anders.

«Weißt du, was ich denke? Ihr habt es zusammen getan, dein Bruder und du.»

«Quatsch. Wieso sollte mein Bruder seinen eigenen Laden demolieren?»

«Zum Beispiel aus Wut.»

«Wut? Weswegen?»

«Weil er vor einer Woche entlassen worden ist.»

Wieder war es dem Mann gelungen, mich zu überraschen.

«Stefan wurde entlassen?»

«Hast du das nicht gewusst?»

«Nein», sagte ich, «hab ich nicht. Wir reden kaum miteinander, mein Bruder und ich. Er geht seinen Weg, ich den meinen.» Langsam wurde ich wütend auf Stefan. Es machte beinahe den Anschein, als würde er mir in die Schuhe schieben wollen, was er vielleicht selbst getan hatte. Zutrauen würde ich es ihm jedenfalls. Ich mische mich nie in seine Angelegenheiten, aber dass er nicht in den besten Kreisen verkehrt, weiß ich.

«Du verstehst dich wohl nicht sehr gut mit deinem Bruder, hab ich Recht?»

«Wieso fragen Sie?»

«Glaubst du, er würde seinen eigenen Laden ausrauben?»

«Hören Sie, ich weiß nicht, was er Ihnen erzählt hat. Ich weiß nur eines: Ich und meine Freunde haben damit nichts zu tun. Wir waren bei einem Kumpel zu Hause und haben uns einen Film angeschaut. Sie können gerne dort anrufen, wenn Sie mir nicht glauben.» Ich war mir nun sicher, dass der Kommissar geblufft hatte, als er sagte, meine Freunde hätten bereits gestanden. Denn es gab nichts zu gestehen. Und da es keine Beweise gab, war ihm nichts anderes übrig geblieben, als mich auf psychologische Weise zu einem Geständnis zu bringen. Ein Glück, dass ich an diesem Tag keine gestohlene Ware in meinem Wagen versteckt hatte, sonst hätte mir meine Unschuld herzlich wenig genützt.

Das Verhör zog sich noch eine halbe Stunde hin, aber schließlich schien er einzusehen, dass unser Alibi hieb- und stichfest war, und ließ mich gehen. Trotzdem hatte ich ein seltsam flaues Gefühl im Magen, als ich mit Patrick, Dirk und Rafael den Posten verließ. Noch nie war uns die Polizei so nahe auf den Pelz gerückt wie diesmal. Wir waren zwar noch einmal davongekommen, aber nur haarscharf. Und die Warnung, die der Kommissar zum Schluss ausgesprochen hatte, dröhnte in meinen Ohren:

«Eines Tages kriegen wir euch, darauf kannst du dich verlassen. Jeder macht mal einen Fehler. Und beim nächsten Fehler schnappt die Falle zu, das garantier ich dir.»

Es ist seltsam: Er hatte uns nichts beweisen können, und dennoch war es ihm gelungen, uns total aus dem Konzept zu werfen. Ich hatte mir immer eingebildet, unsere Bande wäre unbesiegbar, doch jetzt wurde mir auf einmal bewusst, wie wenig es brauchte, um uns in die Knie zu zwingen. Wir gingen zusammen in ein Restaurant, um unsere Unsicherheit mit ein paar Drinks hinunterzuspülen. Aber obwohl wir uns selbst vormachten, nach wie vor die raffiniertesten Kerle des Jahrhunderts zu sein, spürte ich, dass unser Stolz angekratzt war. Unser vermeintlicher Schutzwall hatte einen Riss bekommen.

Warum habe ich bloß den Eindruck, dass mein bisher so unerschütterliches Fundament aus Freiheit, Reichtum und Abenteuer langsam zu zerbröckeln scheint? Warum habe ich den Eindruck, dass es mir nicht mehr den Halt gibt, den ich brauche? Warum scheint es, als würden mir die Zügel meiner selbst gebauten Welt entgleiten? Oder bilde ich mir das alles nur ein? Ich weiß es nicht. Ich weiß nur, dass etwas geschehen ist, etwas, das ich nicht unter Kontrolle habe und das sich in meinem Herzen ausbreitet wie eine Schlingpflanze. Und ich weiß nicht, wie ich dieses Etwas aufhalten kann.

11. Simone

Ich sitze auf meinem Bett und fühle mich elend, unverstanden. Ich habe eine Entscheidung getroffen, und alles ist noch schwieriger geworden. Warum? Es brennt tief in meinem Herzen, ein Flämmchen, schmerzhaft und klein, kaum erkennbar, aber vorhanden, ein Flämmchen der Rebellion, Rebellion gegen diesen mir so fremden Gott, dem ich mein Leben anvertraut habe und dessen Wesen ich nicht verstehe.

Alle – mit Ausnahme von Andy und meinen Eltern – halten mich für verrückt. Alex hat null Ahnung, was es heißt, Christ zu sein. Na ja, eigentlich weiß ich es ja selbst noch nicht so genau. Es ist alles so neu. Ich habe es auch Simone gesagt, als wir zusammen ausritten, und sie hat es total ins Lächerliche gezogen. Gehirnwäsche nennt sie das, was ich als Bekehrung bezeichne. Es hat mich ziemlich gekränkt. Immerhin ist sie eine gute Freundin, und es tut weh, wenn man sich von einer Freundin nicht mehr verstanden fühlt. Gestern haben wir uns deswegen sogar gestritten, und zwar heftig. Zugegeben, ich hab mich ihr gegenüber ziemlich aggressiv verhalten. Und ihre Reaktion traf mich wie eine kalte Ohrfeige mitten in meinem Stolz:

«Wir haben uns immer bestens verstanden. Und jetzt kommst du mit diesem Jesus daher und glaubst auf einmal, alles besser zu wissen. Dein Gott hat dich verändert, Sybil, aber nicht gerade zum Besten. Wenn das dein Gott ist, ziehe ich es vor, an den Teufel zu glauben.» Mit diesen Worten hat sie die Zügel ihres Pferdes herumgerissen, hat die Schenkel in die Flanken gepresst und ist einfach davongaloppiert, ohne sich noch einmal nach mir umzudrehen.

Das hat mich noch wütender gemacht. Ich weiß nicht, was in diesem Moment kälter war: die Novemberluft oder die Bitterkeit in meinem Herzen. Ich überlegte mir, ob ich Simone nachreiten sollte, ließ es dann aber bleiben. Voller Frust ging ich nach Hause, warf meine Reitstiefel in eine Ecke, stapfte grollend in mein Zimmer und brütete dumpf vor mich hin.

Ich habe mir das Ganze einfacher vorgestellt, hab gedacht, mit meiner Bekehrung würden sich alle Probleme von selbst lösen, doch damit kommen sie ja erst richtig! Vorher hat es mich nicht gekratzt, wenn ich hintenrum schlecht über andere redete oder jemanden absichtlich beleidigte. Aber jetzt lassen mich solche Taten plötzlich nicht mehr in Ruhe. Jedes schlechte Wort – und es sind so viele – und jede böse Tat macht mich total fertig.

Es kommt mir vor, als würde ich immer tiefer und tiefer fallen. Ich kämpfe gegen mich selbst an, gegen das, was ich bin, das, was ich fühle und denke. Ich habe mich immer für einen durchschnittlich guten Menschen gehalten, und jetzt merke ich auf einmal, wie viel Schlechtes in mir drin steckt. Das deprimiert mich, macht mich wütend auf mich selbst – und auf Gott.

Es dauerte lange, bis ich an diesem Abend einschlafen konnte. Zu viele Gedanken schwirrten in meinem Kopf herum. Und dann geschah etwas, das ich kaum beschreiben kann. Mitten im tiefsten Schlaf schreckte ich plötzlich auf und saß aufrecht in meinem Bett. Ich sah ein Gesicht! Nicht etwa ein gewöhnliches Gesicht, es war ein Gesicht mit stechenden, kleinen Augen, voller Hass und Schadenfreude. Es war so real und so dicht vor mir, dass meine Innenwelt vor lauter Herzklopfen zu zerspringen drohte und ich sogar Mühe hatte zu atmen. Es war grauenhaft. Vor mir stand das hämischste Grinsen, das ich in meinem ganzen Leben gesehen habe.

Ich saß unbeweglich auf meinem Bett und starrte Angst erfüllt in die Dunkelheit. Da war jemand im Raum, ganz bestimmt! Und auf einmal entdeckte ich ein kleines Licht, das an der Wand kleine Kreise zog. Mein Puls raste in die Höhe. Die Vorhänge waren zugezogen, es konnte also nicht von draußen hereindringen, es musste im Raum sein! Ich war schweißgebadet und murmelte nur einen einzigen Satz: «Geht weg!» Dann tastete ich mit zitternden Händen nach meiner Nachttischlampe und knipste sie an. Als das Licht den Raum erleuchtete, war es zwar hell, aber die Kälte blieb. Das kleine Licht an der Wand war verschwunden, und es kam auch nicht zurück, als ich das Licht wieder löschte. Das Einzige, was zurückblieb, war meine Angst. Noch nie hatte ich etwas Derartiges erlebt. Ich ging ins Schlafzimmer meiner Eltern und weckte meine Mutter auf, um ihr zu erzählen, was ich gesehen hatte. Meine Mutter erklärte mir geradeheraus, was die Ursache sein könnte:

«Du hast durch deinen Hass und dein Fluchen die Türen für den Teufel geöffnet, so dass er ungehindert in deine Gedanken eindringen konnte. Jetzt weißt du, dass Satan keine Erfindung ist, sondern wirklich existiert. Er wartet nur darauf, bis er in der Schutzmauer, mit der Jesus uns umgibt, einen kleinen Spalt entdeckt, um uns zu attackieren. Aber du hast dein Leben Jesus gegeben, und deshalb brauchst du dich nicht zu fürchten. Seine Macht ist stärker.» Dann betete sie für mich, und ich fühlte mich um einiges besser.

Heute hab ich den ganzen Tag an diesen Furcht erregenden Wach-Traum denken müssen und konnte mich kaum auf meine Arbeit konzentrieren. Warum bloß scheint plötzlich alles so kompliziert zu sein? Warum geschehen Dinge mit mir, die vorher nie passiert sind? Was soll das? Ich habe Jesus angenommen, doch irgendwie klappt das einfach nicht. Wahrscheinlich bin ich zu schlecht für ihn, zu unwürdig. Ich sitze auf meinem Bett, blicke hinaus in die dunkle Nacht und fühle mich elend klein und verlassen. In meinem Innern beginnt ein Kampf zu toben, während sich meine Augen mit Tränen füllen.

Fragen, Zweifel, Ängste, Groll und Hass ballen sich zu einem Strohfeuer der Vernichtung. Es brennt und weitet sich aus. Vom Licht der Vernichtung geblendet, irre ich in meinem Herzen umher, tief in der Dunkelheit. Warum ich? Wo bist du? Existierst du am Ende doch nicht? Warum tust du das? Warum machst du mich plötzlich so verwundbar? Warum deckst du meine Schwächen auf? Diese und ähnliche Fragen, herausgeschrien, erfüllen die Nacht. Ich gehe in der Wüstenlandschaft meiner Gedanken umher. Ich fühle mich verstoßen und allein. Warum? Bist du nicht ein Gott der Liebe? Fragen über Fragen.

Plötzlich bekommt der schwarze Vorhang einen kaum erkennbaren Riss, ein schwacher Lichtschimmer dringt durch ihn hindurch. Er dringt tief in meine leere und kranke Seele hinein. Eine wohltuende, vorher nicht gekannte Wärme breitet sich in mir aus. Was ist das? Ich fühle, wie mich jemand vom Boden aufhebt und mein von Tränen überströmtes Gesicht aufrichtet.

«Nein, ich will nicht schauen!» Ich senke meinen Blick wieder auf den Boden. Ich will keine Hilfe. Ich brauche niemanden! Wut steigt in mir empor. Doch ich spüre den Arm, der mich liebend umgibt, immer noch. Voller Hass versuche ich ihn abzuschütteln, was mir dann auch gelingt. Die Wärme, die gerade noch so wohltuend in meinem Herzen war, ist verschwunden und hat wieder dieser Leere Platz gemacht. Warum lässt du mich im Stich? Wo bist du?

Ich falle, tiefer und tiefer, meine Füße finden keinen Halt mehr. Ich versuche mich festzuhalten, doch meine Hände sind zusammengebunden mit schweren Eisenketten. Plötzlich greift eine Hand nach mir, hält mich fest inmitten des Falles. Ich richte den Blick empor, doch was ich sehe, erschüttert mich zutiefst. Liebe, Geduld, Gnade, Güte und Vergebung. Ich will meinen Blick schon wieder abwenden vom Licht, weil ich so etwas nicht verdient habe. Doch die Hand, die ich wieder versuche loszuwerden, hält mich fest.

Schmerzlos und warm umgibt sie meine kalte, fast leblose Hand und zieht mich langsam Zentimeter für Zentimeter aus dem Abgrund.

Ich öffne meine Augen, mein Körper wird mit Strömen von lebendigem Wasser durchflutet. Ich merke, wie die Ketten, die gerade noch schmerzhaft tief in mein Handgelenk eingeschnitten haben, zerreißen. Auf einmal stehe ich auf festem Grund. Vor mir steht ein Kreuz, hölzern und vom Drama gezeichnet, das sich dort zugetragen hat. Doch von diesem Kreuz strömen Licht, Liebe und Kraft aus. Schon will ich mich wieder abwenden, doch da ist etwas, das mich zurückhält. Wie gebannt starre ich auf das Kreuz. Ich verliere die Kontrolle über meinen Körper und sinke in die Knie. Eine Stimme ruft klar und rein meinen Namen, und ich höre in mir die Worte: «Ich will dein Gebet erhören. Es wird eine Zeit der Gnade für dich geben, einen Tag, an dem du meine Hilfe erfährst. Genau diese Zeit ist jetzt da, der Tag der Rettung ist nun gekommen.»

Ich wische die Tränen aus meinem Gesicht, während ich vor meinem Bett knie und Jesus erneut bitte, in mein Herz zu kommen. Der Tag der Rettung ist gekommen. Heute. Am 11. November 1990. Diesmal soll es endgültig sein. Ich lasse alles los, lege alles ab vor dem Kreuz von Jesus. Ich fühle mich frei und geliebt, denn nun weiß ich, dass jemand sein Leben gab, seinen Körper brechen ließ – für mich. Mein Herz steht offen, meine Hände sind erhoben, mein Mund voller Jubel für meinen Retter und Erlöser: Jesus Christus!

Amen.

Ich habe gedacht, das mit diesem Jesus wäre nur ein vorübergehender Spleen von Sybil. Ich habe mich getäuscht. Jetzt ist es schon über ein halbes Jahr, dass sie sich «bekehrt» hat, wie sie es nennt, und ein Ende dieser religiösen Phase scheint nicht in Sicht zu sein. Manchmal haben wir heftige Diskussionen zu diesem Thema. Ich kapier ganz ehrlich nicht, was sie derart fasziniert an diesem Jesus. Vielleicht geht sie auch nur in die Kirche, um ihren neuen Freund, einen gewissen Kurt, zu beeindrucken. Was weiß ich. Jedenfalls hat sie sich verändert, ist irgendwie selbstsicherer und sanfter geworden in ihrer Art. Dafür ist unsere Beziehung auseinander gedriftet.

Ich komme mir in letzter Zeit vor wie ein Schiffbrüchiger, suche nach einem Halt, einem Rettungsring im Ozean meiner Melancholie, während Sybil längst eine Insel erreicht hat und die ganze Zeit versucht, mich ebenfalls auf diese Insel zu lotsen. Sie versteht nicht, dass ihre Insel nicht die meine ist. Jeder muss seinen eigenen Weg finden. Sie scheint die Antworten auf ihre Fragen gefunden zu haben, während ich mich ziemlich orientierungslos durchs Leben schleppe. Das heißt: Am letzten Samstag ist ganz überraschend frischer Wind in meine Segel gekommen. Ich habe mich nämlich verliebt! Nein, nicht in Sybil. (Diese Möglichkeit habe ich endgültig begraben, seit sie mit diesem Kurt geht.) Aber in ihre Freundin Simone. Ja! Klingt verrückt, nicht? Ich weiß selbst nicht, wie das gekommen ist. Es ist einfach passiert. Beim Waldfest letzten Samstag. Ich glaube, im Grunde ist sogar Sybil schuld daran. Doch alles der Reihe nach.

Es war eine jener heißen Sommerwochen im Juli, die mich wegen meines Heuschnupfens schier killen. Mann, es gibt nichts Schlimmeres, als wenn du den ganzen Tag mehrere Päckchen Taschentücher durchlässt und aussiehst wie ein verheultes Elend. Die Wetterprognosen waren gut, und Dirk plante ein Waldfest für Samstagabend. Wie immer, wenn es etwas zu essen gibt, trabte die Jugend der gesamten Umgebung an, unter anderem auch Sybil und Simone. Flüchtig kenne ich Simone schon länger, aber groß unterhalten hatten wir uns bis zu diesem Abend noch nicht. Als ich im

Verlauf des Abends beobachtete, wie die beiden ziemlich intensiv miteinander diskutierten, gesellte ich mich dazu, und ich glaube, da hat es zum ersten Mal gefunkt.

Das Gespräch drehte sich um ein Thema, das genauso heiß war wie die Köpfe der beiden Mädchen, die sich offensichtlich ganz und gar nicht einig waren.

«Man könnte meinen, du lebst im letzten Jahrhundert», sagte Simone. «Meine Großeltern haben das noch so verkorkst gesehen wie du.»

«Ich bin nicht verkorkst», antwortete Sybil. «Es gibt Normen, die von Gott eingesetzt sind, um uns vor uns selbst zu schützen.»

«Ach komm», entgegnete Simone, «sieh der Realität in die Augen. Die Welt hat sich verändert.»

«Gottes Maßstab aber nicht.»

Ich räusperte mich. «Darf ich fragen, worüber ihr euch streitet?»

Simone wischte sich eine ihrer blonden Haarsträhnen aus dem schmalen Gesicht und zog vielsagend den Mund schief.

«Deine Sportskollegin hat etwas altmodische Ansichten zum Thema Sex. Ich versuche gerade, sie auf den neusten Stand der Dinge zu bringen.»

«Ach», tat ich interessiert, wölbte meine Brust und zwinkerte den beiden schmunzelnd zu. «Kann ich den Damen dabei irgendwie behilflich sein?»

«Kaum», meinte Sybil nüchtern. «Ich nehme nicht an, dass du so denkst wie ich.» Ich wartete gespannt auf nähere Erklärungen.

«Ihr Gott verbietet ihr momentan, Sex zu haben», weihte mich Simone mit hochgezogenen Augenbrauen in den Streitpunkt ein.

«Oh», ließ ich vernehmen und zeigte mich übertrieben betroffen, «wirklich? Ich dachte, er sei ein Gott der Liebe.»

«Die Liebe Gottes hat nichts mit Sex zu tun», verteidigte sich Sybil. Ich glaube, sie fand unsere spöttischen Bemerkungen alles andere als angebracht. «Außerdem hab ich nicht gesagt, dass Gott Sex verbietet. Ich sagte bloß, ich wolle bis zur Hochzeit warten. Das ist alles.»

«Dein Gott gönnt uns aber auch gar keine Freuden», grinste Simone.

«Jeder muss und soll für sich entscheiden. Aber Tatsache ist: Die Leute sind es nicht mehr gewohnt zu warten, und das ist ein Problem. Sie wollen alles hier und jetzt. Wenn dir jemand zu deiner Hochzeit eine Überraschung machen will und du das Geschenk schon vorher heimlich auspackst, verdirbst du nicht nur dir, sondern auch demjenigen die Freude, der das Geschenk mit viel Liebe für dich ausgesucht hat. Und Sex ist Gottes Hochzeitsgeschenk an uns.»

«Und wie willst du wissen, ob du zu deinem Partner passt?» fragte ich.

«Ich glaube nicht, dass man alles ausprobieren muss, um zu wissen, ob es funktioniert. Und zudem ist Sex keine Garantie, dass eine Beziehung langfristig hält.»

«Du hast also tatsächlich vor, bis zur Ehe damit zu warten?» zweifelte Simone.

Sybil nickte entschlossen.

Ich konnte es mir nicht verkneifen, sie ein wenig zu provozieren. «Das sagst du auch nur, weil dein frommer Kurt so denkt, stimmt's? Du musst mir ja nicht erzählen, dass du nicht scharf darauf bist, mit ihm zu schlafen.»

Sybil durchbohrte mich mit einem ziemlich vernichtenden Blick. Ich glaube, sie hat meinen Kommentar in den falschen Hals gekriegt.

«Erstens geht dich das nichts an. Und zweitens brauche ich niemandem zu beweisen, dass ich kein

Frosch bin. Sich nicht auf eine sexuelle Beziehung einzulassen, ist eine Entscheidungssache und hat nichts mit Feigheit zu tun.»

«Und was ist, wenn Kurt nicht dein Märchenprinz ist und du ein Leben lang ledig bleibst?» wandte ich ein.

«Dann werde ich bestimmt nicht unglücklicher sein als jemand, der zwar eine Menge Sex, aber ansonsten nur kaputte Beziehungen hatte.» Simone schüttelte verständnislos den Kopf.

«Du bist mir ein Rätsel, Sybil. Ehrlich. Dein Gott gibt dir nichts als Verbotstafeln, die in der heutigen Zeit völlig out sind und die außer dir kein Mensch befolgt.»

«Ja, und sieh dir an, welches Chaos wir deswegen haben», sagte Sybil energisch. «Wie viele unerwünschte Kinder? Wie viele Abtreibungen? Wie viele junge Frauen, die ihr Kind abgetrieben haben, weil es nicht in ihren Zeitplan passte. Frag doch mal, wie viele heute unter Gewissensbissen und Depressionen leiden, weil sie ein Menschenleben ausgelöscht haben. Gott setzt uns Grenzen, weil er weiß, wozu es führt, wenn wir sie überschreiten. Aber wir wollen ja immer alles besser wissen. Und wenn dann alles schief geht, machen wir ihn auch noch dafür verantwortlich.»

«Nun», meinte Simone, «ich denke, jeder sollte selbst wissen, was er verantworten kann, und tolerant sein, wenn jemand anders denkt. Bleib du bei der Wahrheit deines Gottes, und ich bleibe bei meiner Wahrheit. Eine absolute Wahrheit gibt es ohnehin nicht.»

Ich merkte, dass Sybil ziemlich nervös war. Sie unterließ es aber, die Diskussion noch weiterzuführen und klinkte sich schließlich mit einer fadenscheinigen Begründung aus. Simone sah mich achselzuckend an.

«Ob du's glaubst oder nicht. Kürzlich ist mir dieses Gequatsche so auf den Geist gegangen, dass ich ihr davongeritten bin. Ich hab mich am nächsten Tag bei ihr entschuldigt. Immerhin sind wir Freundinnen. Aber manchmal kann sie ganz schön stur sein.»

Ich nickte. «Das kann sie. Vor allem, wenn es um ihren Gott geht.»

«Gehirnwäsche, wenn du mich fragst», winkte Simone ab. «Wer kann sich schon anmaßen zu behaupten, seine Religion wäre die einzig richtige? Letztendlich führen alle Wege zum Ziel, so sehe ich das jedenfalls. Und ich habe auch meine Erfahrungen mit dem Übernatürlichen.»

Ich wurde neugierig. «Welche Erfahrungen?»

«Wollen wir uns nicht setzen?» Sie berührte wie zufällig meine Hand und deutete auf einen Baumstrunk etwas abseits der Festgesellschaft.

«Bei uns zu Hause spukt es», eröffnete sie mir geheimnisvoll und nicht ohne Stolz in der Stimme, nachdem wir uns gesetzt hatten. Erst dachte ich, sie wolle mir einen Bären aufbinden, aber dann kam ich zur Überzeugung, dass an den merkwürdigen Begebenheiten, die sie mir schilderte, etwas Wahres sein musste. Sie sagte, sie könne mir sogar demonstrieren, dass nachts Gespenster durch ihr Haus gehen.

«Das verrückteste Erlebnis war, als ich den Sensenmann in meinem Zimmer sah», berichtete sie begeistert. «Ich wachte mitten in der Nacht auf und sah, wie die Türklinke runtergedrückt wurde. Dabei war die Tür verschlossen. Aber ich sah ganz deutlich, wie die Tür sich öffnete, und dann stand der Knochenmann plötzlich in meinem Zimmer, leibhaftig.»

«Du meinst, es war ein Traum.»

«Nein, es war kein Traum. Es war real. Verstehst du?» Das war mir nun doch etwas zu dick aufgetragen, wie eine Szene aus dem Gruselkabinett. Aber Simone bestand darauf, dass sie den Sensenmann tatsächlich gesehen hätte. Als ich noch darüber nachdachte, was ich von dieser Geschichte halten sollte, packte sie mich ganz unerwartet mit der Hand im Genick und flüsterte:

«Ich bin der Tod! Uahh!» Sie kicherte und rückte noch etwas näher zu mir. Wieder berührte ihre Hand wie zufällig die meine, und diesmal hielt ich sie fest. Wir sahen uns an, und mein Herz begann auf einmal schneller zu schlagen. Irgendetwas war geschehen, im Bruchteil einer Sekunde. Eine Flamme züngelte in mir hoch, und ich setzte alles daran, sie mit genügend Sauerstoff anzufachen, damit sie nicht wieder erlosch. War es nicht genau das, was ich die ganze Zeit über gesucht hatte?

Mir wurde heiß. Ich las in ihren dunklen Augen dieselbe Sehnsucht, die ich in mir selbst verspürte: der Wunsch, der Einsamkeit des Herzens zu entrinnen. Es war einer jener magischen Momente, die eine Ewigkeit andauern, die dich schwindlig werden lassen und in Sphären versetzen, in denen du die Kontrolle über dich selbst verlierst. Adrenalin pur. Ich wusste, wenn ich diese Chance nicht packte, würde sie nicht wiederkommen.

Unsere Lippen näherten sich, und als wir uns küssten, durchströmte es mich wie tausend Funken eines Feuerwerkes. Unsere Herzen zerschmolzen wie flüssiges Gold zu einem einzigen, und ich wünschte mir, nie mehr aus diesem süßen Traum aufzuwachen. Ich war überzeugt, am Ende meiner Suche angelangt zu sein. Und die Lösung all meiner Probleme hatte auf einmal einen Namen: Simone.

12. Afrika

Ich glaubte mich verhört zu haben, als mir Alex mitteilte, er würde mit Simone gehen. Ausgerechnet mit Simone! Ich musste mich erst einmal an den Gedanken gewöhnen, dass mein bester Kumpel mit meiner Freundin geht. So was passiert auch nur mir. Typisch Alex. Bei ihm muss man immer auf alles gefasst sein. Ich kann nicht genau beschreiben, was in mir vorging, als er es mir sagte. Ich wusste nicht, ob ich mich freuen oder bemitleiden sollte. Es war einfach merkwürdig, irgendwie unvorstellbar, plötzlich nicht mehr eine der zentralsten Figuren in seinem Leben zu sein.

Ich will mich nicht zwischen Simone und Alex stellen, wirklich nicht. Doch wenn er mir begeistert erzählt, wie er mit ihr reiten und fischen geht, mit ihr in Kiesgruben nach Haifischzähnen und versteinerten Schnecken buddelt, steigen in mir all die Erinnerungen unserer gemeinsamen Abenteuer hoch, und ich komme mir auf einmal überflüssig vor, das fünfte Rad am Wagen, zur Seite geschoben. Ich habe Angst, dies könnte gar den Schluss-Strich für unsere jahrelange Freundschaft bedeuten, und das würde ich nicht ertragen.

Dazu kommt noch, dass ich gerade selbst in einer ziemlichen Krise stecke. Weiß nicht, was mit mir los ist. Ich merke einfach, dass meine Handlungsweise oft nicht mit meinem Glauben übereinstimmt, und das macht mich zeitweise schier fertig. Mein Handeln und Denken sind oft alles andere als christlich, und obwohl ich mir dessen bewusst bin, ändere ich es nicht. Ich komme irgendwie nicht vom Fleck, drehe mich an Ort und Stelle! Nichts geht, wie ich es mir wünsche! Der Schuldenberg zwischen Gott und mir ist so hoch, dass ich sein Licht nicht mehr erkennen kann. Ich fühle mich elend, eine Niete, ein Nichts. Kürzlich in einem Gottesdienst wollte jemand für mich beten, doch alles in mir sträubte sich dagegen, Gottes unermessliche Vergebung für mich in Anspruch zu nehmen.

Ich muss weg hier. Ich brauche Zeit, mit Gott ins Reine zu kommen; Zeit, zu begreifen, was in mir vorgeht; Zeit, um seinen Plan für mein Leben zu erkennen. Ich habe nur noch eines im Sinn: so schnell wie möglich weg von hier, möglichst weit weg.

Durch den Kontakt meiner Mutter mit einem schwarzen Missionar aus Westafrika erhielt ich das Angebot, für eine Zeit in Togo in einem Bibelübersetzungs-Center von Wycliff mitzuarbeiten. Zuerst wollte ich schon absagen. Ich bin doch nicht verrückt und gehe nach Afrika! Doch eine Woche später ließ ich mich taufen und erhielt den Bibelvers aus Jeremia 1,7: «Sag nicht: Ich bin zu jung! Zu allen Menschen, zu denen ich dich sende, sollst du gehen ...» Das war messerscharf. Alles klar, sagte ich zu Gott, ich gehe.

Ich erzählte Alex von meinen Plänen und fragte ihn, ob er Jambo für mich reiten würde, bis ich aus Afrika zurückkäme. Er hatte nichts dagegen einzuwenden und sagte so nebenbei, dass er mich dann besuchen käme. Ja, ja, dachte ich bei mir, mich in Afrika besuchen, so schnell zum Kaffee ... ist ja nett. Ich hab ihn natürlich nicht ernst genommen. Hätt ich aber tun sollen, wie sich herausstellte ...

Rafael ist nach Südafrika geflüchtet. Hat ein paar krumme Dinge mit Waffen gedreht und kalte Füße gekriegt. Die Polizei ist ihm zu nahe auf den Pelz gerückt, deshalb hielt er es für sicherer zu verschwinden. Er hat uns eingeschärft, wir dürften niemandem erzählen, wo er hin ist, es sei zu gefährlich für ihn. Wir haben es ihm versprochen. Ist nicht mehr dasselbe ohne unseren Militär-Freak.

Auch Patrick ist nicht mehr derselbe. Gras raucht er schon seit längerem, genauer gesagt, seit Mario, mein damaliger Schulkamerad, ihn auf den Geschmack gebracht hat. Aber jetzt hat er mit Kokain begonnen. Weiß nicht, wie das enden soll.

Mein Bruder ist noch immer arbeitslos, und bis heute frage ich mich, ob *er* das mit dem Vandalismus in seinem ehemaligen Laden gewesen ist oder nicht. Er streitet es natürlich ab, aber ich bin mir da nicht so sicher. Vater trinkt wie immer, Mutter sagt wie immer, sie würde die Welt nicht mehr ertragen, und schluckt kiloweise Pillen. Irgendwie scheint alles schief zu gehen.

Das Einzige, was mir noch einigermaßen Halt gibt, ist Simone. Ich koste jede Minute mit ihr aus. Ich hab ihr eine Woche Trekking-Reitferien geschenkt und Leder-Reitstiefel für vierhundert Franken. Die hab ich bei einer Reit-Ausstellung mitgehen lassen. Wir unternehmen viel gemeinsam und haben eine Menge Spaß.

Dafür hat Sybil jetzt einen Dachschaden. Sie sagte mir, sie würde für ein paar Monate nach Westafrika gehen. Komplett crazy, das Mädchen. Sie hat hier eine Arbeitsstelle, ein Pferd, eine tolle Familie, und das will sie alles aufgeben und in die Mission gehen? Na ja, jedem das Seine.

Jedenfalls brachte mich das auf eine Idee: Wenn schon alle meine Freunde nach Afrika gehen, könnte ich sie doch dort besuchen. Ich könnte zuerst nach Togo zu Sybil und anschließend gleich nach Südafrika weiterfliegen, um bei Rafael vorbeizuschauen. Mein Job als Montageleiter in Schönenwerd hängt mir eh schon zum Hals raus, etwas neue Umgebung würde mir gut tun. Und Afrika klingt verlockend.

An Geld fehlt es nicht (daran hat es noch nie gefehlt), an Abenteuerlust auch nicht. Es ist ohnehin wieder einmal eine Reise fällig nach meinen letzten Ferien auf einem Fischkutter in Dänemark. Ich habe längst aufgehört, die Länder zu zählen, die ich in den vergangenen Jahren bereist habe, es dürften bald an die dreißig sein. Doch in Afrika bin ich noch nie gewesen, und beim Gedanken an diesen Kontinent packt mich bereits das Reisefieber. Afrika. Safari, Wüste, Löwen und Elefanten, Wildnis, Eingeborene. Klingt alles wie Musik in meinen Ohren. Also nichts wie los ins Abenteuer! Afrika: Ich komme!

13. Zwischen Himmel und Hölle

Ich kann es nicht fassen! Alex kommt wirklich nach Togo! Er schrieb mir einen Brief nach Lomé, der Stadt, wo ich seit ein paar Wochen zu Hause bin, und teilte mir schlicht und einfach seine Ankunftszeit mit: 16. November 1991, 17:56 Uhr. Das ist Alex. Ich war ziemlich baff, holte rasch die Genehmigung vom Leiter des Missionszentrums und organisierte eine Schlafgelegenheit für ihn. Ich kann gar nicht beschreiben, wie sehr ich mich nach seiner Ankunft sehne, um endlich wieder einmal ein mir bekanntes Gesicht zu sehen! Nicht, dass es mir hier nicht gefällt. Es gefällt mir sogar ausgezeichnet, die Arbeit, die Menschen, der Lebensstil. Ist alles neu und sehr aufregend. Und trotzdem sind die letzten Wochen alles andere als leicht gewesen, eine Zeit der Tränen und des Schmerzes.

Als ich auf dem Missionsgelände ankam, wurde mir ein Appartement zugewiesen, das ich ganz allein bewohne. Ich fühlte mich auf einmal so unglaublich einsam zwischen all diesen fremden Menschen in diesem fremden Land mit einer fremden Sprache, und ich hatte nur noch einen einzigen

Wunsch: meine Koffer zu packen und unverzüglich wieder nach Hause zu reisen!

Warum bin ich überhaupt hergekommen? Was ist meine Motivation? Ist es überhaupt Gottes Wille, dass ich hier bin? Oder habe ich nicht vielmehr meine eigene Stimme zu seinem Willen erhoben? Um vor mir selbst zu flüchten? Nach Tarsis anstatt nach Ninive? Lomé anstatt Strengelbach? Mission in Afrika. Es klingt ja so fromm, so heilig, so grundrichtig. Und doch bezweifelte ich jetzt, wo ich schließlich hier war, dass ich die richtige Entscheidung getroffen hatte. Und das machte mich fast krank.

Für mich stürzte eine Welt zusammen, ich lag am Boden und wusste nicht mehr weiter. Aber eines Morgens schlug ich die Bibel auf, und mein Blick fiel auf Matthäus 11,28, wo Jesus sagt: «Kommt alle her zu mir, die ihr euch abmüht und unter eurer Last leidet! Ich werde euch Frieden geben.» Es tat unglaublich gut, diese Worte zu lesen. Ich wusste, sie galten mir. Ganz persönlich. Sie drangen wie sprudelndes Wasser in meine ausgetrocknete, dürstende Seele.

Und auf einmal öffnete Gott mir die Augen und zeigte mir, dass Jesus am Kreuz alles bezahlt hatte, wirklich alles. Sündenbeladen, wie ich war, trat ich vor sein Kreuz und bat ihn um Vergebung, legte meinen ganzen Sündenberg vor ihm nieder. Ich finde keine Worte für das Gefühl, das ich danach hatte. Ich öffnete mein Herz radikal für Jesus und ließ mich auf alle meine Fehler hinweisen – die zahlreich vorhanden waren! Ich fing an, meinen Egoismus im Spiegel seiner Liebe zu betrachten und mich Tag für Tag von ihm korrigieren zu lassen. Ich begann, intensiv in der Bibel zu lesen, und strebte dem Ziel entgegen, Gott zu gefallen. Noch nie spürte ich mich so vollkommen abhängig von Gott wie hier. Es war eine total intensive Zeit.

Ja, und dann kam Alex. Meine Freude war natürlich unheimlich groß. Auf der Missionsstation angekommen, aßen wir als Erstes Spaghetti. Wir haben zwar mehr ge-

sprochen als gegessen. Es gab ja sooo viel zu erzählen! Negatives wie Positives.

Am nächsten Morgen standen wir bereits um sechs Uhr auf, um in die Kirche zu gehen. Ich hab Alex natürlich mitgeschleppt, und ich glaube, es hat ihm sogar gefallen. Wahrscheinlich hat er noch nie eine so lebendige Kirche erlebt. Es wurde wie wild getanzt und gesungen.

Am Tag darauf zeigte ich Alex den «Horror-Markt» von Lomé. Es gibt zwei Märkte in Lomé, einen für die Touristen und einen für die Einheimischen. Da ich mich schon wie eine Einheimische fühlte (na ja, jedenfalls beinahe), machte ich mit Alex eine Radikalkur. Ein bisschen tat er mir zwar schon Leid, denn ich konnte seine Verzweiflung förmlich spüren: von allen Seiten bedrängt, Diebstahlgefahr, absolutes Chaos, unglaubliche Hitze, Smog, Durst – der absolute Horror eben. Armer Alex. Wieder daheim, musste er zuerst Salzwasser schlucken und anschließend jede Menge Orangensaft hinterherschütten, bis er sich wieder einigermaßen lebendig fühlte. Nach dem Mittagessen war er dann vollkommen groggy, legte sich aufs Bett, und weg war er.

Ich hätte nie gedacht, einen Kumpel so lieb haben zu können. Mit ihm kann man jeden Mist bauen. Gestern hab ich mich halb totgelacht, als Alex die Unterwäsche einer Missionarin aufhängte und in seiner sehr typischen Offenheit stänkerte: «Hey, bin ich eigentlich nach Afrika gekommen, um mir die Unterwäsche anderer Leute anzugucken?» Ja, Alex und ich amüsieren uns köstlich, und ich kann ihn mir gar nicht mehr von hier wegdenken.

Er hat auch bereits einen Job gefasst: alle Toiletten der Missionsstation zu reparieren, um dafür günstiger zu wohnen. Wir sind in die Stadt gefahren, um alle Dinge einzukaufen, die er dazu brauchte. Um sechs Uhr abends hatte Alex dann bereits alle Toiletten repariert. Er versteht eben sein Handwerk.

*Wir führen auch unglaublich gute und tiefe Gespräche.
Wir sind auf Simone zu sprechen gekommen und auf die
Geister, die in ihrem Haus herumspuken. Alex ist ziemlich
fasziniert von diesen Dingen. Er sagte, er hätte die Fußspuren im Mehl mit eigenen Augen gesehen, die die Gespenster in Simones Haus hinterlassen. Ich erklärte Alex das
Wort «Okkultismus» und was der Teufel für einen Plan mit
uns Menschen hat. Noch wichtiger wurde mir, ihm beizubringen, was es heißt, sich auf Satan einzulassen, und
was im Gegensatz dazu die Veränderung bedeutet, die eine
Bekehrung mit sich bringen kann.*

*Ich bin beeindruckt von der Offenheit, die mir Alex
entgegenbringt. In der Schweiz hab ich nie so frei über dieses
Thema geredet. Weiß nicht, ich glaube, mir fehlte der Mut
dazu, und zudem hatte ich immer den Eindruck, als würde
ich bei Alex auf taube Ohren stoßen. Doch hier in Afrika
entwickeln sich auf einmal die genialsten Diskussionen, und
das Verrückte dabei ist: Er hört mir zu! Ja, es scheint ihn
tatsächlich zu interessieren, was ich mit Gott erlebe.*

*Das wunderbarste Gespräch kam heute Abend zustande.
Ich bin noch jetzt total überwältigt von den Geschehnissen
der letzten Stunden, ja, ich bin aus der Fassung vor Freude.
Noch nie habe ich einen Menschen erlebt, der jedes meiner
Worte so aufsaugte wie Alex. Als wäre er ein trockener
Schwamm, der sich nichts sehnlicher wünscht, als endlich
von Wasser durchtränkt zu werden. Gott ist am Wirken!*

Ich hab mir Afrika irgendwie anders vorgestellt. Erstens brachte mich das feucht-heiße Klima schier um.
Und zweitens wurde mir plötzlich bewusst, dass ich
mich mitten in ein missionarisches Umfeld begeben
hatte, und das auch noch freiwillig. Na ja, solange sie
mich leben lassen, wie ich bin, beißt mich das ja nicht.
Ich gebe mir wenigstens Mühe, in Anwesenheit der
Missionare nicht zu fluchen.

Mit Sybil hab ich es total gut. Ich finde, sie ist irgendwie reifer und erwachsener geworden. Ich bin erst drei Tage hier, und wir haben schon eine Menge zusammen erlebt, wie in guten alten Zeiten, nur in einer etwas anderen Umgebung und bei vierzig Grad im Schatten.

Der absolute Hammerschlag war heute Abend. Ich weiß eigentlich nicht, warum mich das Gespräch derart beschäftigt. Aus mir unerklärlichen Gründen hat es sich in mein Gedächtnis gebrannt, und ich krieg es da einfach nicht mehr raus – vor allem das nicht, was Sybil mir zuletzt gesagt hat. Es begann damit, dass wir zu einer Gebetsstunde gingen, und als wir zurückkamen und es uns auf der Veranda vor Sybils Häuschen bequem machten, fragte ich sie, was es denn eigentlich mit diesem Gott auf sich habe, dass sie so unerbittlich an ihm festhalte. Sie lächelte.

«Wieso ich an ihm festhalte? Eben deshalb: Weil er mir einen festen Halt gibt.»

«Aber wie geht das?» fragte ich. «Weshalb bist du dir so sicher, dass es diesen Gott wirklich gibt? Spürst du ihn? Siehst du ihn? Hörst du ihn? Woher nimmst du diese Gewissheit?»

«Manchmal spüre ich ihn hier drin», antwortete Sybil und hielt sich die Hand auf die Brust. «Aber das kommt nicht immer vor. Es ist wie mit der Luft. Du spürst sie nur, wenn ein Wind weht. Aber wenn du sie nicht spürst, ist sie genauso da. Du siehst sie nicht, du hörst sie nicht, aber sie ist da, und das würde nie jemand anzweifeln. So ungefähr ist es mit Gott.»

«Und woher weißt du, dass deine Auffassung von Gott die richtige ist? Vielleicht ist er ja ganz anders, als du denkst.»

«Ich hab ja die Bibel, da steht alles drin über Gott. Wie eine Gebrauchs-Anweisung.»

«Und wieso soll ausgerechnet diese Gebrauchs-Anweisung die richtige sein? Alle andern Religionen liefern schließlich auch Antworten.»

«Alle andern Religionen zeigen dem Menschen einen Weg, auf dem er die unterbrochene Verbindung zu Gott wiederherstellen kann. Die Götter halten sozusagen den Telefonhörer in der Hand und geben den Menschen von ihren himmlischen Thronen aus Anweisungen, wie sie die kaputte Leitung zwischen Himmel und Erde aus eigener Anstrengung reparieren können. Im Christentum ist es genau umgekehrt. Gott selbst ist aus dem Himmel gestiegen und persönlich zu uns heruntergekommen, um die unterbrochene Leitung für den Menschen zu flicken. Es gibt nur einen Gott, der seine himmlische Pracht aus Liebe zu den Menschen aufgegeben hat, auf die Erde gekommen ist und für seine Geschöpfe sein Leben gegeben hat. Und das ist Jesus Christus. Du findest keinen andern Gott, der das getan hat, keinen einzigen.»

Ich wusste nicht genau, was ich darauf sagen sollte. Es klang faszinierend, aber irgendwie nicht real. «Dieser Jesus ist also deiner Meinung nach Gott, ja?»

«Ja», sagte Sybil.

«Und warum musste er sein Leben opfern?»

«Damit die ganze Menschheit zu Gott kommen kann.»

«Kapier ich nicht.»

«Warte. Ich zeichne es dir auf.» Sie verschwand in ihrem Zimmer und kam mit Block und Kugelschreiber zurück. Im gelben Schein der Glühbirne, die an einem Draht befestigt von der Decke hing und von vielen Faltern umschwirrt wurde, kritzelte Sybil auf den Block, während sie ihre Zeichnungen kommentierte:

«Die Sache ist die: Es ist wie mit einer Autobahn. Auf der einen Seite geht's zur Hölle, auf der anderen

Seite zum Himmel. Jeder von uns hat einen freien Willen und kann wählen, welche Richtung er einschlagen möchte. Gott hat in jeden Menschen die Sehnsucht gelegt, sich nach ihm auszustrecken, um Gemeinschaft mit ihm zu haben. Das Problem ist, dass unsere Sünde, unsere schlechten Gedanken, Worte und Taten uns von dem heiligen Gott trennen. Und anstatt uns dem Himmel zu nähern, fahren wir auf der Autobahn immer schneller in Richtung Hölle.» Sie zeichnete ein kleines Auto auf einer breiten Autobahn, an deren einem Ende ein Feuer brannte, das die Hölle symbolisierte. «Nun ist aber zwischen dieser Fahrbahnseite und der anderen Seite, die Richtung Gott führt, eine unüberwindliche Mauer.»

«Ohne Durchgang?»

«Ohne Durchgang, ohne Tür, ohne Öffnung. Nichts dergleichen. Ein Riesenwall.»

«Also gibt es kein Entrinnen.»

«Nicht aus eigener Kraft. Aber es gibt eine Ausfahrt: Gott hat seinen Sohn Jesus Christus als Lösegeld für unsere Sünden sterben lassen. Jesus hat die Schuld der ganzen Menschheit auf sich genommen und eine Brücke über diese Trennmauer geschlagen. Dafür ist er in die Welt gekommen und am Kreuz gestorben, um für unsere Schuld zu bezahlen und die Beziehung zu seinem himmlischen Vater wiederherzustellen, die wir durch unsere Sünden zerstört haben. Nur wenn wir seine Hand ergreifen, also quasi über die Brücke fahren, kommen wir aus dem Schlamassel heraus, in dem wir stecken.»

«Und weshalb leitet er nicht die komplette Autobahn in die andere Richtung um?»

«Weil er niemanden zwingt. Wenn dir jemand einen Rettungsring zuwirft, ist es deine Entscheidung, ob du ihn ergreifst oder nicht. So ist es mit Gott. Jesus drängt sich niemandem auf. Er ist einfach da und sagt dir: Wenn du frei sein willst, so ergreife meine Hand.»

«Und wie kann man seine Hand ergreifen?»

«Indem du an ihn glaubst. Indem du deine Sünden bereust, ihn um Vergebung bittest und ihm dein Herz schenkst.»

«Das ist alles?»

«Ja. Ist total einfach und total wirkungsvoll, das garantier ich dir.»

«Und wenn ich es nicht tue? Wenn ich so weiterlebe wie bisher?»

Sybil wischte sich eine Haarsträhne aus dem Gesicht und überlegte eine Weile. Schließlich sah sie mich mit gerunzelter Stirn an. Sie wirkte besorgt, als sie mir antwortete: «Wenn du auf deinem Gleis weitergehst, wird ein Moment in deinem Leben kommen, wo du der Hölle so nahe sein wirst, dass du sie sehen kannst. Und wenn du dann nicht die richtige Entscheidung triffst, gibt es kein Zurück mehr.»

Es fröstelte mich, als Sybil das sagte. Ich weiß nicht, warum. Ich weiß auch nicht, wie sie ausgerechnet auf diese Worte gekommen ist. Ich weiß nur, dass sie mich damit ziemlich verunsicherte. Vor allem die Gewissheit, mit der sie es sagte, und die Besorgnis, die ich in ihren Augen las. Plötzlich hatte ich das Bedürfnis, ihr zu erzählen, womit ich mir meinen teuren Lebensstil finanzierte. Es war nicht fair, dass ich sie all die Jahre hindurch nie eingeweiht hatte, wo wir doch so eng befreundet waren. Aber irgendwie fehlte mir der Mut, und ich ließ es bleiben. Feigling.

Irgendwann werde ich es ihr sagen, bestimmt. Nur nicht gerade jetzt. Erst einmal werde ich über ihre Worte nachgrübeln und darüber, was sie mir zum Schluss gesagt hat: dass ich die Hölle sehen werde …

So was Blödes. Warum bringt mich das überhaupt

aus dem Gleichgewicht? Warum hat sie mich damit so getroffen? Hat doch absolut nichts mit mir zu tun! Oder etwa doch? Ich versuche mich auf das Zirpen der Grillen zu konzentrieren und auf die Falter, die noch immer wie wild um die Glühbirne tanzen, ohne die tödliche Gefahr zu erkennen, um die sie kreisen.

Wenn du dann nicht die richtige Entscheidung triffst, gibt es kein Zurück mehr. Die Worte dröhnen in meinem Kopf, ohne dass ich es will. So was Kindisches. Ist doch alles nur frommes Geschwätz. Was beißt mich das? Ich hab mein Leben im Griff. Total.

14. Die Flucht

Irgendetwas braut sich in Lomé zusammen. Spannung ist überall zu spüren. Wir dürfen nicht in die Stadt, weil irgendein «Meeting» von hohen Tieren stattfindet und Unruhen erwartet werden.

Gestern kam Lantam, der Bruder eines afrikanischen Missionars, vorbei. Es ging ihm irgendwie nicht so gut. Er war an Malaria erkrankt und daher ziemlich geschwächt und müde. Ich hab ihm meine Tabletten gegeben und ihm genau erklärt, wie sie einzunehmen sind. Nun, in Afrika herrscht wohl die Ansicht, je mehr Tabletten, desto wirkungsvoller. Jedenfalls wurde Lantam am Abend mit einer Überdosis Malaria-Tabletten ins Hospital eingeliefert. Armer Kerl, er schluckte doch glatt alle Tabletten, nur um möglichst schnell wieder gesund zu werden …

Heute war ein Tag voller Spaß, Angst und Überraschungen. Wir haben uns um halb sieben in der Frühe mit dem Taxifahrer Simon verabredet, um einen Ausflug in das Urwalddörfchen Sassanou zu unternehmen. Wie die Afri-

*kaner so sind, nahm es der gute Mann nicht allzu genau mit
der Pünktlichkeit und tauchte erst einige Stunden später auf.
Er musste natürlich noch unbedingt eine Menge Dinge
erledigen, einen Ersatzreifen auftreiben zum Beispiel. Um
viertel vor zehn ging es dann endlich los. Unterwegs auf den
holprigen Naturstraßen überfuhren wir doch glatt ein Huhn.
Wenn ein Schlagloch in der Straße war, wurde Simon immer
sehr viel langsamer, aber bei diesem Huhn machte er keine
Anstalten, auf die Klötze zu treten, und überfuhr es unge-
rührt. Die arme Kreatur war total platt gedrückt! Als dann
wild gestikulierende Männer mit abgesägten Schrotflinten
aus dem Busch sprangen, trat unser Chauffeur einfach aufs
Gaspedal, und die Sache war erledigt.*

*Später wurden wir von «Möchtegern-Zollbeamten» auf-
gehalten. Sie fanden sich natürlich ziemlich wichtig und
beeindruckend und untersuchten unser Auto nach irgendetwas, von dem sie wohl selbst keine genaue Vorstellung
hatten. In Sassanou angekommen, unternahmen wir einen
Ausflug in den Urwald. War aufregend wie immer, Schritt
für Schritt diese grüne Wildnis zu durchstreifen. Alex, der
Survival-Man, kannte weder Furcht noch Schrecken und
wäre am liebsten stundenlang durch den Dschungel ge-
pirscht. Alex wird mir von Tag zu Tag wertvoller. Er ist wie
ein Bruder für mich geworden. Ich bete für ihn und hoffe, dass
das Samenkorn wachsen kann. Er hat schließlich den besten
Gärtner: Jesus.*

Ausgangssperre! Na prima! Ich bin wohl nicht gerade
zu einem sehr günstigen Zeitpunkt nach Togo
gekommen … Keine zwei Wochen bin ich nun hier
und rassle mitten in einen Bürgerkrieg hinein. Die
politische Situation sieht ziemlich kritisch aus. Eyadema ist Staatschef und will an der Macht bleiben. Er
hat die Polizei und einen Teil des Militärs hinter sich.
Guffigu ist der neue Premierminister und will Eya-

dema mit Hilfe der Bevölkerung und einem Teil des Militärs stürzen. Tja, und das Volk ist in Rage, weil sie eine Demokratie wollen, und um ihrem Protest gegen die jahrelange Unterdrückung durch Eyadema Ausdruck zu verleihen, stecken sie alles in Brand: Häuser, Autos ... Die Bewohner aus dem Norden Togos stehen hinter Eyademas Regime und kamen ausgerechnet nach Lomé, um gegen die Gegner Eyademas zu kämpfen.

Das reinste Chaos! Gestern gab es den ganzen Tag Schießereien, viele Tote, Verletzte und hohe Sachschäden. Die Meute tobte hörbar in unserer Nähe. Überall war Lärm: Geschrei, hupende Autos, Gewehrsalven. Irgendwie ist mir schon etwas mulmig zumute. So was hab ich noch nie erlebt. Und heute hat sich die Lage noch mehr zugespitzt: Wir dürfen das Haus nicht mehr verlassen. Eyadema versucht wieder an die Macht zu kommen und will Guffigu ermorden. Das Militär hat überall Sperren errichtet. Man kann nicht mehr über die Grenzen gehen. Es gibt keine Flüge mehr, die Telefonleitungen sind tot. Wir sind total abgeschnitten von der Umwelt! Und zu allem Übel hat Sybil auch noch Malaria gekriegt.

Das hat mir gerade noch gefehlt: Malaria! Angefangen hat alles gestern Abend um sieben. Wir waren bei Missionaren zum Abendessen eingeladen. Während des Essens bekam ich plötzlich von einer Sekunde auf die andere ganz starke Kopfschmerzen und einen steifen Rücken. Ich hatte auch leichten Schüttelfrost und ging Fieber messen. Es waren erst so um die 38 Grad herum. 15 Minuten später waren es jedoch schon 39,5 Grad, und weiter weiß ich nichts mehr, denn laut Alex verlor ich einige Zeit die Kontrolle über mich selbst.

Ich lag auf dem Bett und wurde von Schüttelfrost-Anfällen geplagt. Ich redete wirres Zeug wie «red butterflies», die an

der Decke um den Ventilator herumschwirrten. Es war
grauenhaft! Alex saß neben mir und kühlte mir mit einem
Waschlappen das Gesicht. Er wich nicht von meiner Seite. Es
war schön zu spüren, dass immer jemand neben mir saß.
Meine Gelenke und mein Rücken brannten wie Feuer. Es tat
so höllisch weh! Was war nur los mit mir? Ich hatte Angst.

Eine Frau, die auch in unserem Haus wohnt, vermutete, es
könnte sich um Malaria handeln. Ich nahm Schmerzmittel
und eine Malaria-Tablette. Eine Stunde später kam mich
Alex wecken und brachte mir die zweite Tablette vorbei. Er
saß die ganze Zeit neben mir und pflegte mich. Wie schön ist
es, einen solchen Freund hier zu haben!

Gestern wurde uns mitgeteilt, dass die Schweizer
Botschaft sehr wahrscheinlich bald eine Evakuierung
durchführt. Das heißt: bereit sein und alles gepackt
haben. Sybil und ich reden viel über die Ereignisse. Ich
staune, wie viel Vertrauen sie in ihren Gott hat. Sie
meint, sie wüsste, dass er in dieser so hässlichen
Situation einen guten Plan für uns habe. Und sie hätte
keine Angst mehr. Ich kann das allerdings nicht ganz
nachvollziehen.

Die Missionsstation führte heute in aller Frühe eine
Evakuierungs-Konferenz durch, und alle beteten für die
kritische Situation. Ich kam mir ein bisschen komisch
vor, machte aber mit. Sobald ein Anruf von der französischen Armee eintrifft, müssen wir uns bereitmachen
und werden mit Lastwagen direkt zum Flughafen gebracht. Von dort aus werden wir mit einem Flugzeug
der französischen Armee nach Cotonou in Benin ge-
flogen, und von dort geht es dann weiter nach Paris. So
jedenfalls sieht das Evakuierungs-Programm aus.

Tja, aber ich habe langsam das Gefühl, dass wir
einen andern Plan aushecken müssen. Es ist sieben Uhr
morgens, und wir hören noch immer die Maschinen-

gewehre knattern. Eigentlich hätte heute die Grenze geöffnet werden sollen, denn gestern Abend um elf teilte Eyadema mit, er werde das Militär abziehen. Doch den Umständen entsprechend wird dies wohl nicht der Fall sein. Es wird ungemütlich hier!

Ich sollte dringend Medikamente kriegen! Die Malaria wütet in meinem Körper, ich fühle mich schwach. Ich versuchte in die Schweiz zu telefonieren, kam aber nicht durch. Ein Missionar war in der Stadt und sagte, es sehe grauenvoll aus. Überall verbrannte Häuser und Autos. Spuren einer Schlacht. Ich möchte raus aus diesem Land! Einfach nur heim! Manchmal will sogar ein bisschen Angst aufsteigen: Was tue ich nur, wenn ich keine Medikamente bekomme? Was soll's. Meine Zeit steht in Gottes Händen, nun kann ich ruhig sein, ruhig sein in ihm. Jawohl. Denn wer unter dem Schutz des höchsten Gottes lebt und bei ihm bleiben darf, der sagt zum Herrn: Du bist meine Zuflucht, bei dir bin ich sicher wie in einer Burg. Ich las diesen Bibelvers Alex vor und versuchte ihm (und mir) beizubringen, dass es wirklich so ist.

Später, als ich auf meinem Bett lag und vor mich hin brütete, passierte etwas ganz Unglaubliches: Ich fühlte mich schlaff und mutlos. Plötzlich hörte ich eine Stimme, ganz leise, als ob sie in meinen Gedanken wäre: «Sybil, hab Vertrauen, ich bringe dich hier raus an einen sicheren Platz.» Ich bin nicht wenig erschrocken und zweifelte an dem Gehörten. Ich betete und sagte Gott, wenn die Stimme von ihm gewesen sei, solle er es mir doch schwarz auf weiß bestätigen. Ich schlug die Bibel willkürlich auf, und mein Blick fiel prompt auf Hesekiel 12,28: «Was ich voraussage, läßt nicht mehr lange auf sich warten! Was ich verkünde, das trifft ein! Mein Wort gilt!»

Es haute mich um. Einfach sagenhaft! Wow! Mir liefen die Tränen nur so über die Wangen. So lieb muss Gott mich haben, dass er so direkt zu mir spricht! Unglaublich. Ich erzählte es Alex, der auch sehr betroffen davon war. Ich bin ruhig, denn was soll mir jetzt noch geschehen? Gott hat uns seine Zusage gegeben, also kann nichts schief gehen.

4. Dezember 1991: Wir sitzen mit unseren Taschen reisefertig auf der Treppe vor dem Haus und warten auf das Taxi. Unser Entschluss steht fest: Wir werden auf eigene Faust über die grüne Grenze flüchten. Es gibt keine andere Möglichkeit. Vorgestern ist die letzte Seifenblase zerplatzt, als wir erfuhren, dass das Militär wieder komplett das Kommando über die Stadt übernommen hat. Die Grenzen sind geschlossen. Und Sybils Malaria ist wieder aufgeblüht. Sie ist am Boden zerstört, alles tut ihr weh. Sie hat sich in ihr Zimmer zurückgezogen, um «Lobpreis» zu machen, wie sie es nennt. Ich hab mir Musik von einem gewissen Don Francisco angehört. Gar nicht mal so schlecht. Die Worte haben mir echt gut getan.

Sybils Gesundheit verschlechtert sich von Stunde zu Stunde. Sie beklagt sich über starke Kopfschmerzen und kann nichts mehr essen. Ihr Mund ist voller offener Stellen, und ihr Zahnfleisch blutet so sehr, dass die Zahnpasta blutrot gefärbt ist. Langsam mache ich mir schon Sorgen um sie. Ob sie es in ihrem Zustand schafft, durch Busch und Dickicht ins Nachbarland zu kommen?

Endlich taucht das Taxi auf, das uns an die grüne Grenze bringen soll. Jetzt wird es ernst. Wenn das nur gut geht! Wir erreichen die Grenze ohne Zwischenfälle, und der Taxifahrer macht einen Deal mit ein paar Frauen, die uns das Gepäck tragen und uns den Weg durch den Dschungel zeigen sollen. Wahnsinn, eine Frau trägt meine Riesentasche auf ihrem Kopf, unglaublich. Als wir alle Taschen aufgeteilt haben, marschieren wir los.

Schon nach kurzer Zeit erreichen wir eine Sperre. Männer mit Knüppeln in der Hand bedrohen uns und wollen uns nicht passieren lassen. Sie geben uns mit Händen und Füßen zu verstehen, dass sie unser gesamtes Gepäck haben wollen! Wir sind geliefert. Ausgerechnet ich, der ich normalerweise die Leute bestehle, befinde mich nun zum ersten Mal in meinem Leben in der Rolle des Opfers. Das nennt man wohl Ironie des Schicksals – und ich muss zugeben, sehr wohl ist mir nicht dabei, diesen bewaffneten, düsteren Typen gegenüberzustehen. Ich komme mir ziemlich hilflos vor und hab keine Ahnung, wie wir reagieren sollen. An eine Flucht ist nicht zu denken. Hinter uns ist der Dschungel, vor uns diese Männer. Wir sind in der Minderheit, und sie sind bewaffnet! Wir haben keine Chance! Was sollen wir bloß tun?

Sie fordern erneut all unsere Ware, und als wir nicht darauf reagieren, werden sie ziemlich aggressiv. Ich seh uns schon am Boden liegen, blutüberströmt, ohne Gepäck, ohne Ausweise, ohne Geld, allein mitten im Urwald, da brennt bei Sybil plötzlich eine Sicherung durch. Wie eine Wilde geht sie auf die Männer los und beginnt sie auf Schweizerdeutsch zu beschimpfen. Ich will sie zurückhalten, doch sie scheint mich gar nicht wahrzunehmen vor Empörung. So hab ich sie noch nie aus der Haut fahren sehen.

«Niemand hat das Recht, mich daran zu hindern, endlich aus diesem Land zu kommen!» schreit sie, außer sich vor Wut und Verzweiflung. «Ich sitze seit einer Woche hier, bin total mit den Nerven fertig, hab Malaria, rasende Kopfschmerzen, Fieber, Heimweh, und da kommt ihr und bildet euch ein, ihr könntet uns auch noch unser Gepäck stehlen!» Sie redet sich in Fahrt und droht den Männern mit ihrer gesamten

Körpergröße. Immerhin überragt sie die meisten um einen Kopf.

«Ihr Schufte! Elende Diebe! Räuber! In unserem Land würde man euch alle hinter Gitter sperren! Wehrlose Touristen überfallen, das könnt ihr, was? Aber nicht mit mir! Nicht mit mir! Und wenn ich euch eigenhändig verprügeln muss, meine Koffer kriegt ihr nicht, niemals!» Es sprudelt nur so aus ihr heraus, ihre Stimme wird immer lauter und drohender, und dann geschieht etwas völlig Unerwartetes: Die Männer weichen plötzlich zur Seite und lassen uns durch. Ein Wunder ist geschehen. Sybil hat es tatsächlich geschafft, diese Schurken einzuschüchtern! Hut ab. Wir beeilen uns weiterzukommen und blicken nicht zurück.

Das letzte Stück bringen wir problemlos hinter uns. Unsere Erleichterung ist kaum zu beschreiben, als wir endlich in einem Taxi sitzen, das uns nach Cotonou bringt. Sybil hängt halbtot, aber überglücklich neben mir auf dem Rücksitz, sieht mich von der Seite an und meint erleichtert:

«Hey, Alex, wir haben es geschafft!»

«Allerdings», murmle ich. «Du hast ja voll die Show geboten. Ich hab gedacht, du stürzt dich gleich auf diese bewaffneten Männer.» Sie lächelt müde.

«Das hätt ich glatt getan, wenn sie nicht zur Seite getreten wären, glaub mir. Wenn man mich in die Enge treibt, lernt man mich kennen. Vor allem, wenn ich so krank und elend dran bin wie jetzt.»

«Du hast sie ganz schön beeindruckt.»

«Ich hörte sie die ganze Zeit das französische Wort für Hexe sagen. Sie haben wohl gedacht, ein hysterisches Weib wie ich könne nur eine Hexe sein. Mann, hab ich Kopfschmerzen.» Sie presst beide Hände gegen die Stirn und atmet tief durch. «Wahnsinn. Es hat geklappt. Gott hat uns durchgeschleust, wie er es uns versprochen hat. Ist das nicht genial?»

«Muss wohl tatsächlich eine höhere Macht im Spiel gewesen sein», gebe ich zu. «Sonst hätten uns die Typen nicht durchgelassen. Die hätten uns mit Leichtigkeit verprügeln oder sogar totschlagen können.»

«Ich sah nur noch rot. Stell dir vor, wenn sie uns alles geklaut hätten! Ich verstehe nicht, wie Menschen andere bestehlen können. Haben die denn kein Herz?»

«Wenn du stiehlst, ist es dir egal, wem das Zeug gehört. Du denkst nur an den Gewinn», rutscht es mir heraus, und erst als mich Sybil verdutzt anblickt, merke ich, was ich da eben rausgelassen habe.

«Du redest ja, als hättest du Erfahrung auf dem Gebiet», stellt sie denn auch prompt fest. Ich weiß nicht, ob ich das Thema abklemmen soll. Ist vielleicht nicht der günstigste Moment, eine Beichte abzulegen. Aber etwas in mir drängt mich, es ihr zu sagen, egal, wie ihre Reaktion sein wird. Irgendwann muss ich es ihr ja sagen! Warum also nicht jetzt? Ich kratze mich bedächtig am Kinn und suche nach den richtigen Worten.

«Ich glaube, es wird Zeit, dass du eine Seite von Alex Huber kennen lernst, von der du nichts weißt.»

«Was meinst du damit?»

«Nun», gestehe ich kleinlaut, «es gibt da ein paar Dinge in meinem Leben, die ich dir bis jetzt verschwiegen habe. Ich dachte, es könnte unsere Freundschaft beeinträchtigen. Und das wollte ich nicht. Denn du bedeutest mir sehr viel, Sybil. Das möchte ich dir einfach mal gesagt haben.»

«Ist dir nicht gut? Was soll das, Alex? Ich dachte, *ich* hätte Fieber, nicht du.»

«Die Sache ist die», brummle ich, während das Taxi über die Naturstraße donnert und riesige Staubwolken aufwirbelt, «erinnerst du dich, als vor Jahren die Fische aus dem Aquarium unseres Dorfrestaurants geklaut wurden?»

«Das ganze Dorf erinnert sich daran, warum?»

«Also … um die Wahrheit zu sagen … Es ist so: Die Fische hab ich geklaut.»

«Du?» Sie fährt in die Höhe und sieht mich ziemlich entsetzt an. Ich hätte es vielleicht doch nicht sagen sollen, schießt es mir durch den Kopf. Sie wird mich hassen deswegen. Sie will bestimmt nichts mehr mit mir zu tun haben. Warum tue ich das überhaupt? Was gewinne ich damit? Was soll's. Ich hab das Thema aufgegriffen. Jetzt ziehe ich es durch.

«Eigentlich waren wir zu dritt», erkläre ich. «Patrick, Dirk und ich. Später kam noch Rafael dazu. Wir haben eine Menge krumme Dinger gedreht. Erinnerst du dich an die Zeit, als im Dorf eine Menge Mofas gestohlen wurden?» Sybils Augen werden immer größer.

«Sag bloß, das bist auch du gewesen.» Ich nicke.

«Wir haben die Mofas auseinander genommen und als Ersatzteillager gebraucht. Ein paar Mofas haben wir neu zusammengebaut und verkauft. Wir haben auch Autoradios geklaut und sind in Geschäfte einge-brochen.»

«Alex!» Ihr fällt die Kinnlade runter. Darauf ist sie wohl nie und nimmer gefasst gewesen. Natürlich nicht. Wie sollte sie auch. «Bist du verrückt?! Du bist in Geschäfte eingebrochen?»

«Tja», sage ich kleinlaut. «Jetzt weißt du's.» Ich fühle mich irgendwie erleichtert, ihr endlich die Wahrheit gesagt zu haben, was auch immer sie jetzt damit anfangen wird. Sie ist natürlich total perplex und japst nach Luft wie ein Fisch auf dem Trockenen. Vielleicht hätte ich doch lieber warten sollen, bis sie keine Malaria mehr hat.

«Warum, Alex? Warum? Ich meine, wie kannst du andere ... bestehlen?»

Ich zucke die Achseln. «Wegen des Nervenkitzels. Andere gehen in den Zirkus oder klettern ohne Seil eine Felswand hoch, um ein Kribbeln in ihrem Bauch zu spüren. Ich habe mich auf Diebstahl spezialisiert. Da hast du nicht nur den Thrill, sondern verdienst noch was dabei.»

«Das ist Wahnsinn, Alex! Das kannst du doch nicht machen!» Ich glaube, sie hat es definitiv in den falschen Hals gekriegt. «Und was ist, wenn die Polizei dich erwischt?»

«Keine Sorge, die erwischen uns nicht. Wir sind gut organisiert, haben Funkgeräte.»

«Ich fass es nicht», sagt sie, «ich hab einen Gauner zum Freund.» Sie schüttelt immer wieder den Kopf und sieht mich flehend an. «Alex. Du musst damit aufhören! Hörst du? Bist du dir überhaupt bewusst, was du da tust? Weiß Simone etwas davon?»

«Na ja, ich weiß nicht so genau, was sie weiß. Sie weiß, dass ich immer tausend Jobs gleichzeitig habe und dass meine Geschäfte nicht immer sauber sind. Aber sie hat mich nie danach gefragt.» Das ist nicht gelogen. Sie fand es zwar schon etwas komisch, als ich ihr die neuen Leder-Reitstiefel schenkte und ihr sagte, die hätte ich zufällig aufgestöbert. Genau ihre Größe. Sie weiß, wie teuer die sind. Aber sie hat mich nie danach gefragt, was ich unter Aufstöbern verstehe. Und ich hab nicht vor, es ihr unter die Nase zu reiben.

Sybil sitzt mit gerunzelter Stirn neben mir und sieht sehr nachdenklich aus. Ich würde gerne wissen, was ihr durch den Kopf geht. Bestimmt hält sie mich für den verrücktesten Kerl, dem sie je begegnet ist, und ist ziemlich enttäuscht von mir.

«Hast du kein schlechtes Gewissen, wenn du stiehlst?» fragt sie plötzlich.

«Nein», sage ich. «Ich fühle mich gut dabei. Wie ich schon sagte: Adrenalin pur. Aber ich denke, das kannst du nicht ganz nachvollziehen.»

«Allerdings nicht», bestätigt sie. «Je mehr du stiehlst, desto weiter entfernst du dich von Gott. Und wo du dann landest, weißt du ja selbst.» Sie sagt es nicht drohend, mehr besorgt. Ist ja nett gemeint, aber in diesem Punkt wird sie mich wohl nie verstehen. Na ja. Jedenfalls weiß sie es jetzt, und ich hoffe, sie wird den Schock überwinden. Wird sie bestimmt.

«Cotonou», sagt der Taxifahrer und holt uns aus unserer europäischen Gedankenwelt ins heiße Afrika zurück. Er deutet auf ein paar Häuser, die am Horizont auftauchen, und beginnt auf Französisch etwas zu erklären. Ich bin ihm mehr als dankbar für sein Gefasel, selbst wenn mein Schulfranzösisch nicht ausreicht, auch nur einen Satz von seinem Kauderwelsch zu verstehen. Hauptsache, wir haben ein anderes Gesprächsthema. Und das haben wir tatsächlich, denn wir sind am Ziel! Wir haben es endgültig geschafft! Nun müssen wir nur noch die Flugtickets ändern lassen, und dann nichts wie nach Hause. Mann, es ist ein unglaublich gutes Gefühl, in Sicherheit zu sein.

Die Formalitäten sind rasch erledigt, und die Tickets werden uns wie durch ein Wunder auf der Stelle geändert. Sybil hätte den Typen hinter dem Schalter am liebsten abgeküsst vor lauter Freude. Und ich bin auch total glücklich über den guten Ausgang unseres Abenteuers, muss ich schon sagen. Es hätte genauso gut anders ausgehen können. Diese Flucht ist wohl wirklich nicht auf unserem Mist gewachsen. Vielleicht ist da ja doch was dran an diesem Gott. Wer weiß.

15. Die Krise

Geschafft! Ich kann nicht beschreiben, wie erleichtert ich war, als wir endlich im Flugzeug Richtung Heimat saßen. Nie werde ich dieses Abenteuer vergessen, die Verzweiflung, Hoffnung und Erleichterung, die Alex und ich gemeinsam gefühlt, geteilt und durchlitten haben. Ich bin ja so froh, dass Alex bei mir gewesen ist. Ich weiß nicht, ob ich das sonst überstanden hätte. Er hat mir übrigens einen kleinen Text in mein Tagebuch geschrieben, was mich total gefreut und mir auch ein wenig geschmeichelt hat. Er schrieb:

«Die letzten drei Wochen waren schön, das heißt, nicht unbedingt schön, aber unglaublich lehrreich. Ich habe gesehen, dass mehrere Mahlzeiten pro Tag nicht überall auf der Welt zum Alltag gehören. Kommt man dann wieder nach Hause, schätzt man vieles mehr und mehr. Ich habe eine reifere, erwachsenere Sybil kennen gelernt. Drei Monate Afrika machen viel aus, nicht nur distanzmäßig. Die lustigsten Szenen waren: missionarische Unterwäsche aufhängen und die Story mit dem Taxi, das ein Huhn überfuhr. Und dann unsere Flucht nach Benin. Das war ein Abenteuer der besonderen Art. Eine schöne Zeit wünscht dir dein Kumpel Alex.»

Einfache Worte eines einfachen Mannes. Alex ist und bleibt ein spezieller Mensch. Ich glaube, Togo hat uns noch mehr zusammengeschweißt. Eine Freundschaft wie Winnetou und Old Shatterhand oder David und Jonathan. Gerade deshalb macht mir das total zu schaffen, was Alex mir im Taxi nach Benin anvertraut hat. Mein Gott, ich hatte ja keine Ahnung! Da musste ich erst nach Afrika gehen, um zu erfahren, dass mein bester Kumpel ein Dieb ist. Und das schon seit vielen Jahren!

Deshalb hatte ich wohl auch immer das seltsame Gefühl gehabt, er würde mir etwas verschweigen. Da war etwas in seinen Augen, das ich nicht definieren konnte, ein geheimnisvoller, unnahbarer Glanz, der tausend Geschichten zu verbergen schien, die ich nicht zu entschlüsseln vermochte. Jetzt hatte er sie selbst entschlüsselt. Über drei Jahre lang hatte er diesen Moment hinausgezögert.

Alex. Warum tust du das? Ich hätte ihn am liebsten geschüttelt, als er es mir sagte. Aber erstens war ich durch die Malaria so geschwächt, dass ich dazu keine Kraft hatte (vielleicht hat er gerade deshalb diesen Moment ausgewählt), und zweitens hätte es wohl ohnehin nichts gebracht. Denn anscheinend hat er nicht mal ein schlechtes Gewissen bei seinen Diebstählen. Er findet es cool! Adrenalin pur! Oh Gott, merkt er denn nicht, worauf er sich da eingelassen hat? Dass er sein Leben total zerstört?

Ich erinnere mich sehr gut an den Fall mit den geklauten Fischen aus dem Restaurant-Aquarium. Und auch an die unzähligen Mofas, die gestohlen wurden. Niemals hätte ich Alex damit in Verbindung gebracht. Wir hatten es immer so toll zusammen, bei unseren Ausritten, bei allem, was wir gemeinsam unternahmen. Immer gab es so viele aufregende Themen, über die wir stundenlang diskutierten. Nie wäre ich auf die Idee gekommen, dass Alex krumme Dinger dreht. Dass er kein 08/15-Typ ist und ziemlich verrückte Ideen hat, das wusste ich. Dass er ein Einzelgänger ist und es viele Leute gibt, die ihn nicht riechen können, das wusste ich ebenfalls. Aber ein Dieb? Irgendwie will mir das nicht in den Kopf gehen.

Ich kann mir Alex einfach nicht vorstellen, wie er in Geschäfte einbricht. Man hat so seine inneren Bilder, wie ein Krimineller aussieht, wie er handelt, denkt und fühlt. Man geht davon aus, dass einer, der gegen das Gesetz verstößt, durch und durch böse ist, so wie im Fernsehen. Und sobald man jemanden kennt, der verbotene Dinge tut, merkt man, dass die Realität viel komplexer ist als die künstliche Schwarz-Weiß-Welt in den Film-Scripts.

Eines weiß ich jedenfalls: Ich werde noch mehr für Alex beten als bisher. Sturmgebet pur. Warte nur, Satan, du Versager, du hast keine Chance. Früher oder später musst du einen Abgang machen im Leben von Alex! Ich werde nicht zulassen, dass Alex sein Leben verpfuscht. Ich werde für ihn kämpfen. Und wenn es Jahre dauern sollte. Schließlich ist Alex mein Freund. Und Freunde lässt man nicht im Stich. Niemals.

Ich glaube, es ist besser, auszusteigen. Das Leben hat keinen Sinn mehr. Seit mich der graue Schweizer Alltag wieder eingeholt hat, fühle ich mich miserabel und quäle mich sogar mit Selbstmordgedanken herum. Ich brauche dringend frische Luft, ein neues Abenteuer, einen neuen Kick. Sonst geh ich drauf. Und vielleicht wäre das auch besser so – für alle.

Ich bin überfordert, mit meinem Alltag, meiner Familie, meinen Kollegen, mit Simone. Sogar mit mir selbst. Ich schaff das nicht. Ich bin anders, und ich kann mich nicht ändern. Es geht nicht. Ich kann kein normales Leben führen, wie alle andern es tun. Ich weiß, dass ich nicht stehlen sollte. Aber ich brauche das. Ich komm nicht davon los. Es ist wie verhext, nein, es ist wie eine Droge. Es ist einfach stärker als ich. Der Kick muss immer intensiver, das Risiko immer größer werden.

Und dann heute Abend der Streit mit Simone ... Das war heftig, hat mich total fertig gemacht. Sie will Schluss machen. Ende. Aus. Sie sagt, wir würden nicht zusammenpassen, hätten nie zusammengepasst. Mann, ich kann nicht beschreiben, was in mir vorging, als sie das sagte. Ich will Simone nicht verlieren. Sie ist alles, was ich habe! Zugegeben, wir sind uns in letzter

Zeit oft in die Haare geraten. Es hat schon begonnen zu kriseln, als ich aus Afrika zurückgekommen bin. Und das ist nun auch schon wieder über ein Jahr her. Unglaublich, wie die Zeit vergeht. Es kommt mir vor, als wären Sybil und ich erst gestern aus Togo geflüchtet.

Nie werde ich dieses Abenteuer vergessen, so viel steht fest. Und meinen anschließenden Aufenthalt bei Rafael in Südafrika auch nicht. Das war auch so eine Story. Hat mich ziemlich aufgewühlt, jener Besuch. Doch das ist eine andere Geschichte. Im Moment beschäftigt mich was ganz anderes: Simone. Ich weiß wirklich nicht, wie das mit Simone und mir weitergehen soll. Irgendwie ist der Wurm drin.

Dabei haben wir einen so tollen Tag auf der «Equitana» verbracht. Es ist nicht das erste Mal, dass ich zu dieser weltgrößten Pferdemesse in Essen gehe. Aber es ist das erste Mal, dass Simone dabei ist. Wir haben uns zwei benachbarte Zimmer im Hotel genommen, um die Zeit voll auszukosten. Tja, aber nach unserer Auseinandersetzung heute Abend ist mir die Lust vergangen, noch einen zweiten Tag auf der Messe zu verbringen.

Es ist, als wäre ein Rollladen zwischen uns heruntergesaust. Und Simone ist nicht bereit, ihn wieder hochzuziehen. Ich hab alles verdorben. Ich wollte sie beeindrucken, aber es ist voll danebengegangen. Ich hab gedacht, sie würde es irgendwie cool finden, sie würde mich als eine Art Helden sehen, der kein Risiko scheut, um seiner Geliebten eine Freude zu bereiten. Ich hab gedacht, sie würde sich über mein Geschenk freuen, selbst wenn es geklaut ist. Ist schließlich nicht das erste Mal, dass ich ihr was Geklautes schenke.

Der Unterschied ist bloß, dass ich es ihr diesmal gesagt habe. Das war wirklich nicht sehr klug von mir.

Aber in dem Moment, als ich es aussprach, war ich mir nicht bewusst, welche Konsequenzen das alles mit sich bringen würde. Hätte ich es geahnt, wäre ich bestimmt nicht so plump mit der Wahrheit herausgerückt. Ich hab zu viel aufs Spiel gesetzt. Mein Einsatz war zu hoch, ich hätte es wissen müssen. Ich hab mit dem Feuer gespielt und mir die Finger verbrannt. Und Simone hat lieblos einen Eimer kaltes Wasser darübergegossen. Mich fröstelt jetzt noch, wenn ich an ihren eisigen Blick zurückdenke.

Es geschah vor einer Stunde in unserem Hotel. Wir kamen am späten Nachmittag von der Messe ins Hotel zurück und wollten uns etwas frisch machen, um auswärts essen zu gehen. Ich entschied mich, Simone das Geschenk noch vorher zu überreichen. Also klopfte ich an die Zwischentür, die unsere beiden Zimmer voneinander trennt, und als Simone öffnete, verkündete ich geheimnisvoll:

«Ich hab da was für dich.» Sie trat in mein Zimmer, und ich präsentierte ihr stolz meine Errungenschaft: eine 500 Mark teure Leder-Reithose. Zuerst war Simone total platt, wenigstens die ersten paar Sekunden.

«Für mich?» Sie fiel mir um den Hals, wir küssten uns, und es durchfuhr mich heiß von Kopf bis Fuß. Ihre Küsse machen mich verrückt. Ehrlich.

«Gefällt sie dir?» fragte ich. Sie löste sich von mir und drehte die Lederhose bewundernd in ihren Händen.

«Das fragst du noch? Natürlich gefällt sie mir. Ich hab mir schon immer eine Leder-Reithose gewünscht. Aber die Dinger kann man ja als Normalsterblicher nicht bezahlen.» Sie war offensichtlich ziemlich beeindruckt von meiner Großzügigkeit.

«Wann hast du die denn gekauft, ohne dass ich es gemerkt habe?» fragte sie, und da machte ich den einen fatalen Fehler.

«Ich hab sie nicht gekauft», grinste ich, «ich hab sie geklaut.» Simones Gesichtsausdruck veränderte sich schlagartig. Sie warf die Hose von sich, als hätte sie soeben eine Spinne darauf entdeckt.

«Du hast sie *was?*»

«An dem Stand, wo du dir den antiken Sattel angesehen hast», erzählte ich eifrig.

«Du machst Witze.» Ich schüttelte den Kopf.

«Ich bin in die Umkleidekabine gegangen und hab die Hose unter meiner eigenen angezogen. Niemand hat was gemerkt, nicht einmal du.» Die Überraschung war mir wohl geglückt, aber nicht so, wie ich mir das gedacht hatte. Simone sah mich absolut entsetzt an.

«Du hast diese teure Hose einfach mitgehen lassen?»

«Was ist schon dabei? Die merken nicht mal, dass was fehlt.»

«Du hast sie gestohlen!» rief sie vorwurfsvoll.

«Na und? Ist das so schlimm?»

«Du hast doch nicht etwa erwartet, dass ich das cool finden würde oder so?» Sie ging auf Distanz, äußerlich wie innerlich. Die Luft schien auf einmal unangenehm stickig zu werden. Ich merkte, dass ich einen Fehler begangen hatte, aber jetzt war es zu spät, ihn rückgängig zu machen.

«Mann, du stiehlst eine Leder-Reithose und hast noch die Unverfrorenheit, sie mir als Geschenk anzubieten?» Die Distanz zwischen uns hatte sich innerhalb von Sekunden um Milliarden von Lichtjahren erweitert.

«Soll ich sie etwa zurückbringen?»

«Das geht ja wohl schlecht», brummte sie. «Die werden Klartext reden. Du hättest dir vorher überlegen sollen, was du da tust. Wahrscheinlich hast du dir überhaupt nichts dabei überlegt, wie ich dich kenne. Und ich stehe auch noch als deine Komplizin da. Ich glaub das einfach nicht.»

Sie stand mit verschränkten Armen in der Tür zwischen unseren beiden Zimmern und war ganz eindeutig sauer auf mich. Und ich war genauso sauer über ihr Unverständnis mir gegenüber. Dass Sybil nicht viel für meine Machenschaften übrig hat, seit sie fromm geworden ist, das kann ich ja irgendwie akzeptieren. Aber bei Simone ist das anders – immerhin gehen wir schon drei Jahre zusammen, versuchen wenigstens krampfhaft, die Flamme unserer ersten Liebe am Leben zu erhalten, selbst wenn sie manchmal kurz vorm Verlöschen ist. Doch diesmal hatte sich das Feuer in Eis verwandelt.

«Die Reitstiefel, die du mir letztes Jahr geschenkt hast, waren wohl auch gestohlen, hab ich Recht?» forschte Simone nach einem Moment unangenehmer Stille. Ich hatte keine Lust, ein Geständnis abzulegen.

«Und wenn ja, was ändert das an unserer Beziehung?»

«Beziehung?» tat Simone bitter. «Unsere Beziehung ist schon lange nicht mehr das, was sie einmal war. Machen wir uns nichts vor. Das Einzige, was wir in letzter Zeit miteinander teilten, ist ein Bett.» Sie war dabei, sich zu ereifern, und ich wusste nicht, wie ich sie bremsen sollte. Natürlich ist mir klar, dass unsere Beziehung nicht gerade einer romantischen Märchenversion entspricht. Wir streiten uns oft über Kleinigkeiten. Sie lässt sich über meine ungepflegte Frisur aus und behauptet, ich würde mich wie ein Elefant im Porzellanladen aufführen. Ist natürlich total übertrieben. Jedenfalls schneidet sie das Thema bei jedem Treffen an, und dann verlieren wir uns in endlosen Diskussionen.

Sybil hat mich kürzlich bei einem Ausritt gefragt,

was unsere Beziehung eigentlich noch zusammenhalte, wenn wir uns doch nur streiten. Das habe ich mich auch schon gefragt. Und ich bin zu keinem Schluss gekommen. Ich weiß nur, dass ich mich von Simone auf geheimnisvolle Weise angezogen fühle. Bei allen Meinungsverschiedenheiten und allen Auseinandersetzungen: ihrem Charme kann ich nicht widerstehen. Ihre Küsse verzaubern mich, machen mich total verrückt nach ihr. Ich brauche sie, brauche ihre Zärtlichkeit, ihre Berührungen.

Vielleicht ist das der Unterschied zwischen Simone und Sybil. Sybil und ich sind uns körperlich nie sehr nahe gekommen, und dennoch verbindet uns eine Freundschaft, die man sonst nur in Abenteuerbüchern findet. Es ist, als wären unsere Gedanken ineinander verwoben. Wir haben uns in all den Jahren nie gestritten, während ich mich mit Simone andauernd streite und ihr längst nicht alles anvertraue, was sich in meinem Innern abspielt. Seltsam. Ich könnte nicht sagen, welches der beiden Mädchen mich mehr in seinen Bann zieht, Simone oder Sybil. Während ich mit Simone zu einem Körper verschmelze, verschmelze ich mit Sybil zu einer Seele. Und ich weiß ehrlich gesagt nicht, was stärker ist. Ich weiß nur eines: Ich könnte nicht mehr leben, wenn ich eine der beiden verlieren würde.

«Es hat keinen Sinn, so zu tun, als wäre alles in Ordnung», hörte ich Simone sagen, und ihre Worte holten mich ins Hotelzimmer zurück. «Es ist besser, wir ziehen einen Schluss-Strich, Alex.»

Ich zuckte zusammen. Mein Blut schien in den Adern zu gefrieren. So entschlossen und unversöhnlich hatte ich Simone noch nie erlebt. Mir war klar, dass sie es ernst meinte, bitterernst sogar. Ich suchte verzweifelt nach Worten, doch meine Zunge klebte am Gaumen, und ich brachte keinen Ton über die Lippen. Ich fand keine Argumente.

«Wir können uns nicht ewig etwas vormachen», fuhr sie nüchtern fort, «unsere Beziehung war von Anfang an ein Fehlschlag, und das weißt du. Wir haben uns beide einsam gefühlt und nach etwas Wärme und Geborgenheit gesehnt. Seien wir ehrlich: Es war nie Liebe. Und es wird nie Liebe sein.»

Ihre Worte waren wie Messerstiche, obwohl mir tief in meinem Innersten eine Stimme sagte, dass sie Recht hatte. Aber ich wollte das nicht hören. Ich will Simone nicht loslassen. Woran soll ich mich sonst festklammern, um nicht definitiv in den Abgrund zu stürzen?

«Und wenn ich die Hose zurückbringe?» wagte ich einen ziemlich unbeholfenen Versuch, Simone umzustimmen.

«Du kannst mit der Hose machen, was du willst. Es wird die Brücke zwischen uns nicht mehr herstellen. Morgen fahr ich in die Schweiz zurück. Was du machst, ist mir ehrlich gesagt egal. Es ist aus zwischen uns.» Sie drehte sich um, trat in ihr Zimmer und schloss die Tür hinter sich.

Ich setzte mich aufs Bett, schleuderte die Leder-Reithose in eine Ecke und brütete dumpf vor mich hin. Tja, und hier sitze ich nun seit über einer Stunde, ohne mich von der Stelle gerührt zu haben, und das Einzige, was mir durch den Kopf geht, sind Simones letzte Worte: Es ist aus zwischen uns. Die Worte hämmern in meinem Kopf. Es ist aus. Ich starre auf die Reithose in der Ecke und verfluche mich selbst dafür, dass ich sie gestohlen habe. Warum hab ich das bloß getan? Warum?

Draußen beginnt es zu regnen. Ich höre die Regentropfen gegen die Scheibe ticken. Ich muss raus hier, muss versuchen, einen klaren Kopf zu kriegen. Ich schlüpfe in Turnschuhe und Jeans-Jacke und gehe aus dem Hotel, verliere mich in den Straßen der Stadt. Es ist kurz nach neun Uhr abends. Der Regen nimmt zu, und schon bald dringt die Feuchtigkeit durch meine Jacke und die Schuhe hindurch. Doch es ist mir egal. Mir ist alles egal. Es regnet bereits Bindfäden, und die wenigen Leute, die noch auf der Straße sind, hetzen mit ihren Schirmen über den Gehsteig, um möglichst rasch ins Trockene zu kommen. Niemand beachtet mich, und das ist mir auch recht so.

Niemand fragt sich, was wohl einen jungen Mann dazu veranlasst, ohne Schirm mitten im strömenden Regen durch die Straßen zu schlendern. Das braucht auch niemanden zu interessieren, denke ich. Und während der Regen auf mich niederpeitscht, prasselt in meinem Kopf Simones Satz nieder: Es ist aus. Aus. Aus …

Ein Auto nähert sich. Ich überlege mir, ob ich mich davor werfen soll. Nur ein Schritt, und alles ist zu Ende. Was hindert mich daran? Wen würde es kratzen, wenn es mich nicht mehr gäbe? Simone? Nachdem sie mir einen Korb gegeben hat? Vielleicht würde sie denken: «Mein Gott, er hat mich tatsächlich geliebt. Warum hab ich ihm keine zweite Chance gegeben?»

Und wie würden meine Eltern reagieren? Würden sie um mich weinen? Mutter würde wohl eine doppelte Portion Pillen schlucken und Vater eine Flasche Wein herunterkippen, um sich nicht fragen zu müssen, warum sich der Sohn das Leben genommen hat. Und wenn die Leute sie darauf ansprechen würden, müssten sie die Achseln zucken und feststellen: Wir haben unseren Jungen nie verstanden. Das haben sie tatsächlich nie.

Überhaupt: Wer versteht mich schon? Wer interessiert sich schon, wie es in mir drin aussieht? Mein Bruder geht seine eigenen Wege, ich hab kaum mehr Kontakt zu ihm. Mit Patrick oder Dirk rede ich nicht über meine Gefühle. Sie sollen nicht denken, ich wäre ein Schwächling. Unsere Gespräche sind rein technischer Art, drehen sich um Autos, Einbrüche und Frauen.

Und Sybil? Was würde Sybil denken, wenn sie hörte, dass ich mich vor ein Auto gestürzt hätte? Würde sie um mich trauern? Würde sie verstehen, was mich zu dieser Tat getrieben hat? Nein, verstehen würde sie es wohl nicht. Sie würde sich Vorwürfe machen, warum sie mich nicht auf ihre Insel hatte ziehen können. Ihre Insel: ein Gott, der mich offenbar liebt (wie sie behauptet) und der einen Plan für mein Leben hat. Ein Gott, der meinem Leben einen Sinn geben kann. Na ja …

Sie versteht nicht, dass Religion nicht jedermanns Rettungsring ist. Meiner ist es nicht. Ich muss selbst sehen, wie ich mit meinem Leben zurechtkomme. Will ich das überhaupt? Wozu? Was hat das Leben für einen Sinn? Was hat *mein* Leben für einen Sinn? Ist es nicht besser, allem ein Ende zu setzen? Was macht das schon für einen Unterschied, ob es mich gibt oder nicht? Ein Schritt nur, und ich bin alle Sorgen los.

Tausend Gedanken purzeln in einem einzigen Augenblick durch meinen Kopf, während das Auto sich rasch nähert. Unglaublich, wie viele Bilder im Bruchteil einer Sekunde Platz haben, als ob ein ganzes Leben auf einem Mikrochip im Hirn gespeichert wäre und in einer einzigen Sekunde abgerufen werden kann. Und das alles, während ich die Scheinwerfer des Autos fixiere, um den entscheidenden Moment abzuwarten.

Ich muss an meinen Aufenthalt bei Rafael in Südafrika denken. Nicht wegen Rafael. Rafael ist immer noch derselbe, nur die Umgebung hat sich verändert. Nein, was mich total vom Hocker gehauen hat in Südafrika war die Begegnung mit einem ehemaligen Säufer aus Strengelbach. Rolf ist mit seiner Frau Sonja nach Südafrika ausgewandert und hat sich dort eine der größten Farmen gekauft. Er hat Rafael anfangs viel geholfen, da dieser kein Englisch konnte.

Ich kannte Rolf. Er hat in unserem Dorf als notorischer Trinker gegolten. Schon am Morgen früh leerte er sich Whiskey-Cola in die Birne. Er war ein Flucher, ein Haudegen, ein Trunkenbold. Tja, und genau deshalb traute ich meinen Ohren nicht, als Rafael so nebenbei erwähnte, der Rolf würde übrigens keinen Tropfen Alkohol mehr trinken. Zuerst glaubte ich es nicht. Ausgerechnet der berühmt-berüchtigte Säufer Rolf sollte den Ausstieg geschafft haben? Das war doch wohl nicht möglich.

Aber als wir seine Farm im Landesinnern besuchten, merkte ich bald, dass Rafael die Wahrheit gesagt hatte. Etwas war mit Rolf geschehen, eine totale Veränderung. Im Haus fand sich keine einzige Flasche Alkohol, und als ich Rolf fragte, wie er denn vom Alkohol losgekommen sei, sagte er mir schlicht, Jesus hätte ihn geheilt. Ich glaubte mich verhört zu haben. «Ist das jetzt Mode, fromm zu werden?» dachte ich. Überall, wo ich hinkomme, reden alle nur von diesem Jesus!

Langsam begann mich dieser Name zu irritieren. Wie konnte Jesus einen Alkoholiker von seiner Sucht befreien, wo doch normale Entzugsstationen praktisch keine Resultate erzielen? Die Frage ließ mich nicht mehr los. Und das Verrückte an der Geschichte ist, dass Rolf nicht nur keinen Alkohol mehr anrührt, sondern seinen ganzen Lebensstil umgekrempelt hat. Ich wusste, wie er früher gewesen ist. Und jetzt auf einmal ging er zur Kirche und half den Bedürftigen!

179

Das war nicht mehr derselbe Rolf. Da war etwas geschehen! Etwas Gewaltiges! Etwas Unerklärliches!

Und auch seine Frau Sonja, die ebenfalls aus Strengelbach stammt, hatte sich total verändert. Sie erzählte, sie hätten sich bekehrt, nachdem es in Südafrika große Unruhen gegeben hatte. Beide waren total gastfreundlich und zuvorkommend und erlaubten mir sogar, eineinhalb Monate bei ihnen zu wohnen, einfach so.

Ich muss zugeben, das alles hat mich ziemlich aufgewühlt. Ihr Lebensstil beeindruckte mich. Sie predigten nicht, sie lebten das Christsein einfach vor. Ich konnte zwar nicht glauben, dass diese totale Wende tatsächlich auf diesen Jesus zurückzuführen war, obwohl Rolf es felsenfest behauptete. Aber Tatsache ist, dass Rolf ein vollkommen neues Leben begonnen hat und dabei allem Anschein nach sehr glücklich ist. Und das war Anlass genug für mich, ins Grübeln zu kommen.

Wenn dieser Jesus ein derart verpfuschtes Leben so komplett erneuern kann, ist es dann vielleicht rein theoretisch möglich, dass er auch mit meinem Leben zurechtkommt? Kann er mich vielleicht aus dem Sumpf ziehen, in dem ich versinke? Kann er mir Hoffnung geben? Einen Sinn? Eine Zukunft? Einen Halt? Kann er das?!

Kann er das?!?!

Die Scheinwerfer des näher kommenden Autos blenden mich. Ich kann mich nicht von der Stelle rühren. Mein Herz hämmert heftig gegen meine Brust. Soll ich es tun? Und wenn es wahr ist, was Sybil und Rolf gesagt haben? Wenn es ihn wirklich gibt, diesen Jesus? Wenn es nach dem Tod weitergeht? Und wenn es einen Himmel gibt – und eine Hölle? Und wenn wir selbst bestimmen können, wohin wir kommen? Bin ich bereit zu sterben? Ist das die Lösung?

Meine Füße scheinen aus Blei zu sein, ich wanke, starre auf das mir entgegenkommende Auto – und lasse es an mir vorbeidonnern. Es fährt durch eine Pfütze und bespritzt mich bis zu den Hüften mit der dreckigen Brühe. Ich blicke dem Auto nach und fühle mich elend. Ich hätte es tun sollen. Warum bin ich so feige? Warum bilde ich mir ein, es gäbe einen anderen Ausweg? Nur weil Sybil es gesagt hat? Ach ja, Sybil. Ich muss mit ihr reden. Nicht über das, was ich beinahe getan hätte, das braucht sie nicht zu wissen. Nein, über diesen Jesus will ich mit ihr reden. Ich muss wissen, ob da was dran ist. Ob er mich halten könnte. Ich muss es wissen.

16. Das Loch

Heute Abend hat mich beinahe der Schlag getroffen. Ich habe eine vierjährige Ausbildung zur Religionslehrerin begonnen und war gerade intensiv am Griechisch büffeln. Da tauchte Alex ganz unerwartet in meinem Zimmer im Studentenwohnheim in Aarau auf, und ohne mich richtig zu begrüßen, fragte er mich ziemlich plump und sehr direkt:

«Was spricht dafür, Gott mein Herz zu geben?»

Ich hätte natürlich beinahe einen Luftsprung gemacht. Genau dafür bete ich ja seit Jahren! Ich versuchte mir meine Euphorie nicht anmerken zu lassen.

«Erstens», sagte ich genauso plump, «kannst du nichts Besseres mit deinem Leben anfangen. Und zweitens, wenn es klopft, dann klopft es, und deine Aufgabe ist es nun, aufzumachen.»

Alex zog den Mund schief und analysierte meine Antwort intensiv. Dann setzte er sich ungefragt auf mein Bett und kratzte sich am Kinn.

«Du meinst also, es lohnt sich.»

«Auf jeden Fall», bestätigte ich und schob mein Griechisch-Buch zur Seite. Ich konnte ja auch später noch lernen.

«Und wer garantiert mir, dass das auch funktioniert mit diesem Jesus?» zweifelte Alex.

Ich deutete auf einen leeren Stuhl: «Glaubst du, dass dieser Stuhl existiert?»

«Natürlich», antwortete Alex.

«Glaubst du, dass er dein Gewicht trägt?»

«Klar. So dick bin ich ja nicht.»

«Und um ganz sicher zu sein, was würdest du tun?»

Alex zuckte die Achseln. «Na ja, ich würde mich wohl draufsetzen.»

Ich nickte. «Genau so ist es mit Jesus. Du wirst erst wissen, ob er dein Gewicht trägt, wenn du dich ihm total anvertraust, wenn du dich sozusagen auf seinen Schoß setzt. Solange du Jesus nicht ausprobierst, wirst du auch nicht wissen, ob die Sache hält. Aber ich kann dir aus eigener Erfahrung garantieren: Es gibt nichts auf dieser Welt, das so hält wie Jesus Christus. Und zwar 24 Stunden am Tag, in jeder Situation, an jedem Ort.»

«Und was geschieht, wenn man Jesus sein Leben gibt?»

«Eine Menge», sagte ich begeistert. «Du merkst auf einmal, dass du kein Zufallsprodukt der Evolution bist, sondern von Gott gewollt, geplant, geschaffen, geliebt und geführt. Plötzlich ergibt dein Leben einen Sinn. Und nicht nur das: Gott legt seinen göttlichen Charakter in dich und gestaltet dich innerlich komplett um. Als würde er einen reinen, heiligen Samen in dein Herz legen. Und mit der Zeit entsteht daraus eine wunderbare Pflanze, die wächst und wächst und zu blühen beginnt und Frucht bringt und dein Inneres immer mehr ausfüllt. Du wirst fähig, deine Schwächen in den Griff zu bekommen und deine Stärken für Gott einzusetzen. Wie soll ich sagen: Wenn du Jesus in dein Herz aufnimmst, ändert sich alles. Radikal.»

Ich machte eine Pause, um Alex Zeit zu geben, das alles zu kapieren. Ich glaube, er ist wirklich interessiert an Jesus. Er will wissen, was Sache ist. Er hörte mir aufmerksam zu und runzelte die Stirn.

«Ich weiß nicht, Sybil», sagte er schließlich. «Irgendwie scheint mir das alles viel zu einfach, zu kitschig. Ich möchte einen Beweis, einen einzigen, dass es diesen Gott wirklich gibt, von dem du redest.»

«Dann bitte ihn darum», schlug ich ihm vor.

«Wen?»

«Na, Jesus», sagte ich. «Sag ihm, er solle dir einen Beweis für seine Existenz liefern. Und er wird es tun, daran zweifle ich nicht, denn er ist Gott. Er hat es damals, vor mehreren tausend Jahren, auf dem Berg Karmel getan, als Elia ihn darum bat. Die Propheten Baals haben einen ganzen Morgen lang zu ihrem Gott Baal geschrien, damit er sich ihnen offenbare, sie haben sich sogar mit Messern die Haut aufgeritzt und sind wie besessen um ihren Altar getanzt, doch Baal antwortete nicht. Dann hat Elia ein schlichtes Gebet zum Gott Israels gesprochen, und Feuer fiel vom Himmel.» Ich blickte Alex schmunzelnd an.

«Nun, vielleicht bittest du ihn besser nicht darum, Feuer vom Himmel zu schicken, selbst wenn er es könnte. Wir wollen ja nicht die Feuerwehr alarmieren müssen. Bitte ihn einfach um ein Zeichen und lass dich von ihm überraschen. Er wird sich dir zeigen, da geh ich jede Wette ein.»

Alex machte keinen sehr überzeugten Eindruck. Aber Hauptsache, er denkt über meine Worte nach, und das wird er, so wie ich ihn kenne.

Für mich ist es schon Freude genug, dass ich in seinem Leben Sämann sein darf. Wie lange es dauert, bis das Samenkorn in seinem Herzen aufgeht, das überlasse ich Gott. Meinen Teil werde ich dazu beitragen: Ich werde weiterhin für Alex beten. Oh ja, das werde ich. Ich werde Gott bitten, ihm ein Zeichen zu geben. Ein Alex-Spezial-

Zeichen, eines, das ihn mitten ins Herz trifft. Vielleicht wird
Gott bei Alex eine etwas deftige Methode anwenden, um sich
ihm zu zeigen. Gut möglich, bei einem Original wie Alex.
Aber das ist ja für Gott kein Problem, schließlich verfügt er
über unbegrenzte Möglichkeiten. Er wird schon wissen, was
bei Alex wirkt. Und es soll wirken. Alex soll endlich schnal-
len, worum es geht!

Als ich an jenem Abend Sybils Zimmer verließ und in
meine Wohnung fuhr, die nur drei Minuten vom
Studentenwohnheim entfernt war, grübelte ich noch
lange über ihre Worte nach. Ich wusste nicht, was ich
von all dem halten sollte. Ich hab Sybil ausgepresst wie
eine Zitrone, um mehr von diesem Jesus zu erfahren.
Aber es kam mir alles wie ein Märchen vor, unwirk-
lich, zu einfach, um wahr zu sein.

Ich wollte einen Beweis, einen handfesten, von Gott
persönlich. Doch wie konnte ich von einem Gott ein
Zeichen fordern, an dessen Existenz ich nur vage
glaubte? Wenn es ihn wirklich gab und er ein Interesse
an mir hatte, so sollte er sich selbst mit mir in Verbindung setzen, beschloss ich. Ich würde ihn nicht
darum bitten. Ich kannte ihn ja nicht mal richtig.

Mann, ich hatte ja keine Ahnung, wie ernst mich
dieser unbekannte Gott nahm. Ich hatte ja keine Ahnung, welches Zeichen er für mich vorbereitete. Ein
Zeichen, das ich ein Leben lang nicht mehr vergessen
werde. Ein Zeichen, das meine kühnsten Vorstellungen übertraf. Ein Zeichen, das mir unter die Haut ging.
Total.

Es geschah im April 1994, in einem schäbigen Hotelzimmer in Neuseeland. In meinem ganzen Leben hab
ich nie so was Schauerliches gesehen wie in jener
Nacht in jenem Hotelzimmer. Kein Gruselkabinett
der Welt kommt an das heran, was ich dort erlebt

habe. Es war ein Ereignis, das sich kaum beschreiben lässt, eine Begebenheit, die meinem Leben auf unerwartete Weise eine radikale Wende gab. Es war der Beweis, von dem Sybil gesprochen hatte – es war Gottes Antwort auf ein Gebet, von dem ich nicht mal gewusst hatte, dass es zu ihm durchgedrungen war! Doch alles der Reihe nach.

Die Geschichte mit der Leder-Reithose lag zu diesem Zeitpunkt bereits über ein halbes Jahr zurück. Ich hab Simone dazu gebracht, mir eine zweite Chance zu geben. Hab zwar ein bisschen geschummelt, bin zu feige gewesen, ihr die Wahrheit zu sagen. Ich sagte ihr, ich hätte ihretwegen versucht mich umzubringen, hätte mich beinahe vor den Zug geworfen, und wenn sie nicht bei mir bliebe, würde ich mich ertränken.

Sie hat keinen Moment daran gezweifelt, dass ich dazu fähig wäre, denn ich sah wirklich ziemlich mies aus. Dass ich zuweilen tatsächlich daran dachte, mir das Leben zu nehmen, stimmt zwar, aber allein Simone dafür verantwortlich zu machen, ist schon ein starkes Stück. Doch ich wusste einfach keinen anderen Ausweg, um sie nicht zu verlieren. Ich hing an ihr. Ich liebte sie – manchmal jedenfalls.

Wir hatten beschlossen, gemeinsam eine längere Reise zu unternehmen. Simone schwärmte schon lange für Neuseeland, und wir haben uns tonnenweise Prospekte zukommen lassen, um uns eine Tour zusammenzustellen. Sie wollte mit dem Fahrrad quer durch Neuseeland radeln, wofür ich mich allerdings weniger begeistern konnte.

Schließlich einigten wir uns, ein Auto zu kaufen und unsere Fahrräder für kleinere Ausflüge mitzunehmen. Wir planten, fünf bis sechs Monate in Neuseeland herumzukurven und dann weitere vier bis fünf Monate Australien anzuhängen. Das nötige Kleingeld für die Reise beschaffte ich mir durch einige Versicherungs-Betrügereien und Diebstähle, unterließ es aber wohlweislich, Simone etwas davon zu sagen. Ich hatte aus meinem Fehler gelernt.

Dann, im November 1993, war es so weit: Wir flogen nach Neuseeland. Zuerst machten wir in Oakland einen Monat lang einen Englischkurs. Dann kauften wir uns ein Auto, montierten am Heck einen Fahrradständer für unsere mitgebrachten Drahtesel, und los ging's in voller Fahrt quer durch Neuseeland. Ich hatte mir in Afrika eine Fischerharpune gekauft, die mit Druckluft funktioniert und ziemlich gefährlich ist, wenn man nicht weiß, wie damit umzugehen ist. Auf unseren abenteuerlichen Expeditionen jagte ich damit in den Flüssen Riesenforellen und Lachse, während Simone im smaragdgrünen Wasser badete. Und dann brieten wir die Fische über dem Feuer.

Es war alles wild romantisch, jedenfalls zu Beginn, Traumferien wie aus dem Reiseprospekt, kristallklare Flüsse mit schier unglaublicher Sichttiefe, Bilderbuch-Landschaften in tausend verschiedenen Grüntönen mit Schafherden, die von weitem wie flaumige weiße Wolken aussahen. Wir kamen uns tatsächlich vor wie Adam und Eva im Paradies. Es war voll die gediegene Sache.

Aber eben, obwohl sich uns die Natur in ihrer absolut vollkommenen Reinheit präsentierte, fühlte ich mich innerlich in eine karge Mondlandschaft versetzt. In meinem ganzen Leben hab ich noch keine so tief gehende Krise durchlebt wie in Neuseeland. Natürlich hatte es auch damit zu tun, dass Simone und ich uns andauernd in die Haare gerieten. Kein Wunder, nachdem ich mir ihre Liebe durch die Mitleids-Nummer zurückerobert hatte. Es verging kein Tag, wo wir nicht miteinander stritten und uns gegenseitig das Leben schwer machten. Wir schliefen im selben Bett, doch unsere Gedanken waren Milliarden von Kilometern voneinander entfernt.

Ich fragte mich ernsthaft nach dem Sinn und Unsinn des Lebens. Woher kam ich? Wozu war ich hier? Wohin ging ich? Was war mein Ziel? Was war der Sinn dieses elenden Daseins? Warum fand ich nirgends eine Antwort auf meine brennenden Fragen? Warum kam ich mir vor, als wäre ich der einzige Mensch auf diesem Planeten? Warum konnte ich meinen verzweifelten Hilferuf bis zu den letzten Sternen des Universums schicken und sein Echo kam unbeantwortet wie ein Bumerang auf mich selbst zurück?

Wir besichtigten die berühmten Kauri-Trees, die weltgrößten Bäume, und mein Blick blieb an einem Schild haften, worauf stand, wann diese Bäume zu wachsen begonnen hatten: 700 *vor* Christus. Mann, dachte ich, wenn dieser Jesus so wichtig ist für die Welt, dass wir sogar die Jahreszahlen nach ihm benennen, warum kann er dann mein Problem nicht lösen? Warum antwortet er mir nicht? Warum lässt er mich in meiner eigenen Hilflosigkeit wie im Treibsand versinken?

Tja, und dann, ziemlich am Ende unserer Neuseeland-Reise, geschah es. Das Hotel, in dem alles passierte, war so ziemlich das schäbigste weit und breit. Es erinnerte mich an ein Lied aus meiner Schulzeit: «Das alte Haus von Rocky-Docky.» Man hätte darin ohne weiteres einen Gruselfilm drehen können. Allein schon die Umgebung war düster, und das Hotel selbst wirkte absolut gespenstisch. Wir hatten diese Unterkunft bloß gewählt, weil alle anderen Hotels besetzt waren.

Eine schrullige, ungepflegte Frau führte uns auf unser Zimmer. Der Holzboden ächzte unter unserem

Gewicht, als wir die Treppe in den dritten Stock hochstiegen. An der Wand hingen seltsame Masken und Gegenstände, die im Licht einer von der Decke hängenden Glühbirne noch unheimlicher wirkten.

Dem Preis nach zu urteilen, hätten wir eigentlich eine Luxussuite kriegen müssen, aber dem war natürlich nicht so. Unser Zimmer befand sich am Ende des Korridors und roch ungelüftet und nach alten Möbeln. Die Vorhänge waren grau und staubig, das Bett aus dem letzten Jahrhundert und die Bettwäsche vermutlich ebenfalls. Eine Dusche gab es nicht, nur eine Mini-Toilette ohne Toilettenpapier, dafür mit toten Kakerlaken im Waschbecken.

Aber wir kümmerten uns nicht drum. Wir waren todmüde von unserer langen Autofahrt und wollten einfach nur möglichst rasch eine Schlafgelegenheit kriegen. Wir warfen unsere Reisetaschen in eine Ecke, putzten die Zähne, schlüpften aus unseren verschwitzten Kleidern, und trotz unbequemer Matratze und dem muffigen Geruch des Leintuchs übermannte uns in kürzester Zeit ein tiefer Schlaf.

Mitten in der Nacht wachte ich plötzlich auf. Etwas hatte mich geweckt, etwas, das ich selbst nicht erklären konnte. Die Luft war seltsam stickig und eisig kalt, obwohl es mindestens zwanzig Grad warm war. Da war etwas, nein, da war *jemand*, aber das konnte ja nicht sein. Und doch spürte ich es, und es fröstelte mich. Was war bloß mit mir los? Was war das? Mein Blick fiel auf die Wand neben dem Bett, und ich traute meinen Augen nicht: Wie von unsichtbarer Hand löste sich der Putz von der Wand ab, und ein Loch tat sich vor mir auf.

Träumte ich? Nein, ich war hellwach! Es war keine Halluzination. Ich weiß, dass Leute unter Wahnvorstellungen leiden, wenn sie Drogen konsumieren, aber ich hatte selbst noch nie Drogen genommen. Das Einzige, was ich schon getan habe, ist, Hanf für Marihuana und Haschisch in unserem Garten anzupflanzen und dann meinen Freunden zu verkaufen. Mehr nicht.

Ich starrte auf das Loch in der Wand, und mein Herz klopfte zum Zerspringen. Eigentlich hätte dieses Loch den Blick ins Nebenzimmer ermöglichen sollen, aber es eröffnete mir eine total andere Sicht: Ich sah mitten hinein in eine Dimension, die ich nicht kannte. Ich blickte mitten hinein in die unsichtbare Welt! Was dann geschah, ist kaum mit Worten zu beschreiben. Aber es ist passiert, wirklich passiert, und es war so real und so schauderhaft, dass ich mich nicht von der Stelle rühren konnte:

Ich hörte ganz deutlich eine heisere, Furcht erregende Stimme, die mir aus dem Loch zuflüsterte: «Komm herein zu mir!» Und dann hörte ich eine andere Stimme, sanft und leise, die sagte: «Nein, gehe nicht! Gehe nicht!»

Und dann sah ich sie plötzlich aus dem Loch steigen: kleine Männchen, etwa einen halben Meter groß, mit grausigen Fratzen und stechenden, unheimlichen Augen. Es waren kleine Monster, und sie waren grässlich anzusehen! Zum Teil sah ich sie, zum Teil sah ich nur ihre Schatten. Aber sie waren da, und sie kletterten aus dem Loch in der Wand und kamen direkt auf mich zu und setzten sich auf meine Brust! Ich spürte ihre Last, es schnürte mir die Luft ab, ich wollte aufstehen, doch es ging nicht, ich wollte um Hilfe schreien, aber kein Laut kam über meine Lippen, und Simone lag neben mir und schlief tief und fest.

Es war der reinste Alptraum, ja, noch schlimmer, denn ich erlebte alles live mit und stand im Mittelpunkt eines Geschehens, auf das ich null Einfluss nehmen konnte. Ich zitterte am ganzen Leib.

In meinem ganzen Leben habe ich nichts erlebt, was diesen schrecklichen Momenten der Panik in jenem Hotelzimmer auch nur entfernt gleichkommt. Es war der absolute Horror. Es war, als würde mir jemand einen Vorgeschmack der Hölle geben. Und auf einmal erinnerte ich mich an das, was Sybil mir vor zwei Jahren in Afrika prophezeit hatte:

«Wenn du auf deinem Gleis weitergehst, wird ein Moment in deinem Leben kommen, wo du der Hölle so nahe sein wirst, dass du sie sehen kannst. Und wenn du dann nicht die richtige Entscheidung triffst, gibt es kein Zurück mehr.»

Die Worte hallten in meinem Kopf wider, als würde Sybil sie mir erneut leise ins Ohr flüstern. Eine Gänsehaut überkam mich. Mann, woher hatte sie das wissen können? Woher hatte sie wissen können, dass sich diese Worte erfüllen würden? Und in welcher Präzision! In welch grauenhaftem Schauspiel!

Mein Herz pochte immer schneller. Ich fixierte das schwarze Loch in der Wand, das sich in der Unendlichkeit zu verlieren schien, und es durchfuhr mich wie ein Blitzschlag: Wenn es diese andere Dimension gibt, so wie ich sie hier mit meinen eigenen Augen vor mir sehe, dann gibt es auch Gott! Irgendwo in diesem unendlichen Raum, der sich vor mir eröffnet hatte, würde er zum Vorschein kommen. Es gab ihn. Es *musste* ihn geben, das war überhaupt keine Frage mehr.

Ich weiß nicht, wie lange dieses gespenstische Erlebnis andauerte, ob zwanzig Minuten oder zwei Stunden. Ich hatte das Zeitgefühl total verloren. Ich erinnere mich nur, dass ich mich auf einmal in der Toilette wiederfand, schweißgebadet, Puls 180, mit dem Rücken gegen die Wand gelehnt, die Augen geschlossen, und dass ich mein erstes aufrichtiges Gebet zum Himmel hochschickte:

«Gott», sagte ich, «wenn es dich gibt, dann muss

sich mein Leben ändern.» Das war alles, was ich hervorbrachte. Es war ein SOS-Ruf, und diesmal wusste ich, dass mein Signal sich nicht im Universum verlieren würde, sondern von einem abgefangen wurde, der wohl bereits Jahre sehnlichst auf diesen Schrei gewartet hatte. Selbst wenn ich diesen Einen noch nicht richtig kannte, ich wusste jetzt doch mit absoluter Gewissheit, dass es ihn gab. Sybil hatte die Wahrheit gesagt. Und mir war klar: Ich musste nach Hause. Ich musste mein Leben in Ordnung bringen. Es duldete keinen Aufschub.

Als ich am nächsten Morgen aufwachte, schien ich so erschöpft wie nach einem Marathonlauf. Ich fühlte mich absolut mies und entkräftet, als hätte ich vierzig Tage nichts mehr gegessen. Mein Körper zitterte noch immer nach innen hin, und mein Hirn verarbeitete unter Hochdruck Tausende von Gedanken gleichzeitig. Ich weckte Simone und teilte ihr kurzerhand mit, ich müsste nach Hause. Sie rieb sich die Augen und sah mich ziemlich verdutzt an.

«Was musst du?»

«Ich muss nach Hause», wiederholte ich, «es gibt ihn wirklich.»

«Wen?»

«Gott», stammelte ich, «es gibt ihn. Ich weiß es jetzt. Er hat mir ein Zeichen gegeben. Und deshalb muss ich nach Hause.»

«Ich verstehe nur Bahnhof», brummte Simone, während sie sich mühsam aus dem Bett quälte und die Vorhänge zur Seite schob, um zu sehen, welches Wetter draußen war. «Hast du irgendwie schlecht geträumt?»

«Es war kein Traum, es war absolut echt.»

«Was war echt?»

«Die Monster, das Loch, die unsichtbare Welt … alles.»

Simone sah mich an, als käme ich von einem anderen Stern. Und ich kam mir beinahe selbst so vor. Ich wollte ihr erklären, was sich in dieser Nacht abgespielt hatte, während sie schlief, aber es kam mir auf einmal lächerlich vor. Sie hätte es mir eh nicht geglaubt. Ich konnte es ja selbst kaum glauben. Und doch war es geschehen, und ich konnte nicht darüber schweigen, selbst wenn es nur bruchstückhaft und ziemlich wirr über meine Lippen kam.

«Simone, es tut mir echt Leid. Aber ich *muss* nach Hause. Ich kann so nicht nach Australien gehen.»

Simone schüttelte den Kopf. «Bist du krank oder so? Was ist los mit dir? Was redest du da für einen Quatsch?»

Ich setzte mich auf. «Es ist mir ernst, Simone. Du kannst von mir aus alleine weiterreisen, ich komme nicht mehr mit. Ich werde den nächstbesten Flug zurück in die Schweiz nehmen.»

«Hast du sie nicht mehr alle? Was soll das?» Langsam wurde sie nervös.

«Ich kann es dir nicht erklären. Es ist zu verrückt. Sybil hat die Wahrheit gesagt. Das mit Jesus, mit Gott und so, das ist alles wahr!»

«Und deshalb musst du jetzt nach Hause, ja?»

Ich sah es in ihren Augen: Sie glaubte mir kein Wort. Ist ja auch irgendwie verständlich.

«Ja», sagte ich, «deshalb muss ich nach Hause.»

Sie kniff die Augen leicht zusammen, wie sie es immer tat, wenn sich ein Unwetter anbahnte. Ich wusste Bescheid. «Es hat also mit Sybil zu tun, ja?»

«Nicht direkt», antwortete ich, «ich hab ganz einfach das Gefühl, ich möchte Christ werden.»

«Wie bitte?!» Jetzt hielt sie mich definitiv für verrückt. Aber das war mir ehrlich gesagt egal. Ich wuss-

192

te, was ich zu tun hatte, ob sie das nun nachvollziehen konnte oder nicht.

«Du willst Christ werden? Sybil hat es also geschafft, dich mit ihrem Religions-Tick anzustecken, was?»

«Nein», erklärte ich, «Sybil hat damit nichts zu tun. Sie hat einzig vor zwei Jahren etwas vorausgesagt, was diese Nacht eingetroffen ist. Und ich habe eine Entscheidung getroffen. Das ist alles.»

«Du und Christ», murmelte Simone verständnislos und versuchte es ins Lächerliche zu ziehen. «Das passt doch überhaupt nicht zu dir. Du bist nicht religiös, das ist nicht dein Stil.»

«Ich muss meinen Flug umbuchen», sagte ich, ohne auf ihre Argumente einzugehen. «Ich hoffe, ich muss nicht zu viel fürs Übergewicht bezahlen. Vielleicht verkaufen wir auch gleich unser Auto. Und was du dann tust, das ist deine Sache. Ich fliege jedenfalls zurück in die Schweiz.»

Sie blickte mich kühl an. «Hör mal», begann sie, und ich ahnte bereits, was kommen würde, «ich bin nicht eine, die du dir einfach nehmen kannst, wenn du sie brauchst, und dann fortwerfen kannst, wenn du genug hast. Ich habe auch Gefühle, und ich habe auch meine Vorstellungen von einer Freundschaft. Wenn dir Sybil und ihre Welt so wichtig sind, dass du mich hier mitten im Urlaub sitzen lässt, bitte sehr. Dann geh. Aber komm mir nie mehr und sage, du würdest dich umbringen, wenn ich dich verlasse. Diesmal ist endgültig Schluss. Ich hab die Schnauze voll von deinen unkontrollierten Anfällen. Such dir eine, die das mit sich machen lässt. Nicht mit mir.»

Sie hatte gesprochen, und ich kannte sie gut genug, um zu wissen, dass sie ihr Wort nicht zurücknehmen würde.

Erstaunlicherweise nahm ich ihre Reaktion gelassen. Der Gedanke, sie zu verlieren, machte mich nicht mehr zum psychischen Wrack wie beim letzten Mal. Ich war bereit loszulassen. Das überraschte mich selbst.

«Ist wohl tatsächlich besser, wir trennen uns», sagte ich. «Wir sind zu verschieden.»

«Oh ja, das sind wir», bestätigte Simone und rollte vielsagend die Augen. «Und ich geb dir einen guten Rat: Pass auf, worauf du dich da einlässt. Ich kenne dich: Du glaubst, Religion würde den Halt ersetzen, den ich dir gegeben habe. Aber du täuschst dich. Du wirst schon bald merken, dass alles nur Gehirnwäsche ist. Du wirst dich selbst bemitleiden und dir wünschen, du hättest auf mich gehört und nicht unsere Beziehung so leichtsinnig aufs Spiel gesetzt. Nur ist es dann zu spät zur Reue. Ich werde dich jedenfalls nicht trösten, wenn es schief geht mit diesem Gott. Ich hab damit nichts am Hut.»

Sie verschränkte die Arme und musterte mich skeptisch.

«Alex Huber und Religion. Das passt so wenig zusammen, wie ein Elefant auf ein Drahtseil gehört. Ich bin ja mal gespannt, wie lange du auf diesem Seil tanzen wirst und wie lange es dauert, bis du da runterfällst. Denk bloß daran, dass dich dann niemand auffangen wird. Ich werd's jedenfalls nicht tun.»

Ich ließ den Redeschwall über mich ergehen, ohne mich zu verteidigen. Ich hörte gar nicht richtig hin, war wie abwesend. Die Erinnerung an die vergangene Nacht saß mir derart tief in den Knochen, dass es mir noch immer kalt den Rücken hinunterlief, wenn ich nur daran zurückdachte: dieses schwarze Loch, diese Männchen, diese dunkle Anwesenheit einer fremden Macht und dieses Gefühl, ihr auf Gedeih und Verderb ausgeliefert zu sein. Und wenn mich die ganze Welt für verrückt hält, ich weiß, was ich gesehen habe. Und ich wünsche niemandem, dasselbe erleben zu müssen. Es gibt sie wirklich, die okkulte Welt, und mit ihr ist nicht zu spaßen.

Wir frühstückten in einer Kneipe um die Ecke und schwiegen uns an. Ich hatte keinen Appetit, und Simone offensichtlich auch nicht. Das Klima zwischen uns war gespannt. Ich saß wie auf Nadeln, hatte Lampenfieber wie vor einer Prüfung, eine heiße Stirn, schweißige Hände und die ganze Zeit das Gefühl, mich gleich übergeben zu müssen. Mein ganzes Leben lang hab ich mich immer nach Adrenalin-Schüben ausgestreckt. Aber jetzt verwünschte ich sie. Simone fragte mich überraschend, ob ich mich nicht wohl fühle. Ich behauptete, es ginge mir blendend, aber sie meinte, ich sollte mir besser in einer Apotheke ein Beruhigungsmittel kaufen.

Natürlich gelang es uns nicht, alles am selben Tag zu regeln, obwohl ich am liebsten ins nächstbeste Flugzeug gestiegen wäre. Das Auto verkauften wir innerhalb von zwei Tagen, und die Fahrräder hatten wir bereits zwei Wochen zuvor verkauft, um sie nicht mehr in die Schweiz transportieren zu müssen.

Simone verschob ihren Flug, ich buchte den meinen um, und drei Tage später war es so weit: Unsere Wege trennten sich im wahrsten Sinne des Wortes. Wir haben uns ausnahmsweise nicht gezankt, als wir uns voneinander verabschiedeten. Sie hat mir sogar ein paar Tabletten in die Hand gedrückt und mir eingeschärft, ich solle die schlucken, um nicht wie von einer Biene gestochen auf meinem Sitz hin- und herzurutschen. Irgendwie nett von ihr – nach allem, was passiert ist. Dann haben wir uns die Hand gedrückt und uns gegenseitig alles Gute gewünscht. Das war das Ende unserer dreijährigen Beziehung, kurz und nüchtern, ein seltsam melancholischer Moment. Aber ich glaube, wir haben zum ersten Mal die einzig richtige Entscheidung getroffen. Wir passen wirklich nicht zusammen. Das ist Fakt.

Eine Stunde später saß Simone im Flugzeug nach Australien – und ich im Flugzeug in die Schweiz. Der Flug kam mir endlos vor, und meine Gedanken drehten sich nur um das eine brennende Thema: Gott. «Ich muss wissen, wie man diesen Gott finden kann. Und ich muss wissen, wie man das macht: Christ werden. Ich muss Sybil fragen. Gleich, wenn ich zu Hause bin. Bestimmt hat sie irgendeine Gebrauchsanweisung oder so. Sie muss ja wissen, wie das geht. Und sie wird mir bestimmt helfen. Wir sind schließlich Freunde. Dicke Freunde. Sybil. Ich freue mich darauf, sie wiederzusehen. Und ich bin gespannt auf ihr Gesicht, wenn ich ihr sage, was in Neuseeland passiert ist. Wie wird sie wohl reagieren?»

17. Die Wende

Ich traute meinen Ohren nicht, als Alex mich anrief.

«Ich dachte, du bist mit Simone in Neuseeland!»

«Wir haben Schluss gemacht», sagte Alex knapp. «Ich bin vor drei Wochen zurückgekommen. Können wir uns treffen? Ich muss mit dir reden. Es ist total wichtig.» Irgendetwas war geschehen, das merkte ich seiner aufgeregten Stimme an. Aber was?

«Wie wär's morgen Abend bei einem kleinen Ausritt? Ich frag, ob du Calypso reiten darfst. Sagen wir um 18 Uhr im Stall?»

«Okay», willigte Alex sofort ein, «ich werde dort sein.» Ich war natürlich absolut gespannt darauf, was Alex mir so dringend erzählen wollte. Er schien ja total aus dem Häuschen zu sein. Ich ging etwas früher in den Stall, um Jambos Box auszumisten. Gerade als ich einen großen Sack mit Sägespänen heranschleppte, tauchte Alex im Tor auf. Er wirkte irgendwie verändert. So hatte ich ihn noch nie gesehen. Etwas war geschehen, und ich wollte zu gerne wissen, was es war. Er begrüßte mich nervös.

«Hallo Sybil. Rate, was ich gestern getan habe.»

Ich zuckte die Achseln. «Keine Ahnung. Was denn؟»

Er biss sich auf die Lippen und schien hin- und hergerissen zu sein.

«Na, was denn؟» drängte ich ihn.

Er holte tief Luft und verkündete mit einer Mischung aus Freude und Lampenfieber: «Ich habe Jesus mein Herz gegeben.»

Mir fiel die Kinnlade runter. Auf alles war ich gefasst gewesen, nur nicht darauf.

«Alex!» brachte ich hervor, und dann fand ich keine Worte mehr. Es war zu genial, zu umwerfend, zu überwältigend! Ich glaube, ich hab eine ziemlich komische Figur gemacht, wie ich dastand und Alex einfach nur sprachlos anstarrte.

«Du kannst den Mund wieder zumachen», grinste Alex schließlich. «Ich bin kein Außerirdischer.»

«Nein, aber eine neue Kreatur», schmunzelte ich, und langsam konnte ich die Neuigkeit fassen. «Mann, Alex. Das ist die beste Nachricht, die ich jemals gehört habe. Das ist … das ist phantastisch! Aber wie ist das passiert؟ Erzähl!»

«Ich wollte, dass du es als Erste erfährst», sagte Alex. «Schließlich bist du nicht ganz unschuldig an der Sache.»

«Ich؟»

«Ja, du. Du hast mir doch in Afrika gesagt, ich würde die Hölle sehen, noch bevor ich sterbe.»

«Ach ja؟» tat ich erstaunt. «Hab ich das gesagt؟»

«Hast du», bestätigte Alex, «jedenfalls in diesem Sinne. Und nun ist es eingetroffen. Ich hab die Hölle gesehen.» Erneut überkam mich das große Staunen. Ich stolperte von einer Überraschung in die andere.

«Moment», sagte ich, «langsam. Alles der Reihe nach. Sonst komm ich da nicht mit. Wie war das? Du hast die Hölle gesehen?»

«So ungefähr», nickte Alex. «Aber wollen wir uns darüber nicht besser bei einem kleinen Ausritt unterhalten? Es ist eine ziemlich lange Geschichte.»

«Klar», nickte ich. «Geh'n wir.»

Wir sattelten Jambo und Calypso, schwangen uns auf ihre Rücken und lenkten die Pferde auf den Kiesweg hinter dem Stall, der direkt in den Wald führt. Es war ein warmer, windiger April-Abend. Die Bäume rauschten und wiegten sich im Wind. Ich fand's schön, wieder einmal mit Alex durch den Wald zu reiten. Es war lange her, seit wir das zum letzten Mal getan hatten.

«Nun schieß los», forderte ich ihn auf, «spann mich nicht länger auf die Folter. Ich will alles ganz genau wissen, bis ins kleinste Detail.»

Alex begann zu erzählen, und ich hörte ihm aufmerksam zu. Er erzählte mir von seiner Krise mit Simone, von seiner Suche nach dem Sinn des Lebens und seinem höllischen Erlebnis vor knapp vier Wochen in einem Hotelzimmer.

«Es war mir auf einmal sonnenklar: Es muss diesen Gott geben. Und wenn es ihn gibt, dann muss sich mein Leben ändern. Aber wie? Ich erinnerte mich daran, dass du mir einmal ein Buch geschenkt hast, in dem stand, wie man Christ wird. Ich wusste bloß nicht mehr, wo ich es hingetan hatte. Noch am selben Abend, als ich von Neuseeland zurückkam, stellte ich meine ganze Wohnung auf den Kopf, bis ich das Buch fand. Ich verschlang es in einer einzigen Nacht. Und während ich es las, merkte ich plötzlich, wie in meinem Zimmer ein Kampf stattfand. Es schien regelrecht zu *spuken. Ich spürte: Da sind zwei Mächte, die um mich kämpfen, eine gute und eine böse, und es liegt an mir, eine Entscheidung zu treffen.*

Am nächsten Tag rief ich den Vikar aus der reformierten Landeskirche an und erklärte ihm, ich wolle mich bekehren. Ich fragte ihn, ob er mir sagen könne, wie man das konkret macht. Als ich mich mit ihm traf, schrieb er mir ein paar Bibelstellen heraus und gab mir ein weiteres Buch zum Lesen. Ich las das Buch in einem Zug durch und war mir nun ganz sicher: Ich will diesen Schritt tun. Ich will zu Jesus gehören. Also ging ich wieder zu ihm, das war gestern Nachmittag. Er betete mit mir, und ich übergab Jesus mein Leben.»

Ich war absolut baff. Mir kam es vor, als wäre Ostern, Pfingsten und Weihnachten zugleich, so sehr freute ich mich über die Bekehrung von Alex.

«Das ist großartig», murmelte ich und war ehrlich bewegt, während wir auf einem schmalen Pfad neben einem Bach entlangritten. «Das ist alles einfach absolute Spitze, Alex. Ich hab immer dafür gebetet, weißt du. Und Gott ist so großzügig, dass er mein Gebet erhört hat, obwohl ich manchmal selbst nicht mehr daran glaubte.»

Unter einer Eiche auf einem kleinen Hügel machten wir Halt, um uns den Sonnenuntergang anzusehen. Majestätisch verschwand die große Scheibe am Horizont, ein blutroter Feuerball, blutrot wie das Blut von Jesus, das er zu unserer Rettung vergossen hat, und feurig wie seine feurige Liebe zu uns Menschen. Nichts bleibt vor seiner Glut verborgen. Ich staune immer wieder über die Natur und wie Gott alles so perfekt geschaffen hat. Und heute Abend schienen die Farben des Himmels besonders intensiv zu sein, so als ob Gott mit einem speziellen Pinselstrich seine Freude über die Umkehr von Alex an den Himmel gemalt hätte.

Es wurde schon dunkel, als Alex und ich uns auf den Heimweg machten.

«Wie wär's mit einem kleinen Wettlauf bis zum Stall, wie in guten alten Zeiten?» schlug Alex spontan vor. Ich nickte, schnalzte mit der Zunge und presste Jambo die Stiefel in die Flanken.

«Zeig, was du kannst, Jambo. Den schaffen wir doch mit links!» Jambo schüttelte ihren Kopf, schnaubte und fiel in Trab. Alex trieb Calypso an und hängte sich an unsere Fersen. Im Galopp preschten wir den Hügel hinunter. Jambos Mähne flatterte im Wind, ich spürte ihre Muskeln, ihren weichen Rhythmus. Es war ein herrliches Gefühl. Die Landschaft flog an mir vorbei, Grasbüschel flogen durch die Luft, und der Wind trieb mir Tränen in die Augen.

Dicht neben mir tauchte Calypso auf, ich hörte ihren Atem, und ihre Nüstern blähten sich, während Alex sie mit starkem Schenkeldruck anfeuerte, um den Stall vor mir zu erreichen. Ich riss die Zügel herum und wirbelte mit Jambo über einen Kiesweg am Waldrand. Alex holte uns ein, grinste schelmisch zu mir herüber, und ehe ich mich's versah, schnitt er mir in einer Kurve den Weg ab und ging in Führung.

«Und tschüss!» rief er mir zu, während sich Calypso in weiten Sprüngen entfernte. Ich hetzte Jambo hinter den beiden her, holte sie ein, aber Alex gab mir null Chance, Jambo an Calypso vorbeizulenken. Ich erreichte den Stall keine fünf Sekunden nach ihnen, schwang mich vom Sattel und gab mich offiziell geschlagen.

«Das nächste Mal krieg ich dich, das garantier ich dir.»

Alex schmunzelte. «Kein Problem. Das nächste Mal lasse ich dir den Vortritt. Ich bin es leid, immer zu gewinnen.»

Wir brachten Sattel und Zaumzeug in die Sattelkammer und rieben die verschwitzten Rücken unserer Pferde ab. Dann striegelten wir sie und brachten ihre Felle zum Glänzen. Als wir Calypso und Jambo in ihre Boxen zurückgeführt und gefüttert hatten, beschlossen wir, den Abend mit einer Pizza zu krönen. Wir unterhielten uns bis spät in die Nacht hinein über das, was in Alex' Leben passiert war. Zum Schluss *beteten wir sogar zusammen. Das heißt, ich betete, und Alex hörte zu. Es war ja alles noch neu für ihn, und ich sah in seinen Augen die brennende Neugier, mehr über den christlichen Glauben zu erfahren und wie das alles so funktioniert.*

Er hat wirklich Feuer gefangen. Und ich kann nur darüber staunen und Gott für dieses Wunder danken. Und auch dafür, dass ich einen bescheidenen Teil zu diesem Wunder habe beitragen dürfen. Mein bester Freund hat sich für Gott entschieden. Alex. Alex Huber. Wenn du wüsstest, wie es in mir drin jubelt, Alex. Deinetwegen. Du hast mir heute die größte Freude bereitet, die du dir denken kannst. Wie viele Jahre hab ich dafür gebetet? Egal. Was sind schon ein paar lächerliche Jahre im Vergleich zur Ewigkeit. Es hat sich gelohnt, mein Freund. Und wie!

«Hey, Alex, alter Kumpel. Ich hab gehört, du bist wieder im Land. Warum hast du dich nicht gemeldet?»

Es war Patrick. Ich hatte eben die Wohnung verlassen wollen, um mit Sybil in die Bibelstunde zu gehen, als Patrick anrief.

«Hey, Kumpel», sagte ich. «Wie geht's denn so?»

«Wir drehen morgen ein heißes Ding», kam Patrick ohne Umschweife auf den Grund seines Anrufes zu sprechen. «Wir bräuchten jemanden, der Wache steht. Dirk und ich haben alles vorbereitet. Ist ein Liquidations-Shop für Werkzeug und Autobedarf. Wir haben uns heute Nachmittag etwas darin umgesehen. Junge, ist alles Spitzenware. Schweißanlagen, Trennscheiben, Gabelschlüssel, Autowerkzeug, alles, was du haben willst. Top Qualität. In zehn Minuten holen wir da spielend zehntausend Mäuse raus. Wir haben das Toilettenfenster präpariert, brauchen nur noch einzusteigen. Bist du dabei?»

Ich schluckte. Ich spürte, wie mein Herz höher schlug bei Patricks verlockender Einladung. Seine

Frage blieb wie ein verführerisches Parfüm in der Luft hängen. Die Versuchung, gleich Ja zu sagen, war unglaublich groß.

Seit ich aus Neuseeland zurück bin, habe ich es genau deshalb vermieden, Kontakt mit unserer Clique aufzunehmen. Ich brauche erst einmal Abstand, um festen Boden unter die Füße zu kriegen, einen Felsen, der meinen wackeligen Beinen einen sicheren Halt geben kann. Die letzten Tage bin ich durchs Leben getappt wie ein Blinder, der soeben das Augenlicht erhalten hat und sich plötzlich in einer völlig neuen Dimension zurechtfinden muss, einer Welt voller Farben und Licht, einer Welt, deren Spielregeln total anders sind, als ich es bisher gewohnt war.

Gott, Jesus, Bibel, Kirche, das ist alles noch so neu für mich, dass ich mir oft etwas überfordert vorkomme. Ich habe tausend Fragen zu diesem neuen Leben, verstehe oft nur Bahnhof, wenn Sybil mir etwas verklickern will.

Etwas habe ich jedenfalls schon kapiert: Die Bibel ist nicht irgendein Buch, sie ist voll Power. Ja, das ist echt wahr. Ich hab da vor einigen Tagen etwas erlebt, das mich selbst schier umgehauen hat. Purer Wahnsinn: Das Loch war wieder da!

Dasselbe Loch, das ich vor einigen Wochen in Neuseeland gesehen habe, sah ich wieder, und diesmal in meinem Zimmer in Kölliken! Das ist kein Witz oder so, es ist wirklich passiert, ich hab es mit meinen eigenen Augen gesehen, und ich spürte die Anwesenheit der finstersten Mächte, die aus dem schwarzen Loch in mein Zimmer krochen wie unsichtbare Nebelschwaden. Es schnürte mir die Luft ab, und ich starrte auf das Loch, unfähig, mich von der Stelle zu rühren.

Ich merkte, wie in meinem Zimmer ein Kampf losging, und ich wusste: Es ging um mich! Es ging um mein Leben, meine Seele, meinen Geist! Es ging um Alex! Ein Kampf zwischen Licht und Finsternis, zwischen Gut und Böse, zwischen Himmel und Hölle. «Ist mein Leben so wichtig, dass sich die unsichtbare Welt darum streitet»? fuhr es mir durch den Kopf, während mein Pulsschlag sein Limit erreichte und mir der Schweiß über die Stirn lief. War mein unbedeutendes Leben ein Thema in der unsichtbaren Welt? War ich, Alex Huber, tatsächlich Anlass für einen Kampf zwischen Gott und Satan? Konnte das sein? Ausgerechnet ich, der ich nichts vorzuweisen hatte? Ein Versager auf der ganzen Linie?

War mein Leben so wertvoll, dass Gott sich höchstpersönlich als Schutzschild zwischen mich und die Hölle stellte? Und war seine Macht tatsächlich stärker als die des Fürsten der Finsternis? Konnte Gott mich vor den Krallen des Abgrunds retten, der sich in der tiefsten Tiefe dieses unheimlichen Loches verbarg? Konnte er das wirklich?

Es schien mir, als würde mir der Teufel selbst mit seiner grässlichen Fratze aus dem Loch entgegengrinsen. Seine spürbare Anwesenheit ließ mich innerlich erstarren. Ich musste etwas tun, irgendetwas, um diesen Alptraum zu beenden. Ich hatte doch mein Leben Jesus gegeben!

Ich tastete nach der Bibel, die auf meinem Nachttischchen lag, und ohne groß zu überlegen, schleuderte ich sie kurzerhand gegen das schwarze Loch in der Wand. Tja, und da geschah etwas Eigenartiges: Als die Bibel an die Wand prallte, verschwand das Loch mit einem seltsam dumpfen Geräusch, und die Präsenz der gesamten Finsternismächte war augenblicklich wie weggeblasen. Unglaublich.

Es dauerte eine ganze Weile, bis ich es wagte, von meinem Bett aufzustehen und die Bibel vom Boden aufzuheben. Und als ich sie aufhob, war es mir, als brenne sie wie Feuer in meinen Händen. Ich zweifelte nicht mehr daran: Dieses kleine schwarze Buch war mehr als nur ein Buch mit Buchstaben. Es war Gottes Wort, ein flammendes Schwert, um gegen die hinterhältigen Angriffe des Teufels zu kämpfen. Und ich würde es zu lesen beginnen, um gewappnet zu sein und mehr zu erfahren von diesem allmächtigen Gott, der für mich am Kreuz verblutet ist, um mein Leben zu verändern.

Sybil lud mich ein, mit ihr in die Bibelstunde zu gehen, die jede Woche im Haus eines Gemeindemitgliedes stattfand. Ich glaube, Sybil hat manchmal heimlich geschmunzelt über meine verrückten Fragen, die ich an diesen Bibelabenden jeweils in die Runde warf. Aber es ist mir ehrlich gesagt ziemlich egal, was die Leute von mir halten. Ich will einfach wissen, was Sache ist. Das will ich wirklich, und wenn mich eine Antwort nicht befriedigt, bohre ich so lange weiter, bis mir jemand eine logische Erklärung liefern kann.

«Na, was ist, Alex? Bist du dabei?» Patricks Frage holte mich in mein Wohnzimmer zurück. Das altbekannte Verlangen nach einem neuen Adrenalin-Kick kitzelte mich bis in die Fingerspitzen. Ich kämpfte gegen mich selbst an. Mein Körper schrie ein Ja, mein Verstand ein Nein. Ich klammerte mich an die Bibel wie an einen Rettungsanker und nahm all meinen Mut zusammen, als ich Patrick antwortete:

«Nein, ich bin nicht mehr dabei. Ich bin Christ geworden, Patrick.» Am andern Ende entstand eine kurze Pause.

«Wie war das?»

«Ich steig aus, Patrick. Ich habe Jesus mein Leben gegeben.»

«Ach nein», meinte Patrick total verwirrt. «Sag bloß, Sybil hat dich jetzt auch mit ihrem Religions-Tick angesteckt.»

«Das ist kein Tick», sagte ich. «Jesus ist Realität, Mann. Adrenalin pur.»

«Ich glaube, du hast sie nicht mehr alle, mein Freund», bemerkte Patrick etwas abschätzig. «Die Sonne in Neuseeland hat dir wohl das Gehirn verbrannt. Wach auf, baby. Du hast noch nie auf einen unserer Coups verzichtet. Ich kenn dich doch, Junge, seit über zehn Jahren. Du bist kein Spielverderber.»

«Das ist kein Spiel», entgegnete ich. «Patrick. Ich habe mich geändert. Jesus hat mich verändert. Ich habe endlich den Sinn meines Lebens gefunden.»

«So ein Schwachsinn. Und was meint Simone dazu?»

«Wir haben Schluss gemacht.»

«Ach.»

«Patrick, ich werde dir alles ausführlich erzählen, okay? Aber jetzt muss ich gehen, sonst komm ich zu spät zur Bibelstunde.»

«Bibelstunde?! Mann, ist ja noch schlimmer, als ich dachte. Ist so was ansteckend?»

«Das hängt von dir ab.»

«Du machst also nicht mehr mit bei uns?»

«Definitiv», sagte ich, und ich hörte die Enttäuschung, die in Patricks Worten mitklang, als er feststellte:

«Wie du willst, Alex. Ist deine freie Entscheidung. Ich hoffe, du weißt, was du tust.»

«Das weiß ich, Patrick. Zum ersten Mal in meinem Leben.»

«Na, dann viel Spaß in deiner Bibelstunde, Herr Christ. Grüß den lieben Gott von mir.»

«Pass auf dich auf, Patrick.»

Er legte auf. Ich fühlte mich ziemlich eigenartig nach diesem Telefongespräch. Ich hatte zwar der Versuchung widerstanden, aber etwas in mir drin sagte mir, dass ich gleichzeitig auch einen Freund verloren hatte. Und das schmerzte.

Ob Patrick jemals verstehen würde, was mit mir geschehen war? Ich hatte ja selbst nie verstanden, was mit Sybil geschehen war, bis ich mich selbst für Jesus entschied. Man kann Jesus nicht mit dem Verstand fassen, das geht nun mal nicht. Ich kann nur hoffen, dass Patrick es eines Tages schnallt. Und nicht nur er, die ganze Kruckerbande. Das wär obergenial, echt. Wer weiß. Man darf die Hoffnung nie aufgeben.

18. Radikal

Ich hab beinahe Blut geschwitzt. Mit Herzklopfen und Schweißperlen auf der Stirn stand ich am Eingang zu den Messehallen. Meine Knie waren so weich wie Pudding. Ich wusste: Ich musste da rein. Ich musste etwas in Ordnung bringen. Selbst wenn es bereits vier Jahre her war und sich niemand daran erinnern würde. Aber Gott erinnerte sich daran, und er hatte mir eingeschärft, nicht zur «Equitana» zu gehen, ohne die Sache mit der gestohlenen Reithose zu bereinigen. Es hatte mich nichts gekostet, sie zu stehlen, aber jetzt kostete es mich alles, meinen Fehler von damals wieder gutzumachen.

Mein Mut war so elend klein, dass man ihn selbst unter einem Mikroskop mit tausendfacher Vergrößerung nicht finden würde. Der Superheld Alex, der klaute, wie, wo und wann immer sich eine Gelegenheit ergab, der existierte nicht mehr. Und wer denkt, es wäre einfach gewesen, diesen alten Alex abzulegen, der täuscht sich gewaltig. Es war alles andere als leicht gewesen. Ein innerer Kampf, den ich ganz alleine mit mir selbst austragen musste. Kein Mega-Power-Gebet hat mich davon befreit oder verschont oder mir die Sache erleichtert. Ich musste da selbst durch, nüchtern, ohne Halleluja, aber dafür knallhart.

Zaghaft trat ich in die riesige Halle und suchte den Stand, den ich damals um die 500 Mark teure Leder-Reithose erleichtert hatte. Ich atmete tief durch, fasste mir ein Herz und fragte die junge Dame hinter der Kasse, ob ich den Chef sprechen könne. Sie stöckelte auffällig in einen Nebenraum, tänzelte kurz darauf zurück und sagte mir, ich solle in einer Viertelstunde wieder kommen. Ich setzte mich an eine Bar, trank eine Cola und nahm eine Beruhigungstablette. Meine Nervosität steigerte sich von Minute zu Minute, ich rutschte unruhig auf dem Barhocker hin und her und betete innerlich wie ein Wilder.

Es war nicht der erste Diebstahl, den ich wieder gutmachen wollte. Über all die Jahre meiner kriminellen Tätigkeit hinweg hatte sich eine Menge gestohlener Ware in meiner Wohnung angesammelt, und ich hab mir fest vorgenommen, jeden Gegenstand seinem ursprünglichen Besitzer wiederzugeben. So etwa wie Zachäus aus der Bibel. Natürlich war das nicht immer möglich.

Als ich zum Beispiel einen Pferdesattel zurückbringen wollte, merkte ich, dass das Geschäft, in dem ich ihn gestohlen hatte, vor vier Jahren Konkurs gegangen war (ich hoffe doch nicht meinetwegen …). Ich wollte den Sattel trotzdem nicht behalten und hab ihn einer Kollegin geschenkt, allerdings ohne sie im Ungewissen über dessen Herkunft zu lassen. Sie konnte damit leben und war sogar sehr froh über das unerwartete Geschenk. Und ich war froh, den Sattel nicht mehr ansehen und jedes Mal daran denken zu müssen, dass er gestohlen war.

Andere Dinge, von denen ich nicht mehr wusste, wo ich sie geklaut hatte, brachte ich kurzerhand in einen Second-Hand-Shop. Hauptsache, ich war die Ware los. Ich wollte dieses düstere Kapitel abschließen, endgültig.

Ich war so nervös, dass ich ununterbrochen an meinen Fingernägeln herumkaute. Die Zeit schien unendlich langsam vorwärts zu kriechen. Wenn dieser Moment doch nur schon vorbei wäre! Es ist nicht leicht, sich freiwillig als Dieb zu bekennen. Es ist erniedrigend und beschämend, vor dem rechtmäßigen Besitzer zugeben zu müssen, dass man ihn bestohlen hat. Doch wenn ich Frieden haben wollte, dann hatte ich keine andere Wahl, als mich für meine Taten zu entschuldigen. Ich konnte keine halben Sachen machen. Ich hatte mir die Suppe eingebrockt, jetzt musste ich sie auch auslöffeln, so schwer mir das auch fiel.

Die Viertelstunde war vorbei. Ich begab mich mit zitternden Knien zum Stand zurück und fragte dieselbe Dame erneut nach dem Chef. Diesmal hatte er Zeit. Vor mir stand ein großer, schlanker Herr mit grauem Anzug und einer Brille, die seinem Gesicht etwas Strenges verlieh.

«Ja bitte?» sagte er und wartete mit hochgezogenen Augenbrauen auf mein Anliegen. Ich schluckte.

«Ich … ich bin gekommen, um etwas mit Ihnen zu bereinigen», stammelte ich mit gesenktem Blick. «Ich schulde Ihnen 500 Mark.»

Ich sah flüchtig zu ihm hoch und merkte, dass er mich ziemlich verdutzt musterte. Wahrscheinlich hielt er mich für verrückt. Ich kramte in meinem

Hirn nach den richtigen Worten. «Die Sache ist die», murmelte ich verlegen und in meinem besten Schuldeutsch, das ich zustande brachte, «vor vier Jahren hab ich an Ihrem Stand eine Leder-Reithose mitgehen lassen, und ich bin gekommen, diese jetzt zu bezahlen.»

Jetzt war es raus, und es hing vom Ladenbesitzer ab, was er mit meinem Geständnis anfangen würde. Mein Herz klopfte jedenfalls zum Zerspringen. Ein paar wenige Sekunden verstrichen, und sie kamen mir vor wie eine Ewigkeit.

«Sie haben hier vor vier Jahren eine Hose gestohlen und wollen diese jetzt bezahlen?» wiederholte der Mann ungläubig. Ich nickte.

«Ich will wieder gutmachen, was ich damals getan hab. Ich bin Christ geworden; deshalb.» Ich sah auf und brachte sogar ein scheues Lächeln zustande. Der Besitzer erwiderte mein Lächeln.

«Sie sind nicht von hier, hab ich Recht?»

«Ich bin aus der Schweiz», sagte ich.

«Ach», tat der Mann beeindruckt. «Sie sind den weiten Weg aus der Schweiz nach Essen gefahren, nur um eine geklaute Hose zu ersetzen?»

Wieder nickte ich. «Wenn ich die Hose noch hätte, hätte ich sie zurückgebracht. Aber ich hab sie längst verkauft. Doch ich bin bereit, Ihnen zu bezahlen, was immer Sie dafür verlangen.»

«Das ist ja ein Ding», sagte der Herr und schüttelte sichtlich bewegt den Kopf. «So was ist mir in meinem Leben noch nicht passiert. Katja!» Er winkte die Dame von der Kasse zu sich. «Rufen Sie unsere Belegschaft zusammen. Ich möchte, dass die Leute sich diese Geschichte anhören.»

Die junge Dame blickte ihren Chef verwundert an. «Jetzt gleich?»

«Ja, jetzt gleich. Holen Sie alle her. Alle, verstehen Sie?»

«Natürlich. Sofort.»

Ich wäre am liebsten im Boden versunken. Was um alles in der Welt hatte dieser Mann vor?

«Wie ist Ihr Name, junger Mann?» fragte er mich freundlich.

«Alex Huber», antwortete ich.

«Herr Huber, es macht Ihnen doch nichts aus, Ihre Geschichte vor meinen Mitarbeitern zu wiederholen?»

«Wenn Sie meinen», sagte ich, obwohl ich von seiner Idee alles andere als begeistert war.

«Das ist die umwerfendste Story, die ich jemals gehört habe», meinte er. «Ein Dieb, der unaufgefordert für seine Tat gradesteht. Sie haben Mut, Herr Huber. Alle Achtung.»

Wenn der wüsste, dachte ich. Ich hatte mir beinahe in die Hosen gemacht vor Angst, und er hielt mich für mutig. Innerhalb weniger Minuten hatte sich ein Grüppchen von zehn Leuten um mich geschart, und der Ladenbesitzer stellte mich seinem Personal vor, als wäre ich so eine Art Held des Tages. Mir war das alles furchtbar peinlich. Ich fühlte mich weder als Held noch als einer, der gut genug war, diesen Menschen irgendetwas zu sagen. Aber alle ihre Blicke waren erwartungsvoll auf mich gerichtet, und ich konnte ja nicht einfach vor versammelter Schar davonlaufen. Ich räusperte mich.

«Nun», rang ich verzweifelt nach Worten, «ich bin eigentlich bloß hergekommen, um mich offiziell zu entschuldigen für das, was ich vor vier Jahren getan habe. Und wie ich schon gesagt habe: Ich möchte die gestohlene Leder-Reithose bezahlen. Das ist alles.» Ich hoffte, damit würden sie sich zufrieden geben. Aber ich hatte mich getäuscht.

«Wie edel», bemerkte ein Mann, der etwa in meinem Alter war. «Wie kommen Sie dazu, so etwas zu tun?»

«Ich bin Christ geworden», sagte ich. «Jesus hat mein Leben verändert. Und er hat mir gezeigt, dass ich da noch einiges bereinigen muss aus meiner kriminellen Vergangenheit.»

«Ach, dann war das nicht der einzige Diebstahl?» fragte jemand.

«Ich hab damit begonnen, als ich fünfzehn war», gestand ich, und auf einmal war meine Nervosität verschwunden. Ich bekam geradezu Lust, mehr aus meinem Leben zu erzählen. «In der Schule war ich ein Außenseiter, weil ich immer Streit anzettelte, und so bin ich eben auf die schiefe Bahn gerutscht.

Anfangs waren wir zu viert, Rafael, Dirk, Patrick und ich, wir haben so eine Art kriminellen Club gegründet und am laufenden Band krumme Dinger gedreht. Das Stehlen war so tief in mir drin verankert, dass ich nicht mal damit aufhörte, als ich Christ wurde. Es war wie eine Sucht, und ich tat es ganz automatisch; hier etwas mitgehen lassen, da etwas entwenden. Im Nachhinein kommt es mir beinahe lächerlich vor: Ich las die Bibel und ging zur Kirche, klaute aber frisch-fröhlich weiter.

Und dann geschah etwas Eigenartiges: Jedes Mal, wenn ich etwas mitgehen ließ, musste ich mich übergeben. Zuerst dachte ich mir nichts dabei, aber nach einem Monat wurde es immer schlimmer, ich konnte nicht einmal mehr richtig essen, und da ging ich zum Arzt. Der sagte zu meinem Erstaunen, ich wäre kerngesund. Und ich dachte: Mensch, das kann doch nicht sein. Irgendetwas stimmt nicht mit dem Huber. Ich erzählte es meinem Pastor, und der meinte väterlich: ‹Ich glaube, mit dir stimmt eine Menge nicht, Alex.›

Er erklärte mir, dass man als Christ nicht stehlen sollte, und da kapierte ich endlich eine Menge Dinge, von denen ich bisher keinen Schimmer gehabt hatte. So hab ich mit dem Stehlen aufgehört und alles zurückerstattet, was ich über die Jahre hinweg zusammengeklaut hab. Und deshalb bin ich hergekommen, um die Sache mit der Leder-Reithose ebenfalls zu bereinigen. Wenn ich mich recht erinnere, hat die Hose damals 500 Mark gekostet. Ich bin auch bereit, mehr zu bezahlen. Hauptsache, ich kann dieses lästige Thema endlich abhaken und mit Jesus voll durchstarten.»

Ich blickte in die Runde. Die Zuhörer schienen von meiner Geschichte angetan zu sein.

«Und Ihre Familie?» fragte eine pummelige ältere Frau mit aufwändig hochgesteckter Frisur. «Hat Sie Ihre Familie nie unterstützt?»

Ich zuckte die Achseln. Ich rede nicht gerne über meine Familie. «Meine Eltern sind geschieden. Sie wissen zwar, dass ich kriminell war, und haben zur Kenntnis genommen, dass ich durch Jesus davon weggekommen bin. Aber es wird nicht darüber geredet. Mein Leben war für meine Eltern noch nie ein Thema. Und mein jüngerer Bruder hat auch andere Prioritäten.»

«Und was ist aus Ihren Freunden geworden?» wollte eine andere Frau wissen.

«Rafael ist nach Afrika ausgewandert», berichtete ich. «Er hat sich dort ganz gut eingelebt. Dirk hab ich aus den Augen verloren. Und Patrick, der mir von den dreien am nächsten stand, hat ein Mädchen aus der Drogenszene geheiratet. Er hat sich aber ganz gut gefangen und führt heute ein eigenes Geschäft.»

«Und was sind Ihre Zukunftspläne?»

«Einen christlichen Reitstall gründen», antwortete ich wie aus der Pistole geschossen. «Ich liebe den

Pferdesport, und ich möchte versuchen, Reiter für den christlichen Glauben zu begeistern.»

«Und persönlich?» fragte mich Katja, die junge Dame von der Kasse, und klimperte auffällig mit ihren Augenwimpern. «Ich meine, sind Sie verheiratet oder verlobt oder so?»

Ich sah, wie ihr ein paar böse Blicke zugeworfen wurden und jemand leise vor sich hinmurmelte: «So was fragt man doch nicht.»

Ich schüttelte den Kopf. «Nein, ich bin weder verheiratet noch verlobt.»

«Keine Freundin?» bohrte Katja weiter.

«Doch», sagte ich und bemerkte, wie der Glanz in den Augen des Mädchens augenblicklich erlosch. «Ich habe eine Freundin. Die beste, die man sich wünschen kann. Kein Mensch auf der Welt kennt mich so gut wie sie. Mit keinem anderen Mädchen kann ich mich derart amüsieren und im nächsten Augenblick die tiefsten Gespräche führen. Sie ist einmalig. Ihre Freundschaft gäbe ich um kein Geld der Welt her.»

«Und warum machen Sie ihr dann keinen Heiratsantrag?» Die ältere pummelige Frau stieß das vorlaute Mädchen in die Seite, damit sie keine derart unverschämten Fragen mehr stellte. Aber die Frage war in den Raum gestellt und wartete darauf, beantwortet zu werden. Ich zögerte und merkte, wie mir heiß wurde. Ich hätte die Frage völlig banal beantworten können, denn Sybil war sowieso nicht mehr für mich frei. Sie hatte sich mit einem gewissen Stefan befreundet, und die beiden hatten Pläne, bald zu heiraten.

«Weil … das geht nicht», murmelte ich stattdessen unbestimmt.

«Lieben Sie sie nicht?» Diesmal wäre der älteren Frau beinahe die Hand ausgerutscht. Sie schüttelte empört den Kopf. Ich schluckte. Ich hätte ja antworten können, was immer ich wollte, schließlich war ich diesen Leuten hier keine Rechenschaft über mein Leben schuldig.

Doch die Frage hatte es in sich. Wenn ich daran denke, was in den acht Jahren, seit wir uns am Küchentisch bei Sybil zu Hause kennen gelernt haben, alles passiert ist: Wie wir zusammen durch die Wälder geritten sind, wie ich ihr das Autofahren und Fischen beigebracht habe … Nicht zu vergessen unsere Zeit in Togo und unsere spektakuläre Flucht über die grüne Grenze. Und unsere tiefen Gespräche über Gott und die Welt. So vieles ist passiert in den vergangenen Jahren. Und wenn ich heute zurückdenke, kommt es mir alles vor wie ein irrer Traum. Ein Traum mit einem einzigen Namen: Sybil.

Wie sollte ich sie bloß beantworten, diese Frage, die sich über all die Jahre hinweg immer wieder leise in mein Herz geschlichen hatte, selbst wenn ich mir einredete, es wäre nicht so? War es Liebe, die die Flamme unserer Freundschaft über acht Jahre hinweg nicht hatte erlöschen lassen, allen Stürmen zum Trotz? Und wenn nicht, was war es dann? Ich spürte die erwartungsvollen Blicke auf mir haften. Sie warteten alle auf eine Antwort, und mein Zögern verstärkte ihr Interesse.

«Ich glaube, meine Gefühle für Sybil sind stärker, als ich sie jemals für irgendein anderes Mädchen empfunden habe», sagte ich nach reiflichem Überlegen. «Aber ich achte sie zu sehr, als dass ich sie an mich binden wollte. Sie gehört mir nicht, selbst wenn wir zusammen die tollsten Abenteuer bestritten haben. Ohne sie würde ich heute nicht vor euch stehen, so viel steht fest. Kein Geld der Welt kann bezahlen, was sie für mich getan hat. Und ich werde ihr ewig dafür dankbar sein.»

Meine Worte hatten Katjas nervösen Augenaufschlag schlicht zum Stillstand gebracht. Und auch die andern Mitarbeiter schienen meine Ausführungen seltsam berührt zu haben. Schließlich brach der Ladenbesitzer das andächtige Schweigen und legte mir die Hand auf die Schulter.

«Alex Huber. Sie sind ein bemerkenswerter Mensch. Ich könnte Ihnen stundenlang zuhören, aber leider ruft uns die Arbeit. Ich bin sicher, Sie hätten noch eine Menge zu erzählen. Kommen Sie doch ein andermal wieder vorbei, damit wir uns ausführlicher unterhalten können.»

«Okay», sagte ich, «und wie machen wir das mit dem Bezahlen der Hose? Sind Ihnen 500 Mark recht?» Der Besitzer war damit einverstanden, und ich überreichte ihm das Geld feierlich.

Als ich von dem Stand wegging, fühlte ich mich um einige Tonnen leichter. Ich habe meine Schulden bezahlt. Endlich bin ich frei. Jetzt werde ich mit Gott Vollgas geben. Ich habe zwar keine Ahnung, was Jesus mit mir vorhat, welche Richtung er mit mir einschlagen wird, aber ich bin für alles zu haben. Mit Volldampf ins Abenteuer. Doch diesmal nicht mehr auf krummen Schienen. Diesmal werde nicht mehr *ich* meine Fingerabdrücke hinterlassen – sondern Gott. Und ich bin neugierig, wie er das in meinem Leben anstellen wird. Mann, ist das spannend! Tausendmal atemberaubender als alle Adrenalinstöße meines gesamten bisherigen Lebens. Das ist Action. Nervenkitzel. Mit Gott am Schalthebel. Adrenalin pur. Alex pur.

Was Besseres kann ich mir gar nicht vorstellen.

19. Alex pur

Das Leben mit Gott ist absolut crazy. Mensch, seit ich Jesus kenne, hat sich einfach alles geändert, radikal. Ich ecke zwar noch immer überall an, weil ich kein Blatt vor den Mund nehme und die Leute mit meiner unverblümten Direktheit oft etwas überfordere. Dafür schickt mir Gott Menschen über den Weg, die genauso aus der Reihe tanzen wie ich und sich durch meine spontane Art angesprochen fühlen. Vielleicht hat Gott mich eben gerade deshalb so originell geschaffen, damit ich insbesondere die schrägen Typen mit seiner Liebe erreiche.

Einer dieser schrägen Typen war ein Landstreicher, der in einem Wohnwagen neben einem abbruchreifen Bauernhaus lebte. Seine einzigen Freunde waren ein Appenzeller Sennenhund und ein Fernseher. Ich hatte mit ein paar Leuten unserer Kirche einen Essens-Sammeldienst gegründet. Ein- bis zweimal in der Woche sammelten wir von verschiedenen Bäckereien und Supermärkten Lebensmittel ein, die sich nicht mehr verkaufen ließen, und verteilten sie an Bettler, Drogensüchtige und allerlei Bedürftige der Umgebung.

Als wir zum ersten Mal an die Tür des Wohnwagens klopften und jene bärtige, übel riechende Gestalt an der Tür erschien, schrumpfte unsere christliche Nächstenliebe in Sekundenschnelle zu einem mehr oder weniger gequetschten Lächeln zusammen. Meine beiden Begleiter warfen mir einen flehenden Blick zu, und ich trat mutig einen Schritt vor und streckte dem Mann eine Tüte entgegen.

«Wir sind Christen», sagte ich, obwohl uns der Alte wohl eher für Außerirdische hielt, «wir möchten Ihnen ein paar Esswaren schenken.» Der Mann sah uns aus seinen tiefen, gläsernen Augen argwöhnisch an und hielt uns wohl definitiv für nicht ganz dicht. Nach einigem Zögern nahm er die Tüte, ohne sich zu bedanken, schielte hinein und leerte den Inhalt vor unseren Augen auf den Boden.

«Bless», sagte er, worauf der Sennenhund angetrottet kam und sich sogleich auf das leckere Gebäck stürzte. Zuerst wussten wir nicht, wie wir auf diese Situation reagieren sollten. Meine Begleiter versuchten krampfhaft, ihr christliches Lächeln aufrecht zu erhalten, und ich meinte trocken:

«Es wäre eigentlich für Sie gedacht gewesen, nicht für den Hund.»

«Ich esse keinen Abfall», entgegnete der Mann finster.

«Es ist kein Abfall», sagte ich, «sehen Sie.» Ich schnappte mir eine andere Tüte, fischte eine Semmel heraus und begann sie zu essen. «Die Ware ist von heute», erklärte ich mit vollem Mund. «Wir haben sie selbst in Bäckereien geholt. Sie können unbesorgt sein. Wir wollen Sie nicht vergiften.»

Langsam verschwand die Skepsis aus dem Gesicht des Landstreichers, und ich überreichte ihm eine zweite Tüte. Er murmelte etwas, das wohl ein Danke sein sollte, und bevor wir ein Gespräch mit ihm anknüpfen konnten, drehte er uns den Rücken zu und zog sich in seinen Wohnwagen zurück.

«Das war immerhin ein Anfang», bewertete ich unseren Auftritt achselzuckend und streckte meinen Freunden die Tüte entgegen. «Nehmt euch auch was, ist wirklich lecker.»

Von da an brachten wir dem Landstreicher ein- bis

zweimal in der Woche eine Tüte mit Lebensmitteln vorbei. Er blieb immer auf Distanz, und wenn wir versuchten, ihm von Jesus zu erzählen, zeigte er nie großes Interesse. Aber deswegen gingen wir ihn trotzdem jede Woche besuchen. Ich bin sicher, Jesus hätte das auch getan.

Das ist ja genau der Unterschied zwischen dem christlichen Glauben und den anderen Religionen: Die Liebe von Jesus verschenkt sich, ohne eine Gegenleistung zu erwarten. Es geht nicht darum, sich den Himmel zu verdienen oder mit guten Taten bei Gott Punkte zu sammeln. Wenn wir uns als Christen um den Nächsten kümmern, ist dies einzig und allein ein Dankeschön an Gott für das, was er am Kreuz für uns getan hat. Wer Jesus kennt, der kann nicht anders, als diese Liebe weiterzugeben.

Und die Bibel sagt uns, wir sollen weder mit Worten lieben noch mit der Zunge, sondern mit Tat und Wahrheit. Und genau das wollte ich tun, wie, wo und wann immer sich eine Gelegenheit ergab. Gott würde mir schon den richtigen Weg zeigen. Daran zweifelte ich kein bisschen.

Tatsächlich führte er mich immer wieder an Leute heran, denen ich von Jesus erzählen konnte. Ich erinnere mich an zwei Sektenmitglieder, die mich von ihrer Philosophie überzeugen wollten. Sie behaupteten, ihr Gott wäre der richtige, und ich schlug ihnen spontan vor: «Machen wir doch einen Test. Ihr betet zu eurem Gott, ich bete zu dem meinen, und der richtige wird sich dann schon melden.» Gesagt getan. Die beiden jungen Männer beteten zu ihrem Gott, ich betete zu Jesus, und zwei Wochen später erfuhr ich, dass die beiden todkrank in ihr Heimatland hatten zurückreisen müssen.

Seither bin ich der Schrecken jener Sekte. Sie haben mal einen meiner Freunde angesprochen, und als der sagte: «Kennt ihr Alex Huber?», da zogen sie freiwillig ab. Ich musste schmunzeln, als mein Kumpel mir das erzählte. Nicht, dass ich magische Kräfte hätte oder so. Das Einzige, was ich habe, ist ein heißer Draht zum Gott aller Götter, der handelt, wie es ihm beliebt, und der manchmal etwas originelle Methoden anwendet, um seine Macht zu offenbaren.

Ein anderes, sehr eindrückliches Erlebnis war die Begegnung mit dem Inhaber eines Auto-Tuning-Shops. Um seinen Hals baumelte ein auffälliges goldenes Kreuz, das mit drei Diamanten geschmückt war. Ohne lange um den heißen Brei herumzureden, fragte ich ihn:

«Hat dieses Kreuz eine spezielle Bedeutung für Sie?»

Der Mann sah mich erstaunt an. So plump hatte ihn wohl noch nie jemand auf seine Halskette angesprochen.

«Ich habe es selbst geschmiedet», erklärte er stolz, «aus Altgold.»

«Und warum ausgerechnet ein Kreuz?»

«Ich bin katholisch», sagte er, ohne damit meine Frage zu beantworten.

«Aber wieso ein Kreuz?» bohrte ich weiter. «Es muss doch einen Grund geben, warum so viele Menschen ein Kreuz um den Hals tragen.»

«Ich glaube, es geht mehr um die Symbolik als um das Kreuz selbst», bemühte sich der Inhaber etwas hilflos um eine Erklärung.

«Haben Sie gewusst, dass Jesus am Kreuz für *Sie* ganz persönlich gestorben ist?» fragte ich ihn. «Haben Sie gewusst, dass Jesus Ihre ganze Schuld auf sich selbst genommen hat? Dass er den Schuldbrief, der gegen Sie gerichtet war, ans Kreuz heftete und für alles mit seinem Tod bezahlt hat? Das ist die Symbolik des Kreuzes. Haben Sie das gewusst?»

Der Mann sah mich ziemlich verdutzt an. Ich glaube, eine solche Erklärung hat ihm noch nie jemand geliefert, vor allem nicht in weniger als einer Minute. Er runzelte nachdenklich die Stirn.

«Glauben Sie auch, was Sie da sagen?» wollte er schließlich wissen.

Ich nickte eifrig. «Ich habe selbst erlebt, was es heißt, göttliche Vergebung zu erhalten. Jesus hat mich von meiner gesamten Schuld befreit. Mann, ich sag Ihnen, das war das Beste, was mir in meinem ganzen Leben passiert ist. Es war, als hätte Gott mir ein neues, völlig reines Herz in die Brust gepflanzt. Er hat mir ein total neues Leben geschenkt.»

«Und wie ist das vor sich gegangen?» fragte der Mann interessiert.

«Ganz einfach», sagte ich. «Ich hab ihm meine Schuld bekannt und hab ihn gebeten, in mein Herz zu kommen. Das ist alles. Und Gott hat mich verändert, rumgedreht. Um 180 Grad.» Ich war überrascht, wie sehr ihn meine Worte zu treffen schienen, und spürte sein Verlangen, mehr über diesen Gott zu erfahren. Ich begann ihm aus meinem Leben zu erzählen und wie mich Gott vom Stehlen befreit hatte. Er war ziemlich bewegt über meinen Bericht. Zum Schluss fragte ich ihn, ob ich mit ihm beten dürfe. Er war einverstanden.

Eine Woche später kam ich zurück und brachte ihm ein kleines Büchlein, worin die Grundsätze des christlichen Glaubens beschrieben sind. Ich erklärte ihm, wie man Christ wird, und er übergab Jesus sein Leben. Es war absolut gewaltig. Ich weiß nicht, wer danach mehr strahlte, der Verkäufer oder ich. Es war einfach umwerfend, und ich fühlte mich seinetwegen so beschwingt, dass ich die ganze Welt hätte umarmen können. Ich sag's ja: Ein Leben mit Gott ist Adrenalin pur.

Etwas, das mir in letzter Zeit immer stärker auf dem Herzen brennt, ist die Reiter-Szene. Als Jesus seinen Jüngern sagte, sie sollten alle Völker zu Jüngern machen, da hat er bestimmt nicht ausschließlich an die Dschungelbewohner im Amazonas oder die Eingeborenen Australiens gedacht. Man muss nicht erst Tausende von Kilometern zurücklegen, um ein unerreichtes Volk aufzustöbern. Pferdefreaks sind nämlich auch ein Volk für sich, und wer nicht selbst zu dieser Szene gehört, kann sich nur schwer in ihre Welt hineindenken. Warum sollte ich also den christlichen Glauben nicht in den Reitstall hineintragen?

Die Idee ließ mich nicht mehr los. Nach einem Gottesdienst diskutierte ich meine Pläne mit einigen Leuten aus der Kirche, doch diese zeigten nicht viel Verständnis. Sie meinten, Reiten sei viel zu teuer, ich solle das Geld besser in die Mission geben. Ihre Reaktionen machten mir nicht gerade Mut, meine Idee weiterzuverfolgen, und auf dem Heimweg fragte ich Gott ernsthaft, wer nun im falschen Film saß, sie oder ich. Hatte ich vielleicht meinen eigenen Traum zu Gottes Willen erhoben, ohne mir dessen bewusst zu sein?

Als ich an jenem Sonntag etwas deprimiert in meine Wohnung kam und in alten christlichen Zeitschriften herumstöberte, fiel mein Blick plötzlich auf einen Artikel mit dem sagenhaften Titel: «Mit Jesus im Reitstall.» Ich traute meinen Augen nicht. Eine derart prompte und präzise Antwort von Gott hatte ich nun doch nicht erwartet. Gott ist eben Gott. Meine Melancholie war augenblicklich wie weggeblasen. Ich ließ mich aufs Sofa plumpsen und verschlang den Artikel gierig.

Die Kombination von Sport und Glauben faszinierte mich total, und gleich am nächsten Tag nahm ich Kontakt mit der Organisation «Sportler ruft Sportler» auf, um mehr über ihre Arbeit zu erfahren. Ich brachte ihnen meine Idee vor, einen christlichen Reitstall zu gründen, und sie fanden dies sehr interessant und unterstützenswert. Ich war also doch auf der richtigen Fährte, dachte ich bei mir selbst.

Tja, und dann setzte Gott noch einen drauf: Er schenkte mir ein Pferd! Ja, er schenkte mir ein Pferd, das auffälligste Pferd, das ich je gesehen habe: einen Gelderländer aus Holland – ein Pferd, das im Stall genauso heraussticht, wie ich es in der christlichen Szene mit meinen ausgefallenen Ideen tue. Pride ist sein stolzer Name, aber ich hab es ganz einfach auf «Pfüpfi» umgetauft. Es passt zu mir wie die Faust aufs Auge; es ist das größte, das beste, das einmaligste Geschenk, das ich in meinem ganzen Leben erhalten habe.

Pride gehörte ursprünglich Evi, einer Reit-Kollegin von mir. Sie hat das Pferd vor neun Jahren bei einer Versteigerung gekauft und aufgepäppelt. Es war offen am Rist und hatte einen unglaublichen Hass auf jegliche Art von Sattel. Einmal habe es sogar eine Reiterin in die Schulter gebissen, als sie sich ihm mit einem Sattel näherte. Deshalb ritt Evi es immer ohne Sattel und hielt es in einem Freilaufstall.

Ich bin ein paar Mal mit Evi ausgeritten, und da erzählte sie mir eines Tages, sie hätte vor, Pride zu verkaufen. Mein Herz schlug höher, als sie das sagte. Wie gerne hätte ich dieses schwarz-weiß gescheckte Pferd für mich gekauft! Aber erstens hatte ich kein Geld für ein Pferd und zweitens kein Geld für einen Stall, in dem ich Pride hätte unterbringen können. Schade, es wäre einfach zu schön gewesen, ein eigenes Pferd zu besitzen. Vielleicht eines Tages, irgendwann in ferner Zukunft …

Und dann traf mich beinahe der Schlag, als mich Evi anrief und mir kurzerhand mitteilte:

«Du, ich hab mir da was überlegt. Ich möchte dir Pride schenken.»

Mir wäre beinahe der Telefonhörer aus der Hand gefallen. «Du … du schenkst mir dein Pferd?»

«Nun», sagte Evi, «Gott hat mir gezeigt, dass Pride die erste Stelle in meinem Leben einnimmt und dass das nicht gut ist. Ich hab versucht, Pride zu verkaufen, aber keinen Käufer gefunden. Da hab ich an dich gedacht. Hast du Interesse?»

«Ob ich Interesse hätte?» Ich kriegte kaum Luft vor Aufregung. «Das fragst du noch? Natürlich hab ich Interesse! Mann, du willst mir tatsächlich dein Pferd schenken? Ich fass es nicht!»

«Hast du einen Stall?» fragte Evi. Mir fielen spontan Karin und Andrea ein, zwei Christinnen, die in Uster einen kleinen Reitstall haben. Ich hatte ihnen von meinen Plänen eines christlichen Reitdienstes erzählt, und da sie selbst eine Vision für eine solche Arbeit hatten, beschlossen wir, uns zusammenzutun. Bestimmt würden sie mir eine Box zur Verfügung stellen, vielleicht nicht gratis, aber wenigstens zu einem erschwinglichen Preis.

«Ich werd mich umsehen», sagte ich Evi. «Ich geb dir Bescheid.»

«Okay, Alex, ich warte auf deinen Anruf.»

Ich war völlig aus dem Häuschen, als ich den Hörer auflegte. Evi schenkte mir ihr Pferd! Ich kam mir vor wie in einem Märchen aus Tausendundeiner Nacht. Gott ist einfach genial, echt wahr. Da sagen die in der Kirche, ich müsse aufhören zu reiten, das sei zu teuer, und Gott schenkt mir ein Pferd! Einfach so! Wahnsinn!

Noch am selben Abend rief ich Karin an und erklärte ihr die Situation. «Du weißt, ich hab kein Geld für eine

Box», sagte ich. «Aber vielleicht ist das ein Einstieg für das Projekt eines christlichen Reitstalles.»

«Ich werd das mit Andrea besprechen, okay?» Es vergingen keine 24 Stunden, bis Karin mich zurückrief. «Hör zu, Alex», sagte sie, und ihre Stimme klang ziemlich nervös. «Andrea und ich haben über die Sache mit der Box gebetet, und da war es uns, als würde Gott uns sagen, wir müssten Pride so rasch wie möglich in unseren Stall holen. Entweder das Pferd kommt in den nächsten drei Wochen zu uns, oder es kommt nie mehr. Ich weiß nicht, was das bedeutet, Alex, aber wenn ich Gott richtig interpretiert habe, so müssen wir handeln, und zwar schnell.»

«Heißt das, ihr stellt mir die Box zur Verfügung?»

«Ja, Alex. Aber wie gesagt: Es muss schnell gehen. Irgendetwas braut sich da zusammen, frag mich nicht, was.»

«Je schneller, desto besser!» meinte ich begeistert. «Mann, ich kann es immer noch nicht fassen: Ich hab ein eigenes Pferd! Und eine Box! Ich weiß nicht, wie ich euch dafür danken soll.»

«Gib mir Evis Telefonnummer, dann organisieren wir den Transport. Ach ja, Andrea und ich haben uns übrigens schon einen Namen für unseren Reitstall überlegt: Tobaja. Das bedeutet: Gott ist gut. Gefällt er dir?»

«Klingt nicht schlecht», meinte ich.

«Ich finde den Namen absolut passend», sagte Karin. «Andrea meinte, wir könnten ja mal einen Gottesdienst zu Pferd durchführen. Sie hat eine Menge Ideen für einen christlichen Reitstall. Aber lass uns erst Pride herholen, dann sehen wir weiter.»

«Ihr seid einfach Spitze!» sagte ich. «Du machst dir keine Vorstellungen, wie glücklich ich bin.» Und das war ich wirklich. Ich schien geradezu auf Wolken zu schweben. Gott hatte mir nicht nur ein Pferd und eine Gratisbox geschenkt, sondern auch zwei Christinnen, die bereit waren, mit mir am selben Strick zu ziehen. Was wollte ich noch mehr?

Zwanzig Tage später holten Karin und Andrea Pride in Evis Stall ab. Die Trennung von ihrem Lieblingspferd fiel Evi ziemlich schwer. Aber dass sie die richtige Entscheidung getroffen hatte, bestätigte sich eine Woche später in ziemlich krasser Weise: Ein Pferdeschänder drang in ihren Stall ein, und dabei wurden zwei Pferde getötet und drei weitere schwer verletzt ... Wäre Pride geblieben, wäre die Stute mit größter Wahrscheinlichkeit ums Leben gekommen ... Was soll man da noch sagen? ...

Die Leute von der Kirche meinten natürlich nach wie vor, ich ticke nicht ganz richtig, dass ich mich derart aufs Reiten versteift und mir sogar ein Pferd angeschafft hatte. Und das ausgerechnet kurz vor dem Antritt einer zweijährigen Jüngerschaftsschule. Ich hatte mich schon vor einiger Zeit für dieses Bibelseminar eingeschrieben. Ich wollte einfach mehr lernen über Gott, auch um für das gewappnet zu sein, was uns im christlichen Reitdienst erwarten würde.

Zuerst war die Direktion der Schule sehr skeptisch, als sie die Anmeldung mit meinem turbulenten Lebenslauf erhielt. Der Schuldirektor höchstselbst beschloss, meinen Fall genauer unter die Lupe zu nehmen, und lud mich zu einem Gespräch ein. Er stellte mir eine Menge Fragen zu meinem früheren und meinem heutigen Leben, und schließlich kam er zur Überzeugung, dass meine Bekehrung tatsächlich echt und ich keine christliche Eintagsfliege war. Und so nahmen sie mich auf.

Es wurden zwei phänomenale Jahre: eine intensive Zeit voller neuer Erkenntnisse über Gott; eine Zeit, in der viele innere Verletzungen heilten; aber auch eine Zeit, in der ich eine ganz neue, künstlerische Ader in mir entdeckte. Ich habe schon immer gerne mit Metall und Holz gearbeitet, aber hier in der Schule schien dieses Talent förmlich zu explodieren. Gott gab Vollgas, es sprudelte nur noch so von kreativen Ideen. Ich hatte kaum Zeit, alle meine verrückten Einfälle in die Tat umzusetzen.

Manchmal frage ich mich, was Gott wohl noch alles mit mir vorhat. So vieles ist schon passiert, seit ich Jesus kennen gelernt habe. Ich tausche meine Erfahrungen mit Gott um nichts in der Welt. Er ist wirklich der Einzige, der uns einen Sinn geben kann. Es gibt keinen anderen Sinn im Leben als Jesus Christus. Und was auch immer mich in der Zukunft erwartet, mit Jesus brauche ich mich wegen nichts zu sorgen. Natürlich möchte ich zu gern wissen, wie mein Leben in einigen Jahren aussieht: Werde ich verheiratet sein? Werde ich Kinder haben? Wird unser Reitstall so funktionieren, wie ich mir das vorstelle? Aber wenn ich alles schon wüsste, wäre ja keine Spannung mehr da, kein Nervenkitzel. Ist wohl doch besser, wenn ich nicht alles im Voraus weiß. Hauptsache, ich sehe, dass Jesus einen Plan für mein Leben hat, einen guten Plan, den besten überhaupt. Seine Gegenwart in meinem Herzen genügt mir.

Mehr brauch ich nicht. Nur ihn. Jesus pur. Das genügt.

Alex. Sechs Jahre sind es nun schon her, seit er Gott sein Herz gegeben hat. Vieles ist geschehen. Ich habe geheiratet, habe einen wundervollen Mann, zwei Kinder und ein total erfülltes Leben. Simone hat einen neuen Freund und arbeitet als Flight-Attendant bei einer Airline. Ich hab eigentlich keinen Kontakt mehr zu ihr, und Alex hat sie auch nur noch einmal getroffen, um sich bei ihr für sein unehrenvolles Verhalten zu entschuldigen.

Alex ist nach wie vor Single und hat nichts von seiner Originalität verloren. Er arbeitet zur Zeit auf dem Bau und hat seine künstlerischen Adern entdeckt: Aus Stahl, Hufeisen und anderen Materialien schmiedet und schweißt er die verrücktesten Kunstgegenstände zusammen. Einmal hat er mit Kindern auf dem Abenteuerspielplatz aus Sturm-Holz ein Fred-Feuerstein-Auto zusammengebaut. Ein anderes Mal hat er einen Weihnachtsbaum mit der Spitze nach unten an der Zimmerdecke aufgehängt, weil er meinte: Jesus hat die Welt auf den Kopf gestellt, also kann man das ruhig auch mit dem Weihnachtsbaum tun. Typisch Alex.

1997, kurz bevor er eine zweijährige Jüngerschaftsschule machte, schenkte ihm eine Reit-Kollegin ein Pferd. Es hieß Pride, aber Alex nannte es einfach «Pfüpfi». Er stellte es in einem kleinen Reitstall unter, der einem Ehepaar und einer jungen Frau gehört, die ebenfalls Christen sind und sich genau wie Alex dafür interessieren, Gottes Botschaft in die Welt der Reiterinnen und Reiter einzuflechten. Im Moment sind sie noch am Planen, wie die Arbeit in einem «christlichen Reitstall» aussehen könnte. Aber ich bin überzeugt, dass sie da was hinkriegen. Wenn Alex sich etwas in den Kopf setzt, dann zieht er es in der Regel auch durch.

Die Wesensveränderung, die sich in Alex vollzog, seit er Christ wurde, kann man nicht beschreiben. Das wirklich harte und zum Teil auch gebrochene Herz wurde neu und weich. Noch nie sah ich Gottes Werk so wie bei Alex. Wir gingen noch zwei Jahre in den gleichen Hauskreis. Es war so spannend mit anzusehen, wie Alex im Glauben wuchs.

Zuerst war er wie ein kleines Kind, das ganz unbeholfen versuchte, auf die Beine zu kommen. Da waren so viele Fragen und Zweifel. Doch immer mehr bekam sein Glaube ein Fundament, und seine Persönlichkeit wurde geformt.

Köstlich amüsiert habe ich mich über seine Gesangskünste: Er hat nämlich absolut kein musikalisches Gehör. Lieder singen bedeutet für ihn eine Art Mitbrummeln. Er behält immer dieselbe Tonlage und hinkt immer ein oder zwei Wörter hinterher. Was soll's. Er singt ja nicht für uns, sondern für Gott. Und Gott gefällt's bestimmt.

Oft wählte er in unserem Hauskreis Themen aus und diskutierte sie bis ins letzte Detail mit uns durch. Er stellte viele Fragen, intelligente und auch kindliche. Er ist und bleibt ein ehrlicher Mensch, der wie Petrus geradlinig heraussagt, was er denkt – egal, was die Leute von ihm halten. Alex kann man nicht beschreiben. Er ist einfach einzigartig eigenartig. Ein Original. Manchmal rau wie ein Wirbelwind, und dann wieder sanft wie ein Lämmchen.

Ich bin Gott so dankbar, einem Menschen wie Alex von Gott erzählt zu haben. Ein solches Energiebündel kriegt Gott nicht alle Tage. Sein Motto heißt: Wenn eine Sache, dann ganz. Wenn für Gott, dann mit Leib und Seele. Noch nie begegnete mir ein Mensch, der seinen Mitmenschen so offen von Gott erzählt. Viele Menschen fanden durch ihn den Weg zu Gott. Gerade durch seine fast unverschämte und offene Art findet er den Weg zu den Herzen seiner Mitmenschen.

Alex wird sich nie und nimmer in ein Schema pressen lassen. Wenn man von ihm Rot verlangt, macht er bestimmt Grün. Und wenn man seine weiß gefärbten Haare schrecklich findet, macht er noch schwarze Punkte rein. So ist Alex. Entweder man mag ihn, oder er geht einem grausam auf den Wecker. Etwas anderes geht bei ihm nicht.

Das ist Alex.
Alex pur.
So hat ihn Gott geschaffen.
Und so gebraucht er ihn.
Und ich hoffe, das wird immer so bleiben.

Nachwort

Es gibt Menschen, denen eine seltene Begabung geschenkt wurde: Sie schaffen es, aus stahlhartem, nutzlosem Schrott wertvolle Kunstwerke zu gestalten. Ich lernte einen solchen besonderen Menschen persönlich kennen. Nicht, dass mich allein seine kunstvollen Kreationen begeistert hätten. Nein, viel mehr! Seine kunsthandwerkliche Begabung und ihre Resultate sind gleichsam ein Spiegelbild seiner eigenen Biographie. Aus einem stahlharten und gesellschaftlich nutzlosen Schrotthaufen wurde ein wertvolles Kunstwerk Gottes. Der Geist Gottes veränderte diesen Menschen total. Aus einer Nullnummer wurde ein kunstvoll umgestaltetes Unikat – einmalig, kurz: Alex!

Aber auch in diesem Fall ist es wie mit jeder echten Kunst: Wer sich nicht die Zeit nimmt, auf die Kreation einzugehen, kann sie leicht verkennen. Ich musste mir bei Alex auch die Zeit nehmen, genauer hinzusehen, zu hören und dann nachzudenken. Nur so lernte ich die Gedanken des Schöpfers hinter diesem besonderen Kunstwerk zu verstehen.

Alex machte mich um viele Erkenntnisse reicher. Wer sich mit ihm und dem Werk Gottes auseinander setzt, hat viel Grund, mit dem neugestaltenden Wirken des Geistes Gottes auch im eigenen Leben zu rechnen.

Roland Eichenberger,
Leiter der «Seeburg» in Iseltwald

«SRS/Pro Sportler» kurz vorgestellt

*SRS/Pro Sportler ist eine unabhängige
christliche Sportler-Organisation, die in allen
(Leistungs-)Stufen des Sports arbeitet.*

Ziele:
Förderung von Sportlern, Trainern und Funktionären
aller Leistungsstufen in ihrer sportlichen und mensch-
lichen Entwicklung.

Realitätsnahe Thematisierung von sportartspezi-
fischen und allgemeinen Fragen und Konflikten wie:
Leistung, Motivation, Doping, Sucht, Glauben, Ethik,
Verletzungen, Sinnfragen, Umgang miteinander etc.

Hilfen für ein verantwortliches Verhalten in der Gesellschaft, im Sport und in den persönlichen Bereichen.

Strategie:
Haupt- und ehrenamtliche Mitarbeiter von SRS/Pro
Sportler leben als überzeugte Christen im Sport und
verdeutlichen durch ihre Präsenz die Möglichkeiten
und die Auswirkungen des Glaubens an Jesus Christus
für Sportler aller Leistungsstufen.

Arbeitsbereiche:

Betreuung: Christlich motivierte Begleitung und ganzheitliche (Lebens-)Beratung für Sportler/Innen aller Leistungsstufen.

Seminare und Schulung: Fachreferate aus den Themenbereichen Glauben und/oder Sport.

Sportteams: Teams setzen die Ziele von SRS/Pro Sportler in ihrer Sportart in Freundschaftsspielen, an Turnieren und anderen Wettkämpfen fachgerecht um.

Forum Sport: Sportler demonstrieren an öffentlichen Anlässen ihr Können und erzählen aus ihrem Leben als Christen.

Pro Profi: Begleitung und ganzheitliche (Lebens-) Beratung für Leistungs- und Profi-Sportler, Trainer und Funktionäre.

Trainingslager: Sportliche und geistliche Förderung durch kompetente Trainer und Leiter.

Regionale Sportler-Treffs: Gemeinschaft, Austausch und christliche Impulse für alle Lebensbereiche der Sportler, Trainer und Funktionäre.

Sportler-Gottesdienste «Sport life»: Zeitgemäße Gottesdienste, nach Inhalt und Form auf Sportler ausgerichtet.

Adresse Schweiz:

SRS/Pro Sportler
Bernstraße 133
CH-3613 Steffisburg

Tel: 0041 (0)33/438 01 81
Fax: 0041 (0)33/438 03 35
Mail: sekr@srs-pro-sportler.ch
Internet: www.srs-pro-sportler.ch

Adresse Deutschland:

SPORTLER RUFT SPORTLER
Kölner Straße 23 a
D-57610 Altenkirchen

Tel: 0049 (0)2681/94 11 50
Fax: 0049 (0)2681/94 11 51
Mail: srs@nlgruppe.de

Weitere Bücher von Damaris Kofmehl: